创新源动力

北大创新评论产业研究案例库（2021）

北大创新评论学术委员会 编

张越 主编

北京大学出版社
PEKING UNIVERSITY PRESS

图书在版编目(CIP)数据

创新源动力：北大创新评论产业研究案例库：2021/北大创新评论学术委员会编；张越主编. —北京：北京大学出版社，2021.12
　ISBN 978-7-301-32744-9

Ⅰ. ①创… Ⅱ. ①北… ②张… Ⅲ. ①企业创新—案例—汇编—中国—2021 Ⅳ. ①F279.233.1

中国版本图书馆CIP数据核字(2021)第241811号

书　　名	创新源动力——北大创新评论产业研究案例库（2021） CHUANGXIN YUANDONGLI——BEIDA CHUANGXIN PINGLUN CHANYE YANJIU ANLIKU（2021）
著作责任者	北大创新评论学术委员会　编　张　越　主编
责任编辑	杨玉洁
标准书号	ISBN 978-7-301-32744-9
出版发行	北京大学出版社
地　　址	北京市海淀区成府路205号　100871
网　　址	http://www.pup.cn　http://www.yandayuanzhao.com
电子信箱	yandayuanzhao@163.com
新浪微博	@北京大学出版社　@北大出版社燕大元照法律图书
电　　话	邮购部 010-62752015　发行部 010-62750672　编辑部 010-62117788
印刷者	北京九天鸿程印刷有限责任公司
经销者	新华书店
	787毫米×1090毫米　16开本　23.25印张　300千字 2021年12月第1版　2021年12月第1次印刷
定　　价	168.00元

未经许可，不得以任何方式复制或抄袭本书之部分或全部内容。
版权所有，侵权必究
举报电话：010-62752024　电子信箱：fd@pup.pku.edu.cn
图书如有印装质量问题，请与出版部联系，电话：010-62756370

主　编

张　越

副主编

谢　艳　朱垒磊

编委会成员

田瑞雪　董晓梦　许　晖
佟　盛　赵　帅　邹　婷

编者的话

2020年岁末,《创新源动力——北大创新评论产业研究案例库(2021)》(以下简称"《案例库》")汇编工作在北大创新评论学术委员会的指导下正式启动。截至2021年第一季度,共收到来自产业企业、产业资本、产研机构等的推荐函逾800件,符合评审要求的申报材料597件。《案例库》评审工作组延用北大创新评论产业创新评价体系,在经过北大创新评论学术委员会、案例库编委会及各行业组专家分组审议后,在"分享前沿学知,创新产业变革"的主旨要求下,对最终入选案例给予点评并汇编成册。

新的智能时代已来,我们进入了完全有别于农业社会、工业社会的"智能世界"。今天,以创新驱动为内核的产业科学应用是当前智能时代科技进步、经济发展、社会前进的集中体现,将对我们看待未来的视角产生不同寻常的创新性影响。在本案例库汇编过程中,我们面向中国产业发展的新趋势、新挑战、新周期,聚焦科技与产业融合发展趋势,注重企业在"底层科学""产业发展""组织智能""金融数字经济""智能未来生活"领域的社会效益与创新价值,研讨产业结构性升级提速发展动因及创新拐点,解析创新驱动与新经济增长模式。

本案例库素材、图片及企业调研数据均由入选案例组成,经编委会整理、提炼、审订并点评,形成可供产学研各界参考、学习、讨论的标准文本,入选案例中涉及的企业从弘扬中国产业力量、助推新经济发展的角度出发,均已许可案例内容公开发表及学术引用。

发扬"创新源动力"精神,北大创新评论将持续关注传统产业升级,思辨新兴产业发展,钻研产业纵深协同,促进产业跨越耦合,致力于将产业经济理论、产业科学知识和产业创新应用工具传递给市场决策者,助推产学研多元智略的交叉融合与革新发展。致敬所有让人类进步的"思创者",致敬创新的勇气与毅力!在此也向对案例库汇编工作给予帮助的学者、专家及业界同人表示衷心感谢。

北大创新评论学术委员会编委会

2021 年 4 月

序言 | 创新能力是建设现代化强国的必要条件

黄益平 北京大学国家发展研究院副院长、教授

2021年是"十四五"规划的开局之年,也是我国从第一个百年目标走向第二个百年目标的重要转折点。1978年开始实行改革开放政策时,我国的人均GDP不到200美元,2020年人均GDP达到了10 500美元以上,表明我们很快就可以跨过高收入经济的门槛。我国能够在短短的四十几年间,从最贫穷的国家之一,一跃成为世界经济强国之一,主要应该归功于改革开放政策充分地激发了经济动能,创造了经济奇迹。

中国经济的发展轨迹与成功的东亚经济有相似之处,都是从发展劳动密集型制造业开始,逐步转向资本与技术密集型的制造业与服务业。我国在改革开放开始的时候,生产成本非常低,经济增长主要依靠要素投入型的粗放式扩张。但随着经济发展水平的提高,成本水平也不断上升,原来依赖低成本优势的一些产业逐步失去了竞争力。2008年全球金融危机之后,我国的产业结构发生了巨大的变化。那段时间,我国经济恰恰也处于从中低收入水平向中高收入水平迈进的过程中,产业结构的变迁其实就是所谓的"中等收入陷阱"的体现,即在低成本优势丧失之后,经济发展需要越来越多地依靠创新活动与产业升级。

但其实创新的挑战并不是中等收入国家独有的问题,由于越来越逼近世界经济技术前沿,高收入国家面临的创新压力更大也更严峻。中等收入国家还可以向高收入国家学习先进的技术,高收入国家需要更多地依靠原创性的技术。按照决策层的部署,我国在未来30年将分两步走,首先是到2035年基本实现现代化,然后到2049年在中华人民共和国成立100周年的时候成为现代化强国。未来30年,我国将遭遇许多前所未有的困难与挑战,包括日益上升的成本水平、非常严峻的人口老龄化、雄心勃勃的碳中和目标与不确定性大幅提升的国际经济环境。应对这些挑战需要很多方面的政策与技术安排,但核心还是创新能力。如果没有很强的创新能力,我国也就不可能建成社会主义现代化强国。

其实创新活动一直贯穿我国经济在改革开放时期的整个发展过程,只是不同阶段的创新活动的特点不同。20世纪80年代,农民在实行家庭联产承包制之后,独立进行生产管理决策,把富余的产品卖到市场上,这就是一个了不起的创新。后来农民利用储蓄和剩余劳动力在乡村开办乡镇企业,生产制造品,也是一个重大创新。20世纪90年代,企业家们把国内厂家生产的劳动密集型制造品出口到国际市场,而且具有很强的竞争力,这自然也是创新活动的结果。最近十几年来,我国经济中的创新活动更是十分活跃,既有像华为、大疆、字节跳动这样接近世界经济技术前沿的企业,也有像腾讯、阿里巴巴这样可以比肩全球独角兽互联网企业的公司。

但客观地说,与欧美领先国家相比,我国的创新水平明显滞后。比如,即便从全球范围看,我国的专利数量也已经非常多,但如果仔细分析就会发现大部分专利的技术含量非常低,多是改变包装、运用等,真正原创性的专利不多。这在经济活动中也有反映,比如,从事套利的企业家比较多,从事创新的企业家比较少；商业模式创新比较多，黑科技创新比较少。大学和科研机构也一样，科研成果、论文发表非常多，但真正转化的创新技术不多。这些自然也跟我国目前的经济发展水平相吻合，毕竟我国经济还在高收入经济门槛的外边。但未来5—10年我国创新活动的质量能否大幅提升？

可以说，创新质量的提升，是决定我国经济可持续增长的关键因素。但提升创新质量，只有各个部门、各个阶层共同努力才有可能达成，因为创新活动实际上是一个系统工程，各个环节之间需要相互协调与配合。政府需要制定支持创新的政策，特别是支持基础研究、鼓励技术研发的相关政策。科研部门需要集中力量攻坚克难，加速逼近国际技术前沿。企业也需要加快技术转化，提高产品与业务的技术含量。

北大创新评论学术委员会编写的最新版创新案例，是一个非常丰富的集合，其中包括底层科技创新、科技在制造业的应用、数字化组织的探索、数字金融的实践和人工智能勾画的未来世界。三十个案例并不多，却是我国微观创新的一个重要缩影。这些案例既反映了我国创新的现状，也指出了一些可能的方向。它们所揭示的创新挑战与创新潜力，应该是具有普遍意义的，可以为关心创新活动的官员、学者、创业者和企业家提供一份重要的参考资料。

目录

第一章　底层科学构建创新生产力

统信软件：国产操作系统重塑应用创新底座 / 003

中船鹏力：低温强磁技术突破尖端材料物性测量 / 012

伏羲九针：智能穿刺机器人开创智慧医疗场景 / 021

诠视科技：自研感知交互技术突围多维体验市场 / 031

九天微星：积极探索卫星应用的商业价值 / 041

第二章　科技驱动开启智能制造新航向

思谋科技：超级视觉 AI 平台让智能生产无忧 / 061

踏歌智行：露天矿无人驾驶运输全栈式解决方案 / 071

中机软云：协同创新平台服务智能制造全流程 / 087

优艾智合：智能物流管控平台打造"智能工厂" / 097

第四范式：AI 决策加速企业高质量转型升级 / 111

桂花网：低功耗蓝牙物联网通行 IOT 最后一公里 / 123

第三章　把握数字化组织的探索期优势

永中软件：办公云平台助力游戏审批高效管理 / 141

企名科技：数字化商业信息服务平台致力精准投资 / 154

帆软软件：BI 商业智能激活数据生产力 / 166

分贝通：企业支出管理平台创新费控支付体系 / 181

目 录

销售易：双中台型 CRM 赋能企业数字化转型 / 192

天眼企服：全面聚合管理构建高信任度企服生态 / 202

亿云信息：人才大数据助推科创要素融通 / 212

第四章　金融产业数字化助力实体经济

同创永益：云原生灾备统一管理平台保障金融安全 / 225

南大通用：分析型数据库领先银行大数据平台应用 / 237

维择科技：无监督机器学习升级金融风控 / 247

同盾科技：中小微金融服务平台提升普惠金融效能 / 259

中企云链：产融互联网引领数字金融新变革 / 269

水滴公司：智能化保险管理一站式服务用户 / 276

第五章　面向智能时代，创想未来生活

讯飞幻境：5G+XR 塑造互联智慧教育新境界 / 293

高灯科技：交易鉴证实现人企商业协作合规高速发展 / 302

北京燃气能源：分布式智慧云平台协同能源智能耦合 / 309

银河航天：航天互联基因突破商业卫星应用 / 320

智行者：用无人驾驶大脑构建智慧生活圈 / 335

特斯联：飞越智能时代的下一代 AI CITY / 344

第一章

底层科学构建创新生产力

PKU
Innovation
Review

统信软件：
国产操作系统重塑应用创新底座

摘要： 基础软件为信息技术产业发展的核心。统信软件技术有限公司（以下简称"统信软件"或"统信"）以"打造操作系统创新生态"为使命，专注于操作系统等基础软件的研发与服务，致力于为不同行业的用户提供安全稳定、智能易用的操作系统产品与解决方案。2020 年，统信 UOS 操作系统已累计装机超过 100 万套，经过长时间的迭代与优化，统信 UOS 操作系统在日常办公领域，已经从可用、够用，进化为好用，在党政、国防、金融、电力、电信、教育等关键行业广泛应用。

关键词： 操作系统　基础软件　信息技术应用创新

1. 背景说明

2021 年是"十四五"开局之年，也是国产软硬件一体化深度发展之年。在国家信息安全战略的指导下，各行业、各领域纷纷加快国产化进程。促进信息技术应用创新行业协同发展、共建健康生态已成为产业共识。

在 2021 年的《政府工作报告》中，"依靠创新推动实体经济高质量发展，培育壮大新动能"被列为重点工作之一。作为科技创新的重要领域，信息技术应用创新产业（以下简称"信创产业"）正迎来新一轮发展机遇，相关部门、地方政府与头部企业正展开积极布局，解决核心技术自研问题，构建国产化信息技术全周期生态体系。

操作系统是计算机的灵魂，也是信创产业的根基。国内自研操作系统是软件国产化的根本保障，是软件行业必须要攻克的阵地。作为国内自研操作系统引领者，统信软件肩负时代使命，联合众多生态厂商、致力于重塑我国应用创新底座，打造出中国成熟的操作系统产品及应用生态，给世界更好的选择。

统信 UOS

2. 创新描述

统信操作系统作为国产操作系统，实现了产品的高度自研，确保了基础软件领域核心技术创新成果；自带多款功能强大的桌面应用，满足用户系统管理、流版签办公、影音娱乐、软件开发等丰富需求，且支持开箱即用；实现"六个统一",从产品维护、生态适配、使用体验方面为用户提供了极高的易用性;具备完善的"安全机制",提供安全中心、全盘加密、安全启动、开发者模式、国密算法、签名工具、文件保险箱等一系列安全防护机制和功能,全方位保障信息和数据安全。具备高度软硬件兼容性,兼容市面主流芯片架构和计算机型号、云平台、信息化业务系统、计算机外设;具备跨平台的生态兼容能力,支持用户通过系统商店下载安卓、Windows平台下的生态应用;提供统信终端域管平台、统信内网商店、统信云打印、统信内网升级服务等多种的业务解决方案,应对用户复杂的工作场景和业务需求。

2.1 技术创新:核心技术高度自研

统信桌面操作系统内核采用Linux4.19.0开源内核版本,桌面环境和大量系统基础应用使用DTK和QT5开源技术进行自主研发,源代码超过600万行,不依赖任何国外商用版权软件进行开发,实现了核心技术和知识产权的真正自研可控。

统信软件自主研发了四十余款功能强大的桌面客户端应用,包括DDE桌面环境、文件管理器、归档管理器、磁盘管理器、备份还原、邮箱客户端、浏览器、联系人、应用商店、远程协助、终端、语音记事本、桌面智能助手、打印管理、扫描管理、设备管理器、系统监视器、日志收集工具等,全部支持开箱即用、满足用户日常办公和休闲娱乐的需求。

2.2 功能创新:智能美观易用

统信操作系统自研的功能强大的桌面环境(DDE),定义了一套极简而统一的界面交互、完美适应用户心智模型,用户只需极低的学习成本便可以熟练掌握所有界面操作。统信操作系统使用活力的动效设计和色彩风格,给用户带来了极致的审美体验,其极大减少了用户日常使用中的复杂操作,同时避免了长期使用操作系统给用户带来的审美疲劳。此外，统信桌面环境还支持用户高度自定义，可设置普通、特效模式，黑白系统主题，用户能够根据自己喜好随心选择各种风格的应用图标。

2.3 持续迭代：安全更新、功能更新、缺陷修复

统信操作系统提供了持续的系统更新服务，除了定期为用户带来更多功能特性外，持续进行缺陷扫描和漏洞监控，第一时间将修复信息发送至用户。用户可轻松通过"控制中心"一键更新操作系统至最新，定期获得包括系统功能更新、系统缺陷修复、应用软件版本更新、安全漏洞修复在内的一系列更新服务，离线用户还可以通过安装系统升级补丁包升级操作系统。

2.4 完善的"安全机制"：五大安全策略

统信提供五大安全策略、保障使用安全：

提供系统体检、病毒查杀、防火墙、USB端口控制、垃圾清理、联网控制等功能，确保操作系统基础具备安全防护；

提供开发者模式开关，默认处于关闭状态，避免用户误操作，使用开发者权限对系统基础组件进行修改，引发稳定性风险；

提供签名工具和不同用途的签名证书，支持对应用包、内核模块、系统启动项进行签名，避免未知来源的应用被安装和运行，避免底层组件被恶意篡改，引发系统的稳定性和信息安全风险；

全盘加密功能支持在安装过程中对硬盘进行加密，在系统启动时进行密码验证操作，避免用户设备丢失后，用户隐私数据被非法获取；

提供"文件保险箱"功能，支持对文件夹进行加密，用户可将个人数据和隐私信息存储在"保险箱"中，避免被随意访问和读取。

2.5 全面兼容：原生软硬件及跨平台的生态兼容能力

统信操作系统兼容了 Intel/AMD、龙芯 3A3000/3A4000/3A5000、申威、鲲鹏、麒麟 990、飞腾 2000/4、飞腾 D2000、海光、兆芯等国内主流处理器，为清华同方、联想、华为、曙光等国内主流整机厂商，阿里、华为等主要的云平台服务商，以及腾讯、网易、金山等数百家软件厂商，展开了全方位的适配工作，累计适配超过 33 492 款计算机、配件、外设、软件、业务办公系统产品。

统信基于 Deepin-wine 技术具备了兼容 Windows 生态应用的能力，已经支持了数百款 Windows 专属生态应用在统信操作系统平台安装和运行，为 Windows 用户向国产操作系统平台平滑迁移提供了保障。

统信 UOS 生态图谱

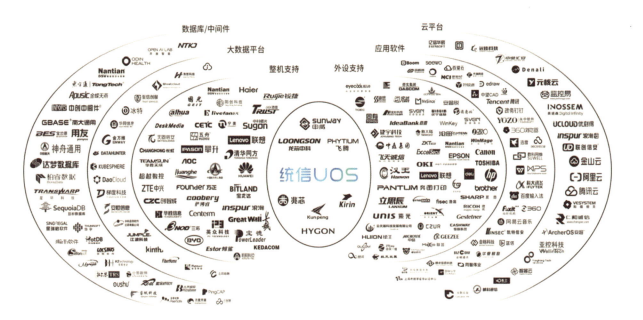

统信的安卓容器技术支持用户在统信应用商店下载安卓生态应用，现已兼容适配五百多款安卓应用，极大地满足了用户丰富的办公和休闲娱乐需求。

3. 项目运行节奏

统信软件目前主力产品如下：

统信桌面操作系统是统信软件为个人、金融、企事业单位、党政、军工等行业用户推出的一款美观易用、安全稳定的桌面操作系统产品。该产品可支持龙芯、申威、鲲鹏、飞腾、兆芯及通用 CPU 平台，适配联想、华为、清华同方、长城、曙光、航天科工、浪潮等主流整机和外设品牌，能够满足用户的办公、娱乐、沟通需求。全新的交互设计和界面风格，带给用户高效、便捷、赏心悦目的使用体验。统信软件还可根据用户的需求提供个性化的产品服务，包括 Windows 桌面替代方案、办公自动化方案等。

统信服务器操作系统基于稳定内核进行开发，对系统组件进行了优化配置，产品广泛兼容各种数据库和应用中间件，支持企业级的应用软件和开发环境，并提供丰富高效的管理工具，提升了系统的稳定性和性能比。另外，在加密、认证、访问控制、内核参数等方面也进行了增强处理，提高了系统的整体安全性。

统信服务器操作系统还通过了工信部安全可靠软硬件测试认证，为国内电子政务、信息化管理领域的应用环境提供"全国产""一体化"的架构平台。

自 2019 年诞生之日起，项目经历了如下关键阶段：

3.1 第一阶段：肩负使命、应运而生

2019 年，统信软件肩负时代使命应运而生。统信软件由国内长期从事操作系统研发的企业整合而成，其核心产品统信 UOS 基于 Linux 内核，整合凝聚了国内多家操作系统、CPU 和部分应用厂商的技术力量，可以在一个技术架构和内核下，同时支持龙芯、鲲鹏、飞腾、兆芯、申威、海光等主流国产芯片，以及相应的笔记本、台式机、服务器等。

3.2 第二阶段：乘风破浪、快速发展

在经历 Win7 正式停服和近期国际形势的变化后，团队充分意识到国家安全可控体系建设的重要性。以"打造中国操作系统创新生态"为使命，统信软件乘着信创产业的东风加速前行。2020 年，统信软件打造了 2 000 名优秀人才组成的团队，陆续发布了统信 UOS 社区版、行业版、个人版、教育版、专业版、企业版和欧拉版等多个版本，积累了超过 100 万的开源社区用户，实现了 1 个总部、3 个通用软硬件适配中心、6 个研发中心、14 个省市的全国布局，结成了数千家技术商业和战略合作伙伴打造的生态系统。

3.3 第三阶段：仰望星空、脚踏实地

统信软件为自身在操作系统领域的发展制订了一个"三步走计划"。第一阶段是在"十四五"规划的前两年，重点满足我国现代化国家建设与经济发展的内生需求，以及在某些特定关键领域的技术需求，并进一步完善符合"新基建"要求的软件技术和产品；第二阶段是从 2023 年到 2025 年，统信软件预计用三年时间，与生态伙伴们携手打造一个面向全行业、全领域的创新生态，并借此不断提升整个软件产业在世界范围内的核心竞争力；第三阶段是要在 2030 年前，向全世界提供一个"中国方案"，在助力我国顺利实现

2035年远景目标的同时，从更高的层面去参与、引领下一个时代的科技创新和产业创新。

4. 市场应用及未来展望

4.1 市场应用

统信操作系统 UOS 在百万套的应用中趋于成熟，在竞争市场上获得了超过 70% 的市场占有率，与国外产品的差距越来越小。统信软件旗下操作系统产品的累计下载量已经超过 8 000 万次，支持全球 33 种语言，拥有遍及 6 大洲 42 个国家的 135 个镜像站点，用户遍布全球。[①]

统信软件在全国建立了三大适配中心，投入上千台设备与数百位专业适配人员助力生态建设。目前，已经完成超过了 32 200 款软硬件产品的适配，其中鲲鹏平台超过 3 000 款，清华同方主流桌面、服务器产品全部适配，生态适配成果优势明显。

4.2 未来展望

因理想而生，中国操作系统生态的建设任重而道远。统信软件将始终秉持"打造中国操作系统创新生态"的使命感，持续提升技术与创新能力，为新基建与企业数字化提供强劲动力。未来，统信软件将从"实现应用创新的安全可靠"与"智能化应用创新"入手，不断将"安全"和"智能"的概念融入新一代操作系统当中，携手更多生态伙伴加入"中国方案"建设，进而重塑软件行业创新底座。

---

① 本案例中行业数据及项目数据解释权归统信软件所有。

编委会点评

1. 社会效益

预期在"十四五"期间,我国数字经济核心产业增加值占 GDP 比重将提升至 10%。其中,操作系统作为数字技术创新应用关键领域之一,在基础理论、基础算法等方面的研发突破与迭代应用为推动产业发展的核心引擎,是推动数字产业化、产业数字化转型的底层应用技术;同时,强化基础软件生态建设势在必行,信息技术应用的互联、互通、性能、安全均建立在基础软件之上。以操作系统为代表的基础软件产业面对国产化创新阶段的机遇与挑战,时代引领、使命呼唤,领军企业需勇于担当,率先推动产业实现高质量发展、提升社会价值。

2. 创新价值

统信软件在操作系统国产化领域创新突破、锐意进取,自下而上打造操作系统核心技术、自研应用,以用户为中心从产品易用性、安全性、稳定性、功能性、美观性等多维度深入研发,并保持了持续更新与迭代,具有较高的市场适用性。在全面兼容适配与产业生态建设上,统信软件进行了积极开拓,并取得了相应的标杆成果。

中船鹏力：
低温强磁技术突破尖端材料物性测量

摘要： 中船重工鹏力（南京）超低温技术有限公司（以下简称"中船鹏力"）针对物理、化学、材料科学等领域对微纳器件和新材料电学、磁学、热学等物性测量的需求，突破无液氦低温恒温控制、高稳定度超导强磁场、全自动多物性测量系统集成等关键技术，开发具有自主知识产权、质量稳定可靠、核心部件全部国产化的低温强磁场综合物性测量仪，以及相关软件和数据库，打破了国外垄断，填补了国内空白，实现了对微纳器件和材料电学、热学、磁学物性的综合测量分析，性能达到国际先进水平。

关键词： 低温强磁场综合物性测量仪　基础科学　自主可控　国产化

1. 背景说明

低温强磁场综合物性测量仪是物理、化学、材料科学等领域对微纳器件和新材料电学、磁学、热学等物性测量不可或缺的关键仪器。

自 1984 年美国 Quantum Design 公司推出第一代磁物性测量设备以来，国外仪器公司相继推出了多款低温强磁场物性测量仪，经过30多年的发展，国外此类仪器理论基础、技术研究和生产工艺已非常完善，产品系列丰富，对全球基础物理探索、前沿器件研究和新材料研发等起到了重要推动作用。

近年来，国内相关单位对该仪器进行了方案设计、应用研究及样机试制，但鉴于技术基础、人才储备、资金投入等方面的限制，研发进程缓慢，关键技术指标和产品成熟度等方面相比国外有较大差距，导致该仪器长期依赖进口，目前进口数量每年达数十套。

为了解决技术风险，改变原先仪器依赖进口的局面，2020年科技部重点研发计划中设置了低温强磁综合物性测量仪专项，中船鹏力作为牵头单位承担该项目。中船鹏力在国内超低温技术领域居于领先地位，但在国际的赛道上与作为行业标杆的 Quantum Design 仍存在一定差距，在技术与用户体验两大层面上积极追赶。

2. 创新描述

2.1 技术突破：基于 GM 制冷机的无液氦超低振动低温制冷技术

目前国际上主流的无液氦低振动低温强磁场综合物性测量仪采用脉管制冷机作为冷源，而中船鹏力创新性地采用自主研发的 GM 制冷机（Gifford-Mcmahon 制冷机，简称 GM 制冷机，是一种回热式小型低温制冷机）替代脉管制冷机作为冷源，其在成本、长期可靠性、维护便捷性上都比脉管制冷机具有优势。同时针对低温强磁场综合物性测量仪的低振动要求，中船鹏力创新振动隔离设计，将超低振动低温系统振动隔离技术应用于该低温制冷技术中。

GM 制冷机之前广泛应用于两大工业领域，一是用于医院核磁共振，二是用于半导体领域低温真空泵，两个领域每年需求在 1.5 万台左右。[①] 中船鹏力通过创新振动隔离设计，能够对 GM 制冷机进行减振处理，使其在低振动方

---

① 本案例中行业数据及项目数据解释权归中船鹏力所有。

面达到与脉管制冷机相近的效果，同时又具备更好的可维护性，目前 GM 制冷机在科研领域得到了广泛应用。

2.2 产品创新：系统测量多样化、自由度高

不同样品的最佳测量方法并不相同。目前，市场上国外产品提供的测量软件是"黑匣子"状态，在客户给出样品后输出结果，只能提供一种测量与分析方法，能够满足普通用户便捷服务需求，但对于高端科研用户来说无法获知相关测量细节，从而难以确保测量的准确性。而中船鹏力通过前期对样品测试调研，算法分析研究总结，其系统能够针对不同样品选择最优算法，在多种测量方法中为客户提供最优选择，满足用户不同需求。对于普通用户对算法了解有限，中船鹏力的系统可以进行算法推荐，用户直接使用默认算法；对于高端科研用户精通算法，系统同时实现了一部分程序开源，便于高端客户根据需求进行高自由度的测量与信号采集。

2.3 应用创新：物联网化、人机高度互联

相较于国外产品，中船鹏力基于物联网技术，实现了高程度人机互联。仪器与应用终端实现便捷通信，实现了远程一键启动和关闭功能，自动探测系统状态，故障检测与自动应急处理，实现最优的无人值守自动测量。在进行系统样品多次重复性实验时，可以通过实时监控及时了解实验动态进程，无须不断调动人员，节省了人力资源。系统出现运行问题时，数据能够通过手机小程序及时反馈到移动终端，及时通知工作人员进行处理。

3. 项目运行节奏

低温强磁场综合物性测量仪是微纳器件和新材料电学、磁学、热学等物性测量不可或缺的关键仪器，针对该仪器完全依赖进口的现状，中船鹏力主

导开发具有自主知识产权、质量稳定可靠、核心部件全部国产化的低温强磁场综合物性测量仪，打破国外技术垄断，突破无液氦低温恒温控制、高稳定度超导强磁场、全自动多物性测量系统集成等关键技术，并开发相关软件和数据库。

低温强磁场综合物性测量仪在完成工程化开发之后，进入产业化推广阶段。预计到项目验收时将具备年产 20 套仪器的批量生产能力，实现对微纳器件和材料电学、热学、磁学物性的综合测量分析，为基础材料领域的发展奠定坚实基础。之后将依托现有国内、国际销售渠道进一步开展全球销售和市场推广，并建立应用开发和培训为一体的服务体系。

3.1 第一阶段：完成低温强磁综合物性测量仪可靠性研究

建立无液氦低温系统、超导磁体、测量模块到整机的可靠性串联模型，通过综合因子评定法开展可靠性分配。在原理样机设计阶段、工程样机阶段均开展可靠性设计，以及验证开展 FMEA 设计分析，从而明确仪器薄弱环节，并通过冗余设计、并联设计等手段提升仪器可靠性；在生产环节开展 FTA 分析，了解系统失效原因，从而找到最好方式降低风险；在仪器应用过程中开展故障报告、分析及纠正措施系统（FRACAS）对故障归零管理。

3.2 第二阶段：完成低温强磁综合物性测量仪的产业化开发

前期研发人员的仪器开发过程和后期工程师的产业化过程，是两项既相互关联但又有很大区别的活动。仪器开发更多关注技术的创新，产业化则更关注产品性能、可靠性、应用环境和市场前景。进行国内外市场调研与分析，明确仪器产品定位，建立仪器开发测试平台；整合相关开发资源，通过对该仪器原理样机、工程样机在结构、软件和外观等方面的工业设计，优化产品的综合功能、性能指标，并开发相关领域的应用方法，以适应市场需求。

3.2.1 实现系列低温强磁综合物性测量仪的小批量生产

实现核心部件以及外围附件的批量生产,实现系列低温强磁综合物性测量仪的小批量生产,在技术指标和质量指标上与国外同类产品在一定范围内开展竞争;通过小批量生产,完善各工序的作业指导书和检验文件,并根据示范应用和客户反馈进行必要的改进与优化,完成对上述系统制作工艺的进一步优化和整合。

3.2.2 完善国内国际销售渠道,扩大低温强磁综合物性测量仪市场推广

依托产业化单位已有的市场基础,针对不同领域客户的需求特点,制定系列低温强磁综合物性测量仪的销售策略,完善国内、国际销售渠道,扩大低温强磁综合物性测量仪市场推广,建立合理的销售管理机制。

3.2.3 建立并完善低温强磁综合物性测量仪应用开发、培训和服务体系

开展并总结低温强磁综合物性测量仪在物理、材料、化学等领域的应用,建立健全的检测方法,完善低温强磁综合物性测量仪的质量控制,形成对比报告;在产业化单位现有培训和服务系统的基础上,结合示范应用建立,并健全低温强磁综合物性测量仪的培训和服务体系。

4. 市场应用与未来展望

工程化和产业化研究是通过专项研究提升工程化能力的研发,包括原理样机、改进样机、工程样机的研制,最后由工程样机的开发研究来确定批量生产技术参数与加工工艺,以及持续改进等产业化技术条件。

可靠性开发则是贯穿于系统集成设计、工程化开发以及产业化开发过程中,开展故障模式、影响及危害性分析(FMECA)、故障树分析(FTA)与改进、第三方实验验证、场内实验验证、应用客户验证、客户满意度调查等

研究，通过提出问题—分析问题—解决问题—验证方案—优化设计的逻辑逐渐提升仪器产品的可靠性。本项目根据仪器开发和应用开发过程中总结的参数标准和规划，设计一套工程化标准，对仪器的批量化生产、改进、功能拓展、质量控制、产品系列、产品销售和售后服务等环节实施标准化管理。

目前，市场主流的低温强磁场综合物性测量仪为美国 Quantum Design 公司生产的全干式无液氦综合物性测量系统（PPMS DynaCool），其昂贵的仪器价格，导致众多研究单位无法购置该仪器，阻碍了相关研究的正常开展。本项目的实施，使得更多的研究单位用得起该仪器，促进研究水平的提升。

可靠性开发验证路线图

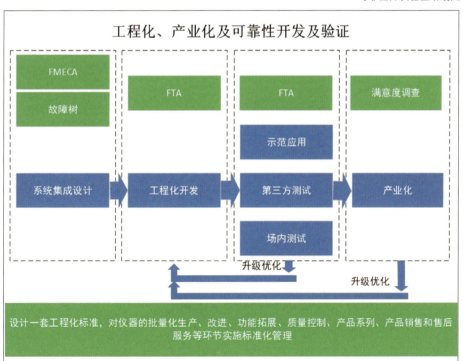

中船鹏力具有低温强磁场综合物性测量系统技术积累，以及丰富的低温仪器开发和产业化经验；具有成熟的国内外销售及服务网络、与目标客户群体已建立良好的合作关系；具有契合公司发展方向的仪器产业化规划、标准化生产基地、稳定的生产能力。因此，该项目实现产业化之后，可在国内物理、化学、材料、纳米等领域广泛推广应用，并依靠已建立的全球销售网络开拓国际市场，形成在国内市场及国际市场的全面推广应用。在研制开发的工程样机基础上，通过产品的二次工艺设计，提升产品的综合指标以更好地满足市场需求；优化产品的制造工艺、测试流程以满足产品的批量生产和售后服务需求；降低制造成本，满足市场竞争需要；建立完善的质量控制、应用开发和服务体系。

预计到项目验收时（2023年9月），将形成3种型号的低温强磁场综合物性测量仪，并具备年产20套该仪器的批量生产能力。

编委会点评

1. 社会效益

低温强磁场综合物性测量仪是物理、化学、材料科学等领域对微纳器件和新材料电学、磁学、热学等物性测量不可或缺的关键仪器，对全球基础物理探索、前沿器件研究和新材料研发等起到了重要的推动作用，然而目前国内该类仪器完全依赖进口，在日益复杂的国际形势下，开发具有自主知识产权、质量稳定可靠、核心部件全部国产化的低温强磁场综合物性测量仪具体重要的意义。

在西方国家通过技术封锁、仪器禁运等方式对我国进行科技打压的国际形势下，基础设备的国产化越来越重要。中船鹏力在低温强磁场综合物性测量仪上的研发，具有自主知识产权、性能优异、质量可靠，支持了我国基础科学、材料科学的研究，也可以应用在工业领域进一步产业化，具有重大的科学意义、社会意义和巨大的经济应用前景。

2. 创新价值

项目通过自主创新，攻克超高温度稳定控制、单冷源双冷却对象冷量自动匹配、Nb3Sn 线圈热处理关键工艺、交流磁化率高精度快速测量、多种测量算法自由切换、标准化测量模块开源设计、工程化体系建设等多项技术难题，突破无液氦制冷、低振动控制、高场强磁体制造、宽测量范围、高测量精度、高稳定性等多项核心技术。

项目打破了低温强磁场综合物性测量仪的国外垄断，填补国内空白，实现具有自主知识产权、功能健全、质量稳定可靠、核心部件全部国产化的产品，其性能达到国际先进水平，实现在基础物理的探索、前沿器件的原理性研究和新型材料研发等基础及前沿科学问题上的应用。

伏羲九针：
智能穿刺机器人开创智慧医疗场景

摘要： 随着我国居民生活水平的提高和医疗保健意识的增强，对于医疗机构数量、规模、医疗质量的需求日益增加。特别是新冠疫情暴发后，人工智能、机器人等相关技术在医疗、医护领域的应用，对于补齐我国高端医疗装备短板、弥补医疗资源缺口、辅助提升医护水平起到了积极作用。伏羲九针智能科技（北京）有限公司（以下简称"伏羲九针"）研发的智能穿刺机器人突破原有传统人工静脉穿刺局限，在避免医患交叉感染、提升医疗效率、节约医疗资源等方面取得了有效成果。

关键词： 人工智能　医疗机器人　智能穿刺

1. 背景说明

随着科学技术的进步，人类对自身疾病的诊断、治疗、预防及卫生健康给予了越来越多的关注，医疗机器人已经成为国际化机器人领域的一个研究热点。其中机器人替代人工的应用场景中，静脉输液具有相对代表性。静脉输液是全世界临床治疗最常用、最为安全的治疗方式之一，而手背静脉穿刺是临床应用中最主要的实用技术。减轻穿刺的疼痛、提高静脉穿刺的成功率，是护理人员必须具备的专业能力，也是目前医疗机器人面向该领域需要突破的关键点。

1.1 市场需求：从事穿刺工作的医护人员严重短缺

2020年疫情形势下，世卫组织与国际护士理事会等机构合作撰写报告称，目前全球护理从业人员不到2 800万，2018年全球护士数量缺口达590万[1]，非洲、东南亚、南美部分地区和中东地区的缺口最大。而截至2019年年底，中国全国护士总数为445万，平均每千人口的护士只有3名[2]，在全世界排名倒数第三。世卫组织总干事谭德塞曾在一份声明中指出："对于任何一个卫生系统来说，护士都是骨干。"截至2019年年底，我国护士缺口多达200万—300万名[3]，相比发达国家有较大差距，且现有护士多数分布在东部沿海地区和大城市医院，西部欠发达地区及农村医院的护士缺口更为严峻。

护士日常最重要的工作之一是穿刺输液，在医院输液大厅、病房、社区医院、养老医院、体检机构等场景均存在大量的穿刺输液需求。以三甲医院为例，平均每天输液量在1 000—1 500次，2019年我国输液消费量在105亿瓶（袋）左右[4]，当前存在较大的医护供给不足。

1.2 行业痛点：穿刺技术有很强的技术性、影响因素和风险性

据大样本调查，根据患者不同情况，临床中约有27%的患者静脉不够清晰，40%的患者静脉目视无法辨认，特别是孩童、老年人、重症患者血管辨识更为困难，这些因素都会导致护士"看不清、扎不准、拿不稳"。

遇到血管相对难扎的病人，护士在穿刺中会产生紧张情绪，需要尝试2—3次才能穿刺成功，对于患者来说，反复的静脉穿刺失败会增加静脉炎、血

---

[1] 参见世界卫生组织、国际护士理事会、"护理服务刻不容缓"全球运动联合发布：《2020年世界护理状况报告》。
[2] 参见世界卫生组织、国际护士理事会、"护理服务刻不容缓"全球运动联合发布：《2020年世界护理状况报告》。
[3] 参见世界卫生组织、国际护士理事会、"护理服务刻不容缓"全球运动联合发布：《2020年世界护理状况报告》。
[4] 参见智研咨询：《2020—2026年中国大输液行业市场运行潜力及竞争策略研究报告》。

第一章 | 伏羲九针：智能穿刺机器人开创智慧医疗场景

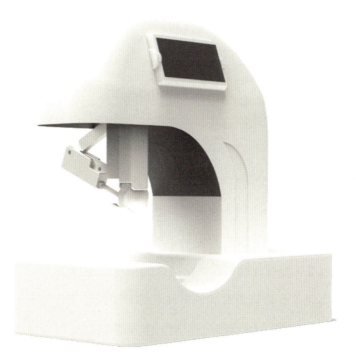

"FUXI"系列产品样机图

栓和感染的可能性，这也极易引起患者及家属不满，引起医患矛盾；并且约有80%[①]的护士在血管穿刺中受到针刺伤害，在新冠疫情及重大传染病期间，极易因穿刺过程导致"医患交叉感染"；在广大医疗资源匮乏地区，比如县城、山区、边防、远航舰船、科考站、航天空间站、战场等需要进行救治的地方，护士更为短缺，无法进行穿刺动作进行救治。

基于以上场景分析及实际调研，伏羲九针发现智能穿刺机器人可有效解决医护供给不足、护士"扎针难题"，因此逐渐开展相关研发工作，致力于运用人工智能及机器人技术帮助医护质量及效率提升。

---

① 参见马惠风，靳荷，路俊彩：《医务人员利器损伤的原因调查及对策》，载《中华现代医学与临床》2006年第8期。

2. 创新描述

2.1 方式方法创新

伏羲九针智能穿刺机器人从人工穿刺依靠眼观、手摸这种传统经验判断方式转变为红外成像、超声透视、激光扫描等多种传感器信息相结合的精确定位模式；同时，借助专家型医护人员的医术以及临床经验，针对包含血管位置、形态、穿刺方法等因素在内的医疗大数据的分析、总结，可形成系统化的穿刺技术；再结合应用人工智能算法、机器人自动化控制技术，融合多模信息，进行识别定位，使血管更易识别，可以在血管辨认较为困难的情况下，做到高效准确地建立动静脉生命通路，在60秒内完成消毒、定位、穿刺动作。从而实现了日常输液穿刺的突破，提升了医护工作效率，达成了"机器人+医护共同协作"的全新智能穿刺工作方式。

2.2 临床医学创新

伏羲九针智能穿刺机器人可同时适用于临床中手背、手腕、肘部等多部位动静脉血管及神经阻滞，可实现输液、采血、血压监测、血气血象分析、神经阻滞麻醉等功能。相较于市场同期品牌产品只能完成前臂静脉血管采血单一功能而言，在穿刺部位的适用性、穿刺功能兼容性方面，具有突破性的发展。

2.3 技术能力创新

伏羲九针智能穿刺机器人基于临床穿刺规则与基于深度学习的方法相结合，云边协同与数据中心智能相结合，实现多部位精准穿刺与穿刺针留置，不仅能够精准识别并定位穿刺靶点，还可以面向不同部位不同特征的血管，更为先进的在于能够在力感应随动穿刺过程中实时精确控制，这是人工智能

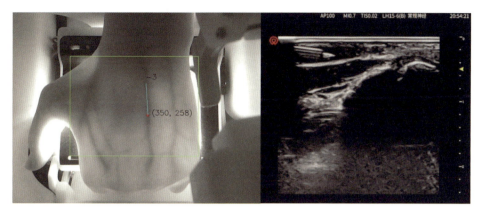

| 靶点智能识别技术 | 超声穿刺实时追踪图 |

技术应用上的巨大突破。这其中包含实时超声影像引导的穿刺路径导航技术、建立血管组织力学特性数学描述模型、多模信息感知下的高约束条件穿刺行为控制、血管穿刺精准安全操控机制等诸多模型与技术环节。

在血管识别方面,智能穿刺机器人通过大量的样本学习,能够智能区分动静脉,识别最佳穿刺靶点。在已获得的超声数据集上,手背静脉血管识别率达到90%以上,静脉血管识别时间可控制在5秒以内。

通过实时三维重建技术对穿刺点周围的血管及身体组织进行实时3D重建,精确度达到了毫米级别,保障了穿刺的实施和进针监控;同时通过计算机模拟,精确地执行机构导航规划,重复精度和绝对精度达到了0.2毫米以内,穿刺成功率达到了96%以上。

通过多模融合和高度集成,实现了识别、自动控制、交互的高度协同,整体穿刺时间控制在60秒以内。

与此同时,伏羲九针智能穿刺机器人充分集成了视觉、音频、压力、红外、超声、机械结构、边缘计算平台等功能模块,并实现了产品的轻量级和小型化,可在桌面使用环境下适配众多应用场景。

3. 项目运作节奏

3.1 第一阶段:智能穿刺机器人样机面世

伏羲九针核心团队自 2018 年开始逐步建立,其中包含院士、国家千人计划等高层次人才,博士、硕士学历人才占比 80% 以上。

此阶段在产品研发上实现了如下模块:

一是视觉识别模块:自然光、红外光、超声波识别(识别人、人体组织、动作)等。二是语音模块:语音识别与处理(信息确认,需求记录)、语音提醒等。三是系统模块:机器人系统(ROS)、安卓系统、windows 系统、控制系统。四是信息通信与处理模块:包括人工智能处理芯片(FPGA)、图像增强模块、存储模块、无线信号发送接收模块 WIFI、4G/5G 等。五是机械与电气化装置:人体固定、自动上针装置、医疗废物收集装置、自动消毒装置、四轴高精度机械臂、电源等。六是交互装置:语音交互硬件设备、视频交互屏幕、人机交互优化设备。七是医疗耗材:包括针头、针头盒、输液器、一次性卫生橡胶套、无菌布等耗材加载。八是在线监测装置:包括光学位置监测设备等。九是消毒杀菌装置:包括机器人本体及穿刺部位的消毒。

同时,实现了机身、机械臂、末端操作装置的机械化设计,完成符合人体工程学及人机交互的外观设计,并注册申请了相关外观专利。

阶段成果：

在此阶段，完成了智能穿刺的产品化、功能化系统设计，实现了机器人安全设计并完成了产品设计、制造、测试验证文档的规范制定。同期，完成了核心算法的研究，包括识别、运动、交互、穿刺等多个模块。实现了样机的小批量生产，机器人功能和性能达到了预期设计要求，第一批 5 项知识产权完成了申报。

3.2 第二阶段：第一代 FUXI 智能穿刺机器人产品化

2020 年 6 月，第一代 FUXI 智能穿刺机器人开始建立测试验证体系，开展产品化设计与测试验证，在机械结构、电气、信息化、功能安全等方面开展了功能及性能测试，并根据结果进行了多次校准，活体穿刺试验阶段已经完成了千余例活体动物试验。

2020 年 12 月，伏羲九针机器人团队陆续开展了百余例的人体临床试验，穿刺成功率达到了 95% 以上。[①]第一代 FUXI 智能穿刺机器人已完全具备实际场景应用的条件，初步完成了供应链体系的建立，在机械结构、外观、人因工程、耗材等方面建立了产业应用基础。

阶段成果：

伏羲九针智能机器人在两家三甲医院的产品临床验证表现均达到了预期水平，第一代 FUXI 智能穿刺机器人防护等级达到了 IP54 水平，机械结构及电气安全达到医疗器械设计标准；同时，第一代 FUXI 智能穿刺机器人开始进入三类医疗器械产品注册证和三类医疗器械生产许可证的审批流程。

---

① 本案例中行业数据及项目数据解释权归伏羲九针所有。

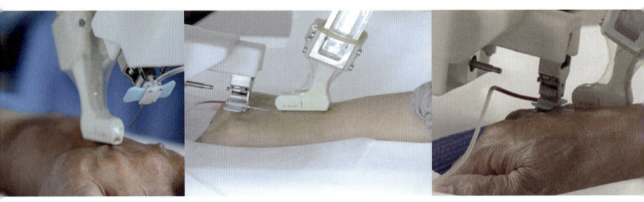

智能穿刺机器人临床试验

4. 市场应用及未来展望

伏羲九针智能穿刺机器人基于目前医护人员紧缺、穿刺效率不高、医疗资源不均衡等行业痛点开始研发，具有完全自主知识产权，致力于未来改变医院护理界的工作模式和效率，预期降低医院科室人员经费和卫生材料的成本支出，提高卫生资源使用效率，以机器人的方式解决护士资源不匹配的问题。除三甲医院以外，未来智能穿刺机器人还将应用于社区医院、养老院、应急保障等多个场景。

4.1 产品需求及市场前景广阔

智能穿刺机器人可预期满足如下需求：一是降低医疗成本。通过机器人代替护士的穿刺工作，降低医院的用人成本，提高工作效率，加快医院整体的运转速度。二是帮助减少医患矛盾，保护医护人员健康。通过使用机器人提升穿刺效率和准确性，减少医疗事故的发生，同时降低医护人员在穿刺过程中所面临的感染和被误伤的风险。三是有效提升针对特殊体征患者如黑色人种、严重烧伤、血管较细较深的穿刺成功率。

截止到 2019 年年末,全国医疗机构总计 1 007 545 个:其中三级医院 2 749 个,二级医院 9 687 个,一级医院 11 264 个,未定级医院 10 654 个,基层医疗机构 954 390 个,专业公共卫生机构 15 924 个,其他机构 2 877 个。① 通过企业调研,三级医院的采购量预期达到 30—50 台,二级医院采购量 10—30 台,一级医院及基层医疗机构采购量 5—10 台,基层医疗机构采购数量 2—5 台,全国预期市场需求量在 50 万—100 万台。②

4.2 产品不断迭代升级　功能逐步增加

FUXI 系列智能穿刺机器人将面向未来更多的穿刺场景:一是将研发面向人体重点点位的穿刺功能,包括腋下动静脉、中心静脉、主动脉等方面的穿刺点研究和产品化实现;二是拓展产品功能,包括穴位针灸、神经穿刺、穿刺后的硬件植入等功能;三是拓展产品应用场景包括航空航天、远洋作业、勘探保障、应急储备、边缘地区远程诊疗等场景。

---

① 参见国家卫生健康委员会:《2019 年我国卫生健康事业发展统计公报》。
② 参见众诚智库、中国电子学会:《智能输液机器人(FUXI)市场需求调研报告》。

编委会点评

1. 社会效益

医疗智能机器人产业伴随人类健康需求增长而不断发展，其核心技术也是全球发达国家竞相争夺的关键领域之一。提升医疗智能机器人的自主研发及产业应用水平，是我国高端智能制造技术发展和产业升级的必然路径。伴随着国家政策扶持及医疗体系革新，智能机器人在医疗常用场景中的应用，将有望保持高速增长的良好态势，以期满足社会人口老龄化加剧、医疗水平持续提升的迫切需求。

2. 创新价值

目前国内医疗机器人布局企业逐步上升，其中已有相关应用企业登陆科创板。伏羲九针智能医疗机器人结合"产学研用"深耕于智能穿刺场景，将医疗科学与人工智能、机械、材料、大数据等多学科交叉应用，实现了力感应随动穿刺过程精准控制的行业突破，具备节约医疗资源、提升医护效率的应用基础；同时，其工程化程度较好，当前具备桌面级水准，预期未来面向便携级深入开发，可应用于欠发达地区、社区、边防、科考、航天空间站等特殊场景。

诠视科技：
自研感知交互技术突围多维体验市场

摘要：VSLAM 技术是感知交互与人工智能的核心底层技术，未来虚拟现实及人工智能技术将渗透各行各业，拥有千亿美元的市场空间。上海诠视传感技术有限公司（以下简称"诠视科技"）作为一家以 VSLAM 算法为核心的 AR/VR 感知交互整体解决方案提供商，致力于向客户提供包含 VSLAM 算法定制、算法跨平台硬件部署、核心交互系统方案定制、应用 SDK 开发和整机解决方案在内的定制化服务，降低 AR/VR 产品开发门槛，缩短产品开发时间，满足极其碎片化的 AR 市场需求，帮助客户快速实现数字化转型。

关键词：VSLAM　AR/VR　感知交互　人工智能

1. 背景描述

1.1 市场背景：千亿规模市场广阔

VSLAM 技术是人机交互的底层技术，更是人工智能、虚拟现实的核心底层技术。从 AR/VR 便携设备、机器人到无人机，应用场景众多，拥有巨大的市场空间。VSLAM 应用场景的潜在市场规模预计将高达千亿美元（来源 Artillery Intelligence），随着以 AR/VR 为代表的可穿戴设备近年来的快速发展，受到业界的高度重视。

苹果、谷歌、微软、Meta 等产业巨头纷纷投入重金收购相关技术公司，加速产品化进程。根据《IDC 全球增强与虚拟现实支出指南 2020V2》，至 2023 年，中国 AR/VR 市场支出规模将达到 652.1 亿美元。

1.2 行业背景：业界领先的核心单元技术赋能产业升级

从 AR/VR 底层单元技术方面看，行业普遍的 SLAM 方案只是主控系统中的一个标准模块，授权收费门槛和支持费用均较高，不仅无法为客户提供完整到落地的技术服务，更不能向客户提供定制化开发与服务支持。

而诠视科技商业模式更加灵活，可根据客户不同行业和场景需求，提供从 VSLAM 算法定制到算法跨平台硬件部署、到核心交互系统方案定制、应用 SDK 开发和 AR 眼镜整机解决方案的各种不同层次的定制化服务。为广大不具备自研能力，以及没有长期行业经验与技术积累的企业与资本降低了快速进军 AR/VR 行业的门槛，帮助企业实现 AR/VR 产品的快速研发、迭代与升级，推动整个人工智能、虚拟现实产业的技术发展与升级。

SlimEdge Robot Vision Kit 80X

2. 创新描述

诠视科技强大的 VSLAM 端处理能力和底层单元技术模块化的分布式结构，解耦了 AR 眼镜复杂的系统链路，把感知层和交互层进行分离，当客户需要进行主控平台迁移时，底层的传感器处理，SLAM 算法，以及所有传感器的驱动都不需要重新部署，标准化接口可以帮助客户进行主控单元模块的快速更替部署，将传统的一年至一年半的产品开发周期，压缩至以周为单位的研发时长。

2.1 VSLAM 技术创新：集空间感知 VSLAM、认知 AI、深度、音视频、手势眼控交互能力于一体的端处理平台

诠视科技在美国硅谷及欧洲设有产品设计及算法研发子公司，拥有 7 位业内顶尖博士及 10 余项中美专利，其自研的 VSLAM 技术基于高性能 VPU 的端处理解决方案，集 VSLAM 引擎、深度引擎、AI 引擎、音视频引擎、手势眼控于一体，拥有丰富的环境感知传感器集群处理能力。其可灵活适配光波导，BirdBath，自由曲面等光学显示引擎，独立完成系统标定；并可协同 5G 的高带宽实现端与云的结合，在端设备上完成所有 AR/VR 所需的交互处理，支持基于端面的 ATW 系统时延优化，提供更优质的用户体验，帮助 AR/VR 智慧应用场景落地。

2.2 VSLAM 产品创新：功能丰富的 SDK 和工具链，快速实现概念验证及产品开发

诠视科技的 SLAM 不仅可以支持 SLAM、CSLAM 模式，还可以支持 Edge 模式、主控处理模式以及 MIX 处理模式，其基于强大的底层算法能力，可以针对不同的行业应用场景进行应用 SDK 的定制化开发，目前已有的应用 SDK 包括高速 VSLAM、平面检出、高精度深度图、实时三维重建、空间锚定、

基于 EPSON VM40 光机的 E34RB AR 眼镜

实时物体检出、虚实叠加、手势交互、多人地图共享。另外，诠视科技使用的新一代 VPU 芯片，基于其强大的算力和 AI 能力，可支持客户快速完成其离线训练模型的部署。此外，用户可以在该平台上进行 CV 应用的便捷开发，让传统的 CV 工具在 AR 的工作形态中再放光彩。该平台支持 Windows、Android、Linux 系统，通过 USB Type C 对接 PC、手机和独立计算单元，涵盖了共轴空导（BirdBath）、自由曲面、光波导等光学显示方案，可广泛适用于工业、教育、医疗、建筑、安防、文娱等领域，为用户提供即插即用的体验，可快速验证概念或指导产品开发。

2.3 VSLAM 服务创新：高度定制化的功能开发，灵活的平台模式，涵盖产业链上下游的各个环节

基于强大的原生 IP，诠视科技向客户提供高度定制化软硬件方案与服务。面向有设计能力的 ODM 客户，提供硬件产品；面向有系统集成需要的

具有眼控功能的衍射光波导 AR 眼镜 K40RE

OEM 客户，提供系统集成服务；面向应用集成商，提供 Turkey 解决方案。灵活的商业模式覆盖产业链自下而上的环节。响应速度快，为客户省钱省时。差异化的产品定位，解决目前行业痛点（成本高、局限大、VSLAM 所需系统算力及功耗、系统集成难度大、链条长、现有市场欠缺国产替代解决方案等痛点），提供高度定制化方案开发和系统集成服务，填补市场空白。

3. 项目运行节奏

3.1 第一阶段：选定主流硬件平台，完成与硬件厂商的前期技术对接以及系统架构建设

在现有可对接 Intel Movidius 等平台解决方案的基础上，诠视科技打造一个以 VSLAM 端处理技术为核心，可对接国内主力硬件平台厂商的软硬件应用平台。该平台可搭载国产主流硬件平台的高速、高精度端处理 VSLAM 引

擎、深度引擎、AI 推理引擎、视频处理引擎及手势交互引擎等 AR/VR 所需的功能。其拥有丰富的环境感知传感器集群处理能力，面向开发者提供丰富的 SDK，支持多种 SLAM 模式，以及平面检出、三维重建、三维物体识别与追踪定位和快速 AI 模型部署能力，可针对用户需求进行高度定制，适用于分体式和一体式 XR 设备。在此解决方案的基础上，诠视科技亦将现有核心技术及系统集成能力扩展到市场上更多的主流芯片平台上，如海思、瑞芯微、展讯等，并与该硬件平台厂商进行前期技术对接，并完成平台的系统架构建设。

3.2 第二阶段：完成基于更多主流芯片的算法部署，进行概念验证，逐步完善平台交互功能

在此阶段，除了进一步完善平台的交互功能外，诠视科技完成算法在国内、外主流 VPU/DSP 硬件平台上的部署：研发针对国产主力芯片的 VSLAM 算法，以完全国产化的 VSLAM 感知交互核心单元输出。其并打造一个相当于高通 845 计算能力的主控系统，使其具备与国内主力芯片平台的适配与对接能力，实现 AR/VR 设备系统层面的时延优化以及整机标定能力。

3.3 第三阶段：基于该平台的算法性能及产品级验证，实现整机交付能力

在这一阶段将进行基于该平台的算法性能及产品级验证，包括算法单元测试、单元性能验证、功耗调优、环境测试，基于芯片平台的分体式及一体式头显的验证等，最终打造一个面向 AR/VR 设备及应用市场的 VSLAM 感知交互核心技术服务平台，具备强大的主流硬件平台兼容性，并实现 AR/VR 设备及应用系统层面的整机交付能力。

3.4 第四阶段：投放市场，联合生态伙伴打造应用案例，助力产业发展

此阶段，诠视科技将与众多行业知名标杆企业建立深度合作，借助现有

合作伙伴将该平台推广到目标市场，将其应用在工业、教育、医疗、To G 等具有深度交互需求的重点领域，并联合生态合作伙伴共同拉动行业生态，助力企业数字化升级。

4. 市场应用及未来展望

4.1 市场应用

4.1.1 "5G+AR/VR"，引领全新沉浸感教学体验，赋能智慧教育

随着"AI+教育"时代的来临，人工智能将在 5G 及超高清技术的引领下，不断深化场景应用，更好地辅助老师教学、学生学习、学校管理。借助"5G+AR/VR"技术，将打造多空间场景，多人互动的智慧教学模式；然而随着 AR/VR 设备的逐步介入，可穿戴化、解放双手、突破场所限制，将颠覆传统教学模式，真正实现随时随地、沉浸式、强交互、趣味性的智慧教学。

4.1.2 支持 To G、To B、工业应用场景中的远程指导、协同作业；探索更多方案，降本增效

诠视科技 VSLAM 感知交互核心技术服务平台运用于 G 端、B 端、工业领域，主要的价值体现在四个方面：一是实现场景、模型、设计、线路图纸等信息的实时展示和共享，使得处于异地、多人、多任务的协同作业可以实时互动。二是可将多款设计模型或方案，通过 AR 眼镜进行数字化展示，以便用户可以更全面、更有沉浸感地对不同方案进行评估及决策。三是可为方案研发或制定者提供预先的演示环境，以便通过虚实结合的场景进行预演，用以预判实操时的合理性。四是可将标准作业流程、操作指南等信息显示给使用人员，大幅提升工作效率。

4.1.3 智能制造、BIM 可视化应用，风险直观预判，缩短工程交期

传统工程项目管理和信息查看局限于二维屏幕上的文字图纸，使用该平台方案可以通过 AR 眼镜实现沉浸式可视化技术，全面了解规划中的任务、施工进度、潜在风险以及安全要求，以便于提前制定应对预案；也可以在现实环境中查看未来每个阶段的工程三维效果，第一视角，效果更直观。

4.1.4 运用于医疗领域，模拟手术方案，提高医生的诊断效率

在诊疗过程中，医生可以通过 AR 虚拟 3D 建模，模拟整个治疗过程，便于直观地看到每个阶段、每个疗程的治疗结果，也可以进行手术前的虚拟演练，提高手术的成功率，还可设计多个手术方案，然后再从多个手术方案中选出更适合患者的方案为其进行治疗；同时，基于极高精度的虚实叠加技术，将患者的患处进行事先 3D 建模后，在手术中与患者真实肢体进行高精度叠合，赋予手术医生一双透视眼，最大可能优化手术路径，等等。

4.1.5 文化娱乐、展览展示，提升游览体验

作为 B 端和 C 端的桥梁产业，AR 在文旅领域的应用落地起到了示范作用，在线下娱乐场景利用 AR 技术提供虚实叠加的娱乐内容，成本低、见效快，使顾客获得更丰富、更具沉浸感的体验，同时也可缓解游客排队难、游玩指南不明等运营问题。在博物馆内，利用 AR 设备，可以让顾客从多角度多维度去观赏和体验艺术作品，并与其互动，使其更生动、更全面地了解知识，获得高质量的游览体验。

4.2 未来展望

AR/VR 行业真正起飞在于硬件上要具备两大核心：一是感知交互，二是虚拟场景的近眼显示。在"两个核心"的硬件需求之外，第三是要丰富内容，要有与应用场景匹配的、重度交互的内容。AR/VR 行业的发展需要成

熟、可量产化的产品：首先要在多领域足够成熟，共同推进；其次需要依靠眼镜等便携产品量产推动产业链成熟，从而为下游客户提供高性价比服务。

诠视科技致力于突破 VSLAM 对算法要求高、产业链长、研发门槛高、自主可控等问题，将为国内市场上大量不具备 VSLAM 自主研发能力的中小型企业，以及没有长期行业经验与技术积累的企业打开快速进军 AR/VR 产业的大门，促进相关产业的发展与升级。

编委会点评

1. 社会效益

AR/VR技术的成功应用作为"数字经济"的有机组成之一，技术创新与5G带来产业变革的窗口期，其中技术创新为底层，应用标杆为突破，产业融合为趋势。核心基础技术的深入建设与市场开拓，将有望通过成熟应用赋能城市建设、工业制造、商业服务、智慧文旅、智慧医疗、线上游戏、社交电商等多维场景，实现更加丰富多彩的智慧生产生活。

2. 创新价值

诠视科技以VSLAM技术为关键核心，从底层算法到平台应用，在"软硬兼备"的角度上进行了积极的行业探索，运用灵活多样的服务模式提升产业数字化能力。诠视科技具备丰富的系统集成产品与服务经验，重视适配度、扩展度、场景多样性的齐头并进，以及产业纵深与跨产业的协同发展，通过定制化开发来缩短相关领域产品开发周期和降低开发成本，加速产业应用场景落地。

九天微星：
积极探索卫星应用的商业价值

摘要：发展商业航天为通往航天强国的必经之路。新兴商业力量与产业联动创造新的需求，推动航天从科研走向大众。北京九天微星科技发展有限公司（以下简称"九天微星"）作为国内最早一批成立的商业卫星公司，致力于不断降低卫星成本，让卫星科技赋能更多行业、惠及普通大众，发展出商业卫星定制、星座核心服务、行业终端应用和航天科技教育四大主营业务，现已成长为"卫星互联网"新基建领域的领军民营企业，为行业贡献研制能力、高性价比产品和前沿创新。

关键词：商业航天　卫星应用　卫星工厂　航天教育

1. 背景描述

1.1 行业背景：国际商业航天发展迅猛

商业航天始于美国，截至目前已发展近40年，产业链条完整，政策支持力度大，社会容错程度高，美国已发展成为名副其实的超级航天强国。进入21世纪，SpaceX、OneWeb等企业陆续成立，开始挑战洛克希德马丁、波音等传统航天供应商，并凭借可回收火箭、卫星批量化制造等技术极大降低了航天的成本，也拿下越来越多来自政府、军方及市场的订单。现在，美国商业航天正如火如荼地发展着，成绩显著，并逐渐分化出可回收火箭、卫星互联网、太空旅游、小行星采矿、星际移民等多个细分行业。

1.2 政策背景：中国商业航天奋勇超前

在国内，随着载人航天、北斗卫星导航系统、探月工程等项目的建设，中国航天形成了完整的产业链，并积累起大量的人才和技术，政策支持力度也与日俱增，正处于从航天大国向航天强国转变的历史时期。在卫星通信的市场需求和保障信息安全的国家战略双重驱动下，建设由低轨卫星星座组成卫星互联网的万亿级市场开始爆发。

2014年11月，国务院印发的《国务院关于创新重点领域投融资机制鼓励社会投资的指导意见》（国发〔2014〕60号）指出"鼓励民间资本参与国家民用空间基础设施建设"，为商业航天送来政策的东风。2015年成为中国商业航天元年，一大批企业陆续成立，在卫星制造、火箭制造、卫星应用、航天器遥测等领域创业创新。随后每年都有政策出台，鼓励和支持商业航天快速发展。2020年4月，国家发改委在新闻发布会中明确把卫星互联网纳入新基建范围，为行业发展指明了方向，中国商业航天开始蓄力集中突破。

经过6年多的发展，中国商业航天形成了完整的产业链，也在一步一个脚印证明自己的实力，但航天产业"周期长、投入大、门槛高"等行业特性决定商业航天依然处于发展的早期阶段。而在卫星行业的细分产业链中，制造环节客户相对稳定，以国家项目为主，与社会其他行业的关联度相对较小，影响力有限。相比之下，涉及多个产业链的卫星应用，则具有更广泛的社会价值，市场空间巨大。在大部分企业只关注卫星制造的时候，九天微星坚持"技术与市场双轮驱动"的理念，从应用市场倒推产品布局和服务。

2. 创新描述

九天微星作为国内首批商业航天民营企业,具有"贴近市场、机制灵活"的特点,在6年多的发展历程中,代表行业锐意进取,拓展了卫星应用的新边疆,不断拉近公众与航天之间的距离。

2.1 拓展新市场:率先突破航天科技教育

借助少年星一号的研制发射和"中国少年微星计划"的实施,九天微星创新拓展出航天科技教育这个全新的市场。通过研发中小学课程和建设航天探索中心,九天微星将卫星与测控站,校内与校外结合起来,为孩子们提供丰富的航天科技巅峰体验,并以此获得营收,反哺卫星制造业务。

2.2 开创新思维:共享星座资源共建卫星生态

为让更多国家都能享受到卫星资源,九天微星率先提出"一带一路共建共享卫星星座"计划,号召"一带一路"国家以极小的成本加入星座建设,共享完整星座资源。

为解决微小卫星产能不足的情况,九天微星代表行业率先获得国家发改委核准,建设全国首个民营卫星工厂,以工业化的方式生产卫星,服务新基建需求。

2.3 研发新产品:智能项圈保护生态生产安全

为实现珍稀野生动物的保护,九天微星融合成熟技术、在轨卫星资源和地面通信网络,为四川大熊猫和云南亚洲象定制智能项圈,记录动物的运动轨迹,采集相应体征和环境数据,助力科研和保护。该技术和方案还牵引应用在牛羊等动物的智能化畜牧上,帮助牧民实现足不出户对牧群的监测,解决牧民及保险公司的实际需求。

3. 项目运行节奏

九天微星自创立以来,实现了多个阶段性代表成果,专注于微小卫星设计研制与创新应用,以"科技创新+互联网思维"驱动商业航天模式新变革。

3.1 第一阶段:少年星一号——创新探索航天科技教育

2018年2月2日,九天微星研制的首颗验证星——少年星一号搭载长征二号丁运载火箭在酒泉卫星发射中心发射升空,进行无线电存储及转发、空间成像试验和物联网用户链路验证。完成在轨测试后,少年星一号面向全国的学校和教育机构免费开放卫星数据资源,使得建有卫星测控分站的学校可实现学生亲手测控卫星的巅峰体验,推动我国中小学航天科普教育实践再上新台阶。少年星一号也因此成为中国首颗教育共享卫星,服务航天科普教

搭载少年星一号的长征二号丁运载火箭发射成功

育，也是全国首颗走完从研制、发射到测控、应用全流程的民营卫星，为国家管理商业卫星发射积累了宝贵经验。

少年星一号，是一颗由中小学生参与功能创意设计的卫星，聚集了10多万名少年的航天梦想，是"中国少年微星计划"的重要成果。2016年4月，中国宋庆龄基金会、中国科学技术协会和中国教育学会联合九天微星发起"中国少年微星计划"，组织中国青少年广泛创意、动手设计、参与制作的卫星。

活动共吸引10多万名中小学生热情参与。"两弹一星"功勋科学家孙家栋院士出席活动启动仪式，鼓励同学们从小立下远征星辰大海的梦想。神舟飞船首任设计师戚发轫院士在"造星"阶段，指导和鼓励同学们完成了"少

出征仪式上的学生代表观摩"少年星一号"

西南大学附属小学的同学们在《少年星课堂·温控高手》课上组装卫星

年星"原型样星的制作。九天微星在原型样星的基础上完成专业研制和检测,最终出厂的"少年星一号"长10厘米、宽10厘米、高34厘米,重3千克。

"少年星一号"作为首颗教育共享卫星,将为中小学生提供测控真实卫星的体验,重新定义我国航天科普教育场景。航天是我国具有战略意义的高科技产业,航天强国战略也是伟大中国梦的重要组成部分。作为人类高精尖科技的代表,航天的技术、理念和精神,能够激发青少年探究科学奥秘的兴趣,在宇宙视角、巅峰体验、系统思维三个层面启迪学生的成长。

受少年微星计划启发,九天微星创新开拓出航天科普教育的新业务,形成稳定现金流，反哺卫星技术研发，不断拓宽公众对航天的认知，革新商业航天发展模式。2018年，九天微星成立子公司——北京九天未来科技发展有限公司（简称"九天未来"）专注于航天科技教育。在航天尖端科技基础上，九天未来以素质教育为依托，以全体青少年为主体，以学校教育为主阵地，以"少年星课堂"和"九号宇宙航天探索中心"为两大主线，研发系列航天科技教育产品，形成了"天上有星，地面有站，入校有课程，出校有航天探索中心及配套活动"的专业系统。

截至目前，九天未来与包括北京四中、海南文昌中学、安徽太和三中、郑州第四中学、温州道尔顿小学在内的大量中小学校建立了密切的合作关系，完成多个校园卫星测控站的建设，教育产品覆盖全国近80座城市，为超过100万名中小学生提供航天科技教育服务。

3.2 第二阶段：瓢虫系列卫星——商业化冠名及创新载荷实现大众互动

2018年12月7日，九天微星"瓢虫系列"七颗卫星在酒泉搭载长征二号丁运载火箭发射升空。完成在轨测试后，"瓢虫系列"用于野生动物保护、野外应急救援、车辆船舶监测、物流追溯等领域，开展卫星物联网系统级验证。

瓢虫系列卫星均为定制化商业卫星，首创卫星商业冠名模式。主星"瓢虫一号"为中国民营首颗100kg级卫星，由小黄车OFO冠名发射。其余立方星为批量化研制：瓢虫二号、瓢虫三号分别是猫王收音机星和华米星；瓢虫五号即立可达教育卫星，搭载遥感相机，面向中小学校开放卫星数据资源，用于开展航天科普教育；瓢虫六号即天猫国际星，搭载了特殊材质的天猫公仔，以及天猫用户的告白语音文件；瓢虫七号即RE：X星，是与鹿晗工作室合作的一颗公益卫星。

九号宇宙航天探索中心（松滋馆，效果图）

瓢虫一号卫星搭载全球首创的太空自拍、星光闪烁、太空 VR 三种载荷，可实现大众与太空的互动，还借任务的执行完成了对姿态控制系统和电源控制系统的技术验证。其中，太空自拍搭载太空唯一的 LED 显示屏和自拍杆。用户将拍好的照片从地面上传至卫星的显示屏上，借助卫星上的自拍杆，可

第一章 | 九天微星：积极探索卫星应用的商业价值

实现以地球或太空为背景的自拍。星光闪烁为瓢虫一号搭载高功率的聚合光灯阵，亮度相当于 -0.5 等星，可在飞行过程中不断调整卫星姿态，以摩尔斯密码的原理，凝视指向地点，通过长闪烁和短闪烁，来表达不同的含义，比如"你好，地球""我爱你，中国"等。太空 VR 为瓢虫一号卫星搭载多台

高清摄像头，可以同时对地成像并回传，通过图像融合软件，合成为全景图像，用户可借助VR设备漫游太空。

2019年1月28日，瓢虫一号登上央视网络春晚，为天眼团队和歌手张靓颖拍摄第0001号"我与地球全家福"，为四世同堂一家拍摄的第41张全家福为网络春晚第0002号全家福。2019年2月5日，与《流浪地球》合作，为科幻电影《流浪地球》拍摄与地球同框照片。2019年4月2日自闭症关注日，与北京天文馆合作进行公益闪烁。2019年4月23日海军节，瓢虫一号闪烁献礼人民海军成立70周年，话题#发送摩斯密码为海军庆生#进入微博话题热搜榜TOP5。

截至2020年12月7日15时22分，瓢虫一号卫星在轨运行731天，超过2年的设计寿命。其间，瓢虫一号共计拍摄太空自拍3 391张，执行星光闪烁61次，拍摄太空VR92次，收获了不少粉丝，为拉近公众与航天之间的距离贡献一份力量。

瓢虫系列卫星在轨效果图

第一章 | 九天微星：积极探索卫星应用的商业价值

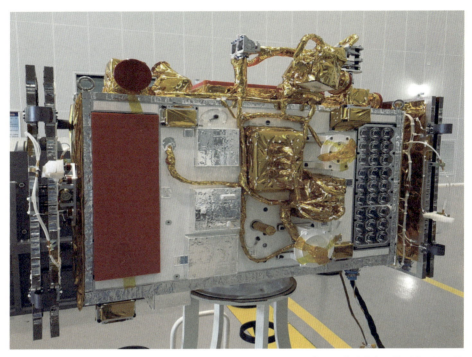

太阳翼收拢状态下的瓢虫一号卫星

2019年4月2日，瓢虫一号为自闭症儿童爱心闪烁

3.3 第三阶段：大象项圈——创新科技保护野生动物

国家林业和草原局政府网[①]文章指出，从 2011 年到 2019 年，西双版纳全州共发生野生亚洲象肇事事件 4 600 多起，导致人员伤亡 50 余人，农作物受损面积 12 万多亩，保险补偿超过 1 亿元。人类生活范围的扩大，使得适合野象生活的栖息地越来越小。退化的环境无法为野象提供充足的食物保障，野象被迫走出林区抢食人类种植的玉米、水稻、甘蔗、香蕉等农副产品以及硝、盐等矿物质，人和象开始走向冲突和对立；同时，长期生活在野外的大象都具有较强的应激反应和攻击性，容易把人视为威胁，经常会有野象闯到村子里去造成人员损伤和财产损失，人象冲突情况加剧。

有过"熊猫项圈"研制经验的九天微星团队，为云南野生象"量身定制"了一款融合通信、定位精度高、可靠性强、干扰性小的大象智能项圈，并通过与云平台联动，完整呈现大象的生活轨迹。在与"象爸爸"（当地对大象养育员的昵称）和大象研究学者沟通过后，九天微星快速完成了技术可行性分析，并提出将北斗高精度定位、北斗短报文和 NB-IoT 结合起来，在有地面网络的区域，使用 NB 进行数据回传，在没有地面网络的区域，使用北斗卫星进行数据回传，以满足实时监控大象轨迹的要求。

大象项圈由主机、皮带、配重和固定件 4 部分组成。其中，主机内置定位模块和通信模块，保障信息传输；透气性好的定制皮带，可满足成年象打闹、泥浴、洗澡等日常生活需求；合理设计的配重确保主机方向永远朝上，保障永不失联；专门处理的固定件，确保安装的牢靠性，满足 3 年以上长时间工作的需求。

[①] 参见新华社：《中国努力破解"人象冲突"难题》，载国家林业和草原局政府网 2020 年 8 月 14 日，http://www.forestry.gov.cn/main/146/20200814/110641132656509.html，访问日期 2021 年 8 月 30 日。

为解决人象冲突问题而定制的大象智能项圈

为减少人象冲突带来的损失,团队将大象活动的区域划分为168个电子围栏,并按照风险等级划分为"栖息地安全区""预警缓冲区"和"人象冲突区"。大象在栖息地活动时,项圈感应到所处位置,定时回传位置信息。当大象进入预警缓冲区,每一步都会被计步器统计,并按相应规则触发信息上报行为。收到消息的工作人员可及时向群众发出预警。一旦大象进入居民生活区,则进一步提高位置报警频率,以便及时通知和疏散人群,降低人员伤亡。

目前,大象项圈已完成3轮佩戴试验,随后将正式完成产品交付,推动在野象上的佩戴应用,解决人象冲突问题。

大象项圈进行实体佩戴试验

3.4 第四阶段：脉动式卫星工厂——创新卫星生产方式

2020年9月1日，九天微星在河北省唐山市开始建设全国首个民营卫星工厂，把脉动式、智能化的工业产线引入卫星制造领域，灵活批量化生产50—700kg的卫星，以改变我国当前卫星产能相对不足的现状，参与国家卫星互联网"新基建"。该项目是全国首个由国家发改委核准建设的民营卫星产线，也是河北省战略性新兴产业的典型代表，被写入河北省政府工作报告，并入选《河北省2021年省重点建设项目名单》。

卫星工厂由仓储物流区、生产组装区和整星试验区三大核心区域构成，具有适应性强、生产效率高、质量可靠、全周期跟踪等显著特点，一期工程建成后可实现年产100颗卫星的产能。

智能化的仓储物流管理，确保每一个零部件都拥有唯一的"身份证"，实现生产过程可视化和产品全生命周期的质量追溯。生产组装区由分装段和合装段构成，全程使用 AGV 搬运机器人和自动组装机器人等自动化设备，在提高工艺精度的同时，降低了工人的劳动强度。为适应订单量和卫星型号的变化，生产线还采用柔性化布局，可实时调整产量和工艺，自由适配 50—700kg 卫星的生产，且单星的研制周期不超过 25 天，最大限度地提高效率、降低成本。合装好的卫星已初具雏形，将在整星试验区接受热试验测试、载荷天线安装展开试验、太阳翼装配及展开试验、力学试验等一系列严苛的大型试验考核。为确保质量可靠，所有卫星在出厂前还要再次接受综合试验、电测等复查测试，确保满足客户要求后，由智能仓储物流系统进行出库和配送。

卫星工厂设计示意图

为进一步提升卫星总装研制能力和效率，卫星工厂借助 MES 生产信息化管理系统，把人、财、物、信息纳入统一管理体系，实现作业任务自动下发、工艺执行监测、生产流程追踪、专项测试记录、数据收集与分析等数字化运转，构建起基于大数据分析与决策的卫星生产线智能管控系统，满足卫星互联网时代对 AIT（总装、集成、测试）提出的新要求。

工厂将制造与研发深度融合，既是卫星整星总装生产基地，又是卫星技术与应用研发实验室。为最大限度释放卫星产能，九天微星与中国交通通信信息中心共建的国家级实验室，也同步落户唐山卫星工厂，将开展下一代通信系统及平台的设计研制、卫星互联网通信终端产品研发和行业示范应用拓展，为卫星工厂提供"批量化、自动化、高科技、低成本"的技术成果转化。

4. 市场应用与未来展望

卫星互联网上游基础设施的部署将驱动地面终端及行业应用服务市场的爆发。

未来，九天微星在夯实卫星技术的同时，还将进一步与垂直行业头部企业开展紧密合作，启动跨境物流、远洋运输等多个领域的行业示范应用，为未来竞争万亿元量级行业应用服务市场奠定坚实基础。

编委会点评

1. 社会效益

我国商业航天历经多年发展，在探索应用的过程中，需完善航天多元化投入体系，民间资本和社会力量有序参与航天科研生产、空间信息产品服务、卫星运营等航天活动；同时作为较晚开放的工业体系，需要进一步创新市场化、商业化发展机制，预期未来将面对产业化价值提升的关键节点。在此过程中，企业作为创新主体发挥了实施新的商业运营模式、产品服务模式的关键作用，为建设航天强国的有益支撑。

2. 创新价值

九天微星在国内商业航天市场上走出了具有特色的创新之路，在航天科技教育、生态生产安全保护等领域卓有成效，并以微小卫星研发的技术积累赋能行业发展，率先提出"一带一路共建共享卫星星座"计划，代表行业率先获得国家发改委核准，建设全国首个民营卫星工厂。在卫星互联网首次被明确列入"新基建"范围后，我国卫星互联网商用市场竞争已初步展开，在产品创新、运营能力、商业化速度上将对创业企业提出更大的挑战。作为行业的先行者，九天微星在技术迭代、商业开拓上的未来发展值得期待。

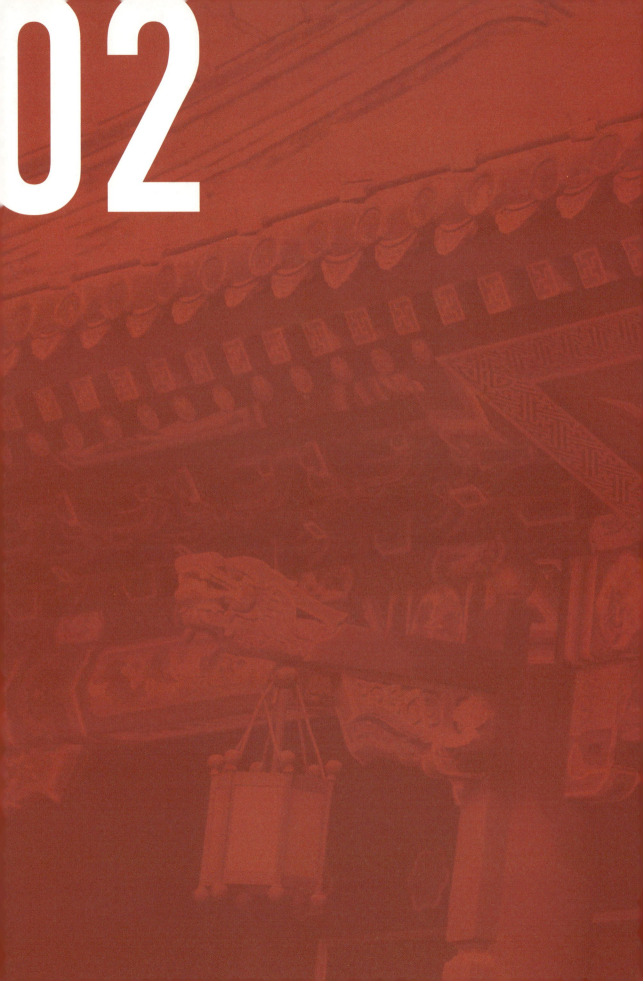

02

第二章

科技驱动开启智能制造新航向

思谋科技：
超级视觉 AI 平台让智能生产无忧

摘要：在智能制造领域，机器视觉技术应用逐渐深入。深圳思谋信息科技有限公司（以下简称"思谋科技"）研发出 SMore Factory 应用平台，以新一代视觉 AI 技术为内核，针对不同制造业中复杂各异的应用场景，打造出通用性强、性能优异、快速部署、软硬件协同的商业化解决方案，让 AI 技术深入产业一线，直接服务高质量发展的主战场。目前，该平台已覆盖消费电子、汽车、新能源、泛工业等多个行业，累计赋能产线数百条、应用到超千万件工业消费品中。

关键词：机器视觉　智能制造　智能质量检测

1. 背景说明

1.1 政策背景：产业新技术将增强制造业竞争力

自 2015 年起，《中国制造 2025》[1]《智能制造发展规划（2016—2020 年）》[2]《新一代人工智能发展规划》[3]《关于促进人工智能和实体经济深度融合的指导

---

[1] 国务院 2015 年 5 月印发：《中国制造 2025》。
[2] 工业和信息化部、财政部 2016 年 12 月印发：《智能制造发展规划（2016—2020 年）》。
[3] 国务院 2017 年 7 月印发：《新一代人工智能发展规划》。

意见》①等智能制造有关指导文件相继制定或发布。"十四五"规划纲要中明确提出"深入实施智能制造和绿色制造工程，发展服务型制造新模式，推动制造业高端化智能化绿色化"。以上政策举措为人工智能在制造业的落地创造了良好的政策环境。

1.2 行业背景：机器视觉面向广泛深入的市场机遇

与此同时，传统制造产业升级以及高端制造业、先进制造业发展所带来的巨大市场，正有待人工智能技术进行深度发掘。

然而，由于制造业的细分门类繁多、工艺流程复杂、专业知识要求高，以往基于传统算法的技术方案并不能很好地解决行业问题。视觉 AI 在制造业的应用大致分为两个阶段：第一阶段从 2010 年到 2018 年，应用场景主要是电子产业中对电子元件进行测量或检测，如对摩托罗拉、诺基亚等老式手机或电化机等电路板进行检测；第二阶段是 2018 年后，随着人工智能的兴起以及算法的更新换代，应用进入爆发期。在这一趋势引领下，目前在半导体、液晶面板、汽车制造、新能源以及精密工业等先进制造业中，其应用通过了试点期，进入了大批量的市场普及期。

机器视觉行业应用广、空间大、壁垒高。中金公司报告指出，预计 2025 年全球机器视觉行业规模 92 亿美元；根据中国机器视觉产业联盟统计数据，2019 年我国机器视觉行业规模约 103 亿元，过去五年年均复合增长达 32.4%，增速远快于全球；我国 2019 年机器视觉规模约为制造业增加值的 0.4‰，而德国、美国该比例分别约 1.6‰、1.2‰，为中国的 3—4 倍。中国机器视觉行业受益于渗透率提升、国产化替代以及智能制造转型的发展机遇，

---

① 2019 年 3 月中央全面深化改革委员会第七次会议审议通过了《关于促进人工智能和实体经济深度融合的指导意见》。

长期成长动力充足。[①]

为此,思谋科技依托核心团队超 20 年的研发积累和产业实践经验,以新一代视觉人工智能技术的架构和体系创新,以现代制造、高端制造中的产品质量检测为切入点之一,将先进技术更快、更高效、更低成本地应用到实际产线中。

2. 创新描述

2.1 核心算法,满足不同场景

工业产线常常面临物料追踪、缺陷定位、工件计数、对外观瑕疵分类检测等复杂场景下操作困难、耗时耗力的问题。为了解决这些问题,思谋科技打造了四大核心算法能力:OCR 文字识别智能算法、物体检测算法、物体分类算法及图像分割算法。在此基础上,思谋视觉 AI 的核心算法形成了行业领先的四大优势:高达 1 亿像素的 4—8 倍视野处理、可识别粒度低至 4 像素的极限精细识别、数据利用率提升30倍以上的动态增强及小样本纠错能力增强。

2.2 全面服务,助力工业互联

思谋科技产品为生产制造全流程提供 AI 服务,助力生产追溯管理和工业互联。对于先进制造业,如半导体行业而言,其数据是相通的且存储于中央集群服务器,思谋科技产品可实现全产线自动化质量缺陷检测,并可同步实现对全域数据的统计分析,进而改进产品的生产工艺。通过不断进行数据价值挖掘,助力工业互联生产过程全局把控。

---

① 参见孔令鑫、张梓丁:《机械行业"大国重器"系列 02:工业之"眼" 如日方升》,载新浪财经 2021 年 1 月 28 日,stock.finace.sina.com.cn/stock/go.php/vReport_Show/kind/industry/rptid/6651516,访问日期:2021 年 8 月 29 日。

应用层	工业AI一体机	工业AI套件	AI+AOI设备	工业成像系统	……
平台层	SMore ViMo 工业AI 2.0平台				
	智能光学成像	智能数据标注	工业AI 2.0	智能分析	智能预测
感知层	高清工业相机	红外光相机	紫外光相机	三维成像相机	……

思谋科技 SMore Factory 产品及解决方案体系

同时为满足工业场景中对不同软件、硬件和部署形式的要求，思谋科技以新一代视觉 AI 技术为内核，从感知层、平台层、应用层三个层次构建了软硬件一体化解决方案和产品体系。

2.3 开放兼容，实现高效集成

传统单机版本软件无法集群化应用，且因加密设置只有插到特定服务器上才能使用，封闭性较强的产品在对接客户品牌设备时问题多发。思谋科技不对产品进行锁定，更加具有开放性。用户在导出或集成时，可以选择多种编程语言版本，比如 Java、Python、C 语言等。当针对平台上多种应用集成时，无论客户选择使用何种语言，思谋科技的产品都能使得集成过程更加便捷高效。

2.4 云端试用，客户安心交付

思谋科技支持客户先云端试用后购买，让客户更加放心地采购思谋科技的产品，进而愿意使用产品去评估更多新项目。由于数据难以出厂，客户可快速使用云上产品进行测试，如果对测试满意，例如能够达到预期效果的80%，反馈良好后可再行购买本地部署产品。云端快速试用，让客户在产品选用时加快决策、打消疑虑，并进一步节约了使用成本并提升效率。

3. 项目运作节奏

3.1 第一阶段：从内部平台到商业应用

思谋科技最早的构想是为企业内部提供一个可实现技术快速迭代的开发平台，而并非以出售平台来获取收入。在平台系统中，只需把图片上传，即可自动标注缺陷，一键测试得到产品级的模型或 SDK，减少项目中大量投入的算法成本。

随着项目的迭代，思谋科技逐渐把更加成熟的行业方案和实用经验整合到产品中，继而推出完整的产品类型，让客户无须在思谋科技员工的帮助下即可自行体验与使用，从而形成了产品最早的商业化应用。

3.2 第二阶段：从软件到硬件输出一体化标准产品

这一阶段，思谋科技的产品及平台实现了从软件向软硬一体化转型，并输出更为标准化的产品。根据项目以及产品的不断积累，思谋科技推出了硬件类智能相机、边缘盒子以及手持终端系列，集成新一代 AI OCR，解决物料追踪等问题。同时，其提供工业 AI 软件全流程解决方案，集合训练、运行两大平台，实现了真正的"交钥匙"工具，并可升级传统 AOI 设备，使设备商、集成商均可实现 AI 能力。

4. 市场应用及展望

4.1 市场应用：多行业场景大幅提升质检效果

目前，在生产制造领域，多数企业往往是通过人工抽检的方式来进行质量检测和质量控制，而抽检通常安排在关键制程之后甚至只作为最终检测，无论是人力成本，还是检测准确度、标准统一性都成为提升产品质量的巨大挑战。得益于新一代人工智能技术的发展，视觉 AI 有强自学能力去判断、学习和进化，不断适应变化和未知。像思谋科技 SMore Factory 这样的软硬件一体 AI 解决方案，能够提供从图像采集到模型部署升级、再到生产线的完整闭环，通过与成像设备对接实现图像采集，使得用户对采集的数据进行标注，然后一键操作进行模型训练，将模型导出并部署到产线，即可直接对物料进行实时检测，大幅提升整体质检效果，在消费电子、半导体、汽车零部件、医疗器械、快消品等行业具有广泛应用空间。

4.1.1 半导体行业的视觉 AI 应用

以大尺寸硅片表面的视觉 AI 检测为例，晶圆片单一晶粒尺寸极小，其检测接触面直径一般只有 50 微米，相当于头发丝断面的 2/3。在传统方法中，质检人员需要在显微镜下凭肉眼进行检测。而思谋科技基于 SMore Factory 检测和测量模块，结合厂家已有的硬件设备，就能实现晶圆硅片全线的自动化质量缺陷检测，并可同步实现对产线数据、产品良率的统计分析。

案例成果：硅片表面缺陷检出率 ≥ 99.9%，漏检率 ≤ 1.5%，处理速度 ≤ 0.4 秒 / 片，日均处理数量达 10 000 片以上，处理效率提升 96%。

4.1.2 汽车核心零部件缺陷 AI 检测

以汽车发动机的核心零部件——变速箱轴承的缺陷检测为例，轴承是汽车的关键基础零部件，直接决定着汽车的性能、质量和可靠性，一直被誉为汽车的"心脏"部件。其制造精度要求以 0.001mm 来衡量，比普通机械零件的精度要求高 10 倍。在该案例项目中，需要对轴承进行磕碰伤和划痕等缺陷检测，同时剔除多种干扰因素，如表面不洁净，存在防锈油、纤维、毛发等。思谋科技以 SMore Factory 检测与分类模块为基础，为制造商搭建质检无人化系统，实现了多种细分类 AI 自动化检测。

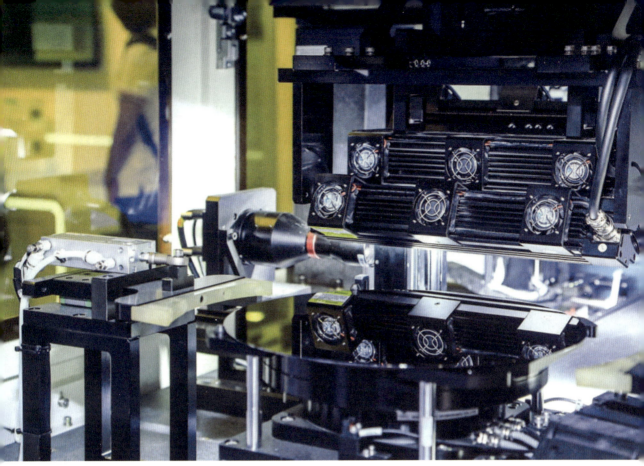

思谋科技研发的晶圆外观智能检测设备

案例成果：轴承表面缺陷检出率 ≥ 99.0%，漏检率 ≤ 3%，处理速度 ≤ 0.2 秒 / 件，日均处理数量达 20 000 件以上，人力成本节省 80%。

4.1.3 消费电子产品精密零件 AI 质检应用

以无线耳机内置充电线圈质检为例，以往一般需要在强光环境下，由专门质检工人进行人工肉眼检测，一方面，受每个人主观的缺陷评定标准影响，无法形成统一稳定的质量评价；另一方面，也无法形成完整数据积累进行生产改进，以更好地提高产品良好率。思谋科技基于 SMore Factory 检测、分割 AI 算法技术，构建了针对该零件缺陷检测的多模型方案，可同时在多区域进行超过 20 种类型的自动化检测。

案例成果：无线耳机内置充电线圈表面缺陷检出率 ≥ 99.0%，处理速度 ≤ 0.2 秒 / 片，日均处理数量达 25 000 件以上，人力成本节省 95%。

4.2 市场展望：面向智能化工厂实现全面突破

当前，人工智能在第三产业和消费场景的应用越来越广泛，但在制造业的深度应用才刚刚铺开。工业技术的发展以提高质量、提高效率、降低成本、保障安全为目标，围绕这些普遍性的核心价值，人工智能以特定的形态在制造业中解决了一部分问题。总体来看，人工智能与制造业的融合仍处于发展的初级阶段，当前应用场景以局部性突破的点状场景为主，系统性的研究与商业化应用仍需进一步的努力。

思谋科技致力于通过以新一代视觉人工智能技术的架构和体系创新，打开视觉 AI 在智能制造领域应用的新突破口，并预期在未来进一步取得阶段成效：

首先，加速现有产品迭代，并降低生产成本。在此要求下，将打造一支有能力自行设计硬件、进行硬件底层编写、实现加速的研发队伍，对硬件产品重新定义并设计制造。当前基于效率考量，思谋科技已率先选择使用已经成熟的硬件产品搭载算法推向市场，并加快自主研发和生产软硬件一体化产品。

其次，随着人工智能技术发展及市场成熟度提升，目前行业当中智能制造方向的初创企业涌现，在宣传以及投融资方面的竞争更加激烈，如何在其中脱颖而出，也是这一赛道的"参赛选手"未来必须直面的问题。

对于未来发展方向和布局，思谋科技有着清晰的规划。2019 年年底成立后，思谋科技在智能制造的赛道上通过对接标杆客户，积累了许多行业经验，着眼于从内部打磨产品，以及交付流程打通。在工程算法方面，思谋科技积累了众多代码库，目前交付项目的时间比一年前有了快速提升。

此前，在成立之初的几个月时间里，思谋科技更多的是作为算法解决方案提供方，为设备商或集成商攻略客户提供"背后"支持。在经历了前一阶段持续的实践积累后，思谋科技自 2020 年起将发展方向定位于直接获取终端客户，除了为客户提供算法服务之外，还会提供完整的自动化设备及硬件，与终端用户直接进行深度绑定。

此外，在国家倡导工业互联网与数据智能化的政策背景下，面对智能制造不同的客户需求，思谋科技未来致力于提供全面的智能化解决方案，实现智能制造的系统化设计并树立标杆案例。通过上述未来规划，思谋科技旨在实现对同行业竞争者的本质超越。

编委会点评

1. 社会效益

我国将智能制造定义为基于新一代信息技术与先进制造技术的深度融合，贯穿于设计、生产、管理、服务等制造活动的各个环节，具有自感知、自学习、自决策、自执行、自适应等功能的新型生产方式。然而，我国制造业目前大部分企业尤其是众多中小企业尚处于信息化、自动化发展的转型阶段，距离智能化阶段有较大的差距。机器视觉技术在制造业的率先成熟应用，对于产业整体增加值的提升具有实践性，成为我国迈向智能制造强国之路上的有效组成。

2. 创新价值

思谋科技聚焦于智能制造领域的技术突破，并打造全栈式的生产解决方案，在"低质视频高清化"上具备深厚的研发基础，并成功实现了多行业质检领域的商业化应用。产品具备低时延、低成本、高效率、强体验等特点，覆盖端—云—边缘全链路，从对工艺要求极高的半导体行业切入，突破了传统人工检测方式，实现了超高速高清扫描及全自动聚类分析，在先进制造行业应用当中具有一定的创新代表性。

踏歌智行：
露天矿无人驾驶运输全栈式解决方案

摘要：我国幅员辽阔，矿产资源丰富，随着《中国制造2025》的全面实施及大数据、人工智能、云计算、5G等技术的日趋成熟，无人驾驶为矿区露天运输作业提供了新出路。北京踏歌智行科技有限公司（以下简称"踏歌智行"）专注于矿用车无人驾驶技术研究、产品开发和无人矿山整体工程化解决方案设计及实施，以国家"新基建"和"智慧矿山"战略为发展契机，为露天矿山提供安全、高效、经济、绿色的无人运输服务。

关键词：无人驾驶　智能制造　矿山无人运输　智能矿山

1. 背景说明

1.1 政策背景：矿山智能体系搭建，推动无人化进程

我国已探明的大中型露天矿区超过1 000处，露天矿运输作业是矿区生产的重要环节，其中，矿山的智能化、无人化是我国政策鼓励的发展方向。

2016年6月，国家发展改革委和国家能源局对外发布《能源技术革命创新行动计划（2016—2030年）》，明确了能源技术创新的15个重点任务，其中就包括煤炭无害化开采技术创新，预期将实现智能化开采，重点煤矿区基本实现工作面无人化，全国煤矿采煤机械化程度达到95%以上。

2019年1月，国家煤矿安全监察局发布《煤矿机器人重点研发目录》，明确将大力推动煤矿现场作业的少人化和无人化，将"井下无人驾驶运输车"和"露天矿卡车无人驾驶系统"列为运输类重点研发项目，鼓励全社会参与研发应用。

2020年2月，国家发改委、国家能源局等八部委印发《关于加快煤矿智能化发展的指导意见》，该意见指出，到2025年，露天煤矿实现智能连续作业和无人化运输；

2020年4月，工信部、发改委、自然资源部三部委联合发布《有色金属行业智能矿山建设指南（试行）》《有色金属行业智能冶炼工厂建设指南（试行）》《有色金属行业智能加工工厂建设指南（试行）》，为加快5G、人工智能、工业互联网等新一代信息通信技术与有色金属行业融合创新，引导有色金属企业智能升级。

2020年12月，工信部印发《工业互联网创新发展行动计划（2021—2023年）》，计划在新基建方面打造3—5个具有国际影响力的综合型工业互联网平台、形成1—2家具有国际影响力的龙头企业，安全保障能力方面聚焦重点工业领域打造200家贯标示范企业和100个优秀解决方案。

技术、市场、政策均在加速落地，一个全新的行业已经呼之欲出。由此，在无人驾驶赛道中，相对封闭的、工程化的应用场景被寄予率先产业化的厚望。

1.2 行业痛点：招工管理双难，高危矿区事故频发

矿区运输仍存在着三大痛点，阻碍着行业未来的发展。

首先，矿区运输工作环境恶劣，司机老龄化严重，年轻司机从业意愿低，"招工难""管理难"问题越来越突出。

其次，每辆运输车一般配备 3—4 个司机，同时因司机操作不当造成的车辆维修问题时有发生，人力成本持续增加。

最后，矿车车型大，盲区多，晚上驾驶作业容易疲劳，导致伤亡事故频频发生。由于露天矿区相对封闭，路线可管控，运输速度低至每小时 30km 以内，基本上是点对点运输，所以矿区是无人驾驶最好的落地场景。

1.3 行业现状：对标国外市场，更具天时地利人和

放眼世界，国外的矿区早在 20 多年前就开始进行自动化改造，在近 10 年前开始商业化应用。美国的卡特彼勒（Caterpillar）和日本的小松

包钢集团白云鄂博铁矿无人运输

（Komatsu）早已把自己的自动驾驶矿用车投放在澳大利亚和智利等地拉矿盈利。与传统的人工驾驶相比，总成本降低了15%，每辆矿卡每年多工作500多小时[①]，证明了无人驾驶技术在矿区应用的可行性。但国外的无人矿卡数量到目前为止也只有几百台，以卡特彼勒、小松为代表的国外厂商的性质为工程机械厂商，其要求矿山场景适应产品，商业化落地欠佳。而国内则是科技创新企业牵头，联合工程机械企业，以更加开放的态度接受新技术，用AI技术为传统设备赋能。

与国外的矿山相比，我国矿区工艺和环境更复杂，因此需要开发自主可控的具有中国特色的矿山无人运输系统。在国内我们不仅具有成本优势，同时大数据、人工智能、云计算、5G等无人驾驶相关技术也日趋成熟并在产业化应用中逐步深入，踏歌智行推出的矿山无人驾驶全栈式解决方案，将有助于实现安全、高效、经济、绿色的智能化矿山建设。

2. 创新描述

踏歌智行以独特技术优势为先导，以工程化落地能力为保障，推出了第二代露天矿无人驾驶运输系统"旷谷™"。"旷谷™"系统，由云端调度子系统"天枢™"，车载子系统"睿控™"，地面子系统"御疆™"组成，实现了由云端智能调度管理、4G/5G车联网通信、智能路侧单元和车载智能终端组成的一整套车、地、云融合架构的矿山运输无人驾驶解决方案。

2.1 技术创新结合工程化突破壁垒

矿山主干道路的运输作业是相对固定而容易的，无人化真正的难点在挖

---

① 本案例中行业数据及项目数据解释权归踏歌智行所有。

踏歌智行露天矿无人驾驶运输系统"旷谷™"示意图

装端及卸载端：

在挖装端，挖掘机在不断挖掘的时候，它的作业面一直在变化，如何让挖掘机去引导矿车停到适宜的位置是技术突破的关键。踏歌智行利用目前最先进的定位技术、C-V2X车载通信技术、感知技术以及动态路径规划技术，以实现环境变化的识别和建模，以及单车和挖掘机之间的协作，能够让挖掘机以非常便利的方式，通过动态路径规划引导矿卡停靠在挖掘机的操作员最舒服的坐标位置并完成装载。

在卸载端，算法也能够自如适应场地的排土扩展，动态地去引导卡车根据实际作业线均匀地扩大从而调整停靠位置。踏歌智行在技术创新的同时结合工程化落地，在同一个排土场可实现多台车辆按照平台规划有序推进作业，解决路径冲突、完成局域调度策略。

2.2 数据驱动系统运行效能的持续提升

踏歌智行矿卡在运输作业过程中，通过记录大量的现场跑车数据，如感知模块输入的视频流数据与激光点云数据，决策与控制指令以及云端调度及路权控制指令，等等；并将其用于算法模型的持续优化迭代，然后通过硬件在环仿真进行算法有效性验证，最后通过 OTA 远程升级，实现矿区现场无人矿卡软件的更新，从而提高整套系统的运行效率。

踏歌智行在工程运输实践过程中，逐渐建立起来现场运输作业场景库，为整套解决方案的逐渐成熟和蜕变，提供了可贵的真实运行数据，并通过端到端的闭环，支撑了 AI 算子库的逐渐丰富，从而实现了露天矿无人运输系统的运输效能持续提升，为整套解决方案的经济性打下良好基础。

2.3 四重安全机制保驾护航

安全隐患是矿山开采的核心痛点：一台矿山卡车造价通常高达几千万，如果出现意外造成的财产损失是非常巨大的。为此，踏歌智行设置了从单车到 V2X 的区域通信，从平台到现场管理人员的四重安全机制，来确保车辆设备的安全。

首先，单车都配备完备的感知和决策控制系统，单车智能能够确保它对环境、路况的感知和对周围危险的感知。

其次，通过 V2X 和平台的通信来实现闭塞空间的管理，每台车都有自己的安全闭塞空间，有任何的车辆或者其他东西侵入空间，都会生成平台级预警。

再次，车载控制器采用冗余的硬件方案，安全控制单元不断地侦测主控制器的心跳，如果有任何异常，安全控制单元可以引导车辆安全停车；同时安全控制单元还会对整车线控底盘以及无人驾驶系统进行在线实时故障检测，一旦检测出一级故障，安全控制单元会对车辆进行及时的安全制动。

最后，在现场的工作人员均配有手持设备，当发现某台车的状况异常的时候，现场人员可以通过手持设备实现单点单车和区域的紧急停车。

2.4 全栈式解决方案加速落地

由于矿山生产工艺模块之间的接口很难打通，踏歌智行加强了自身技术方案的完备性，将矿山工艺进行了全生产环节的融合，提供了一套完整的矿山无人化全栈式解决方案。该方案不仅包括矿山卡车、挖掘机，也包括与这些车辆有关系的推土机、洒水车等，生产作业相关设备实现统一管控，从而实现了真正的全局范围内最大程度的无人化。相较于把几台无人车硬塞进复杂的矿山环境里，这样的全栈式解决方案避免了生产工艺的断层，并且提高了工程化和落地的程度。

2.5 价值分享商业模式灵活双赢

踏歌智行跳出了设备出售的传统商业模式，以一种更为灵活的价值分享模式为客户减负增效并扩大其自身收益。具体来看，在设备采购中，除了可以选择一次性购买，客户还可以选择部分购买，剩余设备款项每年以单车技术服务费的方式来支付。

一台无人驾驶矿车每年可以节省大量的人工费用，提高效能和产值，同时客户还可以选择分期投入的方式来获得技术服务为其创造超额收益。这种方式减轻了客户前期的一次性投入成本压力，也确保了其持续的现金流。

此外，踏歌智行还为客户提供无人车队运营服务，专业高效并可进一步为客户扩大收入规模。

3. 项目运作节奏

踏歌智行全栈式解决方案在每个阶段都有相应目标，在既定的规划中，设定了由单车运行到多车编组，再到运营交付的三步战略。这既是技术迭代的过程，也通过进阶服务获取客户信任，逐步深入项目合作实现共赢。

3.1 第一阶段：单车矿区测试

"0 到 1"的难点不在于技术上如何让单车运行，突破点在于如何让客户相信并接受产品的效用。

阶段成果：2018 年年初，踏歌智行采用自主研发的智能机器人和车辆线控技术在荣恒煤矿、纳林庙煤矿、白云鄂博铁矿等进行无人矿卡单车作业实测，完成倒车入位—重载爬坡—精准停靠—自动倾卸—自主避障—空载下坡等的整个运输闭环测试，实现了满足露天矿工艺流程"装、运、卸"的单车无人运输。

3.2 第二阶段：多车编组运行

在真实的矿区场景进行多车编组作业阶段困难最多。首先是车队协同问题，踏歌智行最早尝试的通信方案不是 C-V2X，而是美国和日本普遍使用的"DSRC"；其次，挖装端、卸载端的复杂变化使得车辆无法适应，也是车与车之间通信的难点。在这一过程中，客户思想上也出现动摇，无人驾驶完成度在 60% 左右难以提升。最终在挖装端、卸载端的智能识别和停靠算法的技术突破，使得解决方案实现了质的飞跃，无人驾驶效能达到 80%。

阶段成果：2018 年年底到 2019 年，踏歌智行在包钢白云鄂博铁矿引用 C-V2X 和 4G/5G 通信技术，实现车与铲、车与车、车与路协同运作，一车感知，数据共享，全局可知，使矿区运输作业高效、安全。同时，其突破了路车融合决策、智能感知、高精定位等无人驾驶关键技术。路车融合决策能够有效弥补单车智能的不足，让矿区无人驾驶运输作业由单兵作战转变为有组织的高效协同，实现了在白云鄂博铁矿多车混合编组运行的重大进展。

3.3 第三阶段：试运营尾矿达到真正无人化

进入第三阶段，包括停靠算法在内的两端智能识别技术有了更好的突破，踏歌智行面临的问题是如何把剩下 20% 做好，为客户创造更多价值。

目前基本可以实现无人驾驶效能追平人工，但超越人工并节约更多成本，是更为长远的目标。现阶段，在全局技术明确的情况下，踏歌智行出于提升可靠性及效率的考虑，对算法进行大幅度更新，对单点及单个模块技术进行完全颠覆。

例如，踏歌智行在一开始采用智能机器人+半线控底盘的技术实现了对老旧矿卡的快速改造和无人驾驶技术验证。但是在面临系统大规模部署和长期商业运营的需求时，该方案在可靠性及稳定性上距离真正的"无人驾驶"存在差距，成了"安全员下车"的一个制约项。踏歌智行在 2019 年及时进行了技术方案的彻底颠覆，废弃了这种半线控方案，全面采用与主机厂合作，进行彻底线控化改造和安全冗余设计。同时随着多个单点技术的逐步成熟，整个系统的可靠性和稳定性得到了极大提升，完全具备了"安全员下车"的条件，从而满足了矿区的无人化和少人化要求。

阶段成果：2020 年 10 月，踏歌智行根据需求不同及单点技术的逐渐完善，不断颠覆自己的技术方案。试运营尾矿达到真正无人化，与人工效率接近，具备优秀的连续运作能力。

传统的有人驾驶模式下，以每天三个班次进行计算，考虑到司机休息、吃饭及换班需求，每天真正运输时间约 18 个小时。应用无人化矿车后，除去设备必要的加油及检修的时间外，矿车可以不间断地进行运输，作业时间延长至 22 个小时，每天多贡献 20% 的产值。同时也节约了司机人力成本及油料成本，例如，一台大型矿卡一天的油耗为 2 万元人民币左右，使用无人驾驶优化油门控制，能够节约 10% 以上的油耗，每日节省柴油价值约 2 000 元。

4. 市场应用及未来展望

4.1 市场应用

截至 2021 年 3 月，踏歌智行无人驾驶矿卡已实现 890 天无事故运行，累计无人驾驶运行 51 406 公里，运输矿石、土方，共计 324 325 吨。

4.1.1 包钢集团白云鄂博铁矿 15 台无人驾驶项目

2019 年 9 月，踏歌智行与包钢集团签订了 15 台矿用卡车无人驾驶改造合同，2020 年 9 月，项目通过一期验收。该项目是踏歌智行与包钢集团、内蒙古移动等合作伙伴在白云鄂博铁矿打造的国家级无人驾驶露天铁矿示范样板工程，是全国乃至全球基于 5G 网络条件下无人驾驶矿车的首个应用。目前，实现了在 5G 网络下，东矿区全矿无人驾驶。

4.1.2 中环协力永顺煤矿 200 台宽体自卸车无人驾驶项目

2019 年 9 月，踏歌智行与国内矿山工程 EPC 总承包龙头企业中环协力签订 200 台宽体自卸车无人驾驶项目合同，该项目是目前国内数量最大的宽体

包钢集团白云鄂博铁矿无人驾驶项目

中环协力永顺煤矿宽体自卸车无人驾驶项目(夜班作业)

自卸车矿区无人驾驶项目,在国内率先完成无人驾驶宽体自卸车夜班作业,打造了宽体自卸车无人运输系统样板工程。

4.1.3 国家电投南露天煤矿无人驾驶项目

2019年9月,踏歌智行与国家电投签订了国内首个公开招标的煤矿无人驾驶运输项目合同。在南露天煤矿完成了2台SF31904型矿用自卸卡车的无人化改造,实现云端调度平台建设和车辆编组运行。于2020年6月,完成项目验收,获得客户高度认可,随即进入下一阶段合作。

国家电投南露天煤矿无人驾驶项目

4.1.4 北方股份 10 台前装无人驾驶矿卡项目

2020 年 4 月，踏歌智行与北方股份签署了 10 套"无人驾驶控制系统"供货订单，将 10 台型号为 NTE200AT 的新车装配无人驾驶系统。踏歌智行与北方股份作为合作伙伴，将致力于把我国露天矿无人驾驶矿卡打造成为"中国智造"新时代大国重器的典范，引领行业发展。

4.2 无人驾驶在矿山的运用成效

无人驾驶运输系统的落地应用不仅能够降低运营成本、提高运输效率和管理水平，更能有效降低因运输带来的人员安全风险，还能彻底解决招工难的问题。

降低运营成本：每台矿用卡车需要配备 2—4 名司机，司机薪资成本需要 30 万—60 万元，并且随着人力成本不断上升的趋势，无人化运输服务的性价比会越来越高。在矿用卡车整个生命周期，燃油成本占比通常在 40% 以上，在巴西著名铁矿石生产和出口商淡水河谷公司采用无人驾驶后，运营数据表明燃料成本下降 10% 以上。另外，无人驾驶还可使车辆维护费用降低 10%、轮胎磨损降低 25%。

提高运输效率：传统的人力无法满足车辆 24 小时运输，而无人驾驶可以满足车辆全天候运输。根据澳大利亚矿业技术集团 2017 年数据，人工驾驶下每辆矿卡每年可工作 5 500—6 000 小时，而在无人化后每年能工作 7 000 小时；同时，无人驾驶系统与传统的卡车调度相比，它能准确地获取实时更新的三维地图信息、运输道路网络信息、设备速度位置信息、装载信息、卸载信息、设备故障信息、卡车的空重信息、辅助设备信息等，数据的准确性和实时性使得智能调度具备实现基础，优化调度会使设备效率提高 20% 左右。

优化管理模式：传统作业模式智能化程度低，无人运输系统能够提升数据的准确性和实时性并优化调度系统，帮助矿山企业优化业务管理流程，提升整体生产经营管理和决策水平；同时，工作人员的减少，可显著降低管理的复杂性。

4.3 未来展望

矿山无人驾驶运输是一个千亿级的市场，踏歌智行作为矿山无人运输领域的技术领导者，将以国家"新基建"和"智慧矿山"战略为发展契机，积极联合产业上下游企业，共建产业生态，推进标准制定，培育国内市场，进军国外蓝海，不断为露天矿山提供安全、经济、高效、绿色的无人运输服务，引领矿山开采行业新未来。

4.3.1 共建产业生态

踏歌智行致力于携手设备制造商与矿山承包商建设产业生态：在设备制造商方面，促进无人化设备纳入其产品前装体系；在矿山承包商方面，通过成立合资公司、提供无人运输技术服务等方式参与矿山承包商总包运输的部分经营，从而实现矿主、设备制造商、承包商、无人驾驶解决方案商共建产业协作生态。

4.3.2 推进标准制定

当前，无人化矿山的相关标准在国内仍是空白，以往的安全标准在矿山无人化运输领域不具有普适性。踏歌智行将致力于推进相关标准的制定，包括矿山无人化运输的安全标准、技术标准、通信标准、设计标准、矿山文化改造标准等等。

4.3.3 开发国内国际市场

踏歌智行具有清晰的近期、中期、远期发展规划：近期，在国家新基建、智慧矿山等政策的推动下，借助政策激励培育国有客户，打造标杆项目；中期，以标杆项目的高效益吸引私有矿山客户，使得国内矿山无人化市场规模、效益进一步完备；远期，在深耕国内市场的基础上，继续开辟国外蓝海市场。

编委会点评

1. 社会效益

能源工业是国民经济基础和支柱产业之一，先进技术、智能装备的应用将有助于新产业业态的建设，提升绿色安全开采效能并促进产业智能化发展。无人驾驶技术及解决方案在能源开采领域的应用，实现了科技创新在能源业及制造业的突破，为国家能源技术强国战略提供了有力支撑，为产业结构、人力结构转型升级提供了可行方案。

2. 创新价值

踏歌智行露天矿无人驾驶全栈式解决方案在技术层面上，实现了设备端、系统端、云端的三端协同，基于车载智能硬件、高速智能算法和多语义高清地图等关键技术为矿区开采、运载场景提供了智能化应用方向，并从人员效率、车辆效率、安全效率等维度入手，助力能源安全、经济开采，突破行业既有降本增效模式，并链接产业链上下游企业共同发展，创新合作模式及商业模式实现共赢。

中机软云：
协同创新平台服务智能制造全流程

摘要：智能制造助推我国制造强国建设，数字化、自动化、智能化是制造业今后发展的重要方向。中机软云（青岛）科技发展有限公司（以下简称"中机软云"）是由大型国有科技企业发起成立的混合所有制企业。其通过基于工业互联网的"亿智造"平台，为装备制造企业数字化转型提供专家咨询、评估、智能制造升级解决方案、软硬件产品选型、项目实施、业务目标达成监控、项目融资等"专精特尖"的全生命周期服务，助力企业达到提质、降本、增效的目的。

关键词：工业互联网　智能制造　数字化转型升级解决方案

1. 背景说明

1.1 政策背景：积极推进工业互联网建设之路

2018年7月9日，工业和信息化部印发了《工业互联网平台建设及推广指南》和《工业互联网平台评价方法》，正式开始了我国工业互联网建设的道路。2018年12月29日，工业和信息化部印发《工业互联网网络建设及推广指南》；同年3月，"工业互联网"成为"热词"并被写入《2019年国务院政府工作报告》。

在2020年3月20日，工业和信息化部发布了《关于推动工业互联网加快发展的通知》，提出"加快新型基础设施建设、加快拓展融合创新应用、加快健全安全保障体系、加快壮大创新发展动能、加快完善产业生态布局、加大政策支持力度"六个方面20条举措，为我国加快工业互联网创新发展提供了行动指南。

1.2 行业背景：工业互联网助力制造业转型升级

随着以人工智能、大数据、物联网为特征的第四次工业革命的到来，智能制造为各国提供了发展和转型的机遇，也为世界竞争力格局的变化带来了新的挑战。

除德国以工业4.0为代表以外，美国强调工业互联网价值，鼓励创新，并通过信息技术来重塑工业格局，激活传统产业；日本强调"人间的存在意义"，注重于机器人、人工智能产业的发展，偏重于高端制造业和精密制造领域，向超智能社会——也就是"社会5.0"方向发展。[①]

在我国，工业互联网是智能制造的底层基础之一。工业互联网基于对物联网、互联网、大数据等生产设备的智能管理，在产业链层面，将工业与互联网在设计、研发、制造、营销、服务等各个阶段进行充分融合，是实现制造产业升级转型的重要手段与方法。

中机软云依据国家战略，由从事装备制造业自动化及信息化近六十年的央企北京机械工业自动化研究所有限公司（以下简称"北自所"）主导，整合优势产业资源，结合企业数字化转型场景打造基于工业互联网的综合服务集成平台"亿智造"，提高制造业的整体发展水平及运营效率和产品质量，推动

---

① 参见北大创新评论：《智能制造何时"国潮"》，载百度网2019年8月14日，https://baijiahao.baidu.com/s?id=1641842346038763359&wfr=spider&for=pc，访问日期：2021年9月2日。

制造业的高质量发展。

2. 创新描述

"亿智造"平台面向制造业提供全生命周期的智能制造协同服务。

2.1 强大资源汇聚、专家全程诊断

中机软云汇聚以央企北自所为代表的丰富的装备制造业应用技术、设备产品及系统集成供应、顶尖的行业解决方案输出能力等强大资源，以我国制造业 60 年行业经验为依托，以"专家咨询"为主导，为企业提供全方位的智能制造发展水平评估诊断服务。

在评估诊断后，中机软云结合专家给出的诊断结果协同工业互联网产业领域优质服务商为企业提供智能制造升级整体方案，该方案覆盖企业自动化升级、信息化改造、设备选型、工艺方案优化等数字化转型的各项需求。

2.2 智能采购支持、产融一体服务

"亿智造"平台上的"智造家"为企业实现数字化到智能化管理提供全流程采购支持，为企业一站式解决智能制造升级问题，为制造企业从产品设计、产品研发、生产、仓储、物流和运营管理方面提供云端管理服务。

同时，"亿智造"平台为制造业企业构建数字信用提供支撑服务，并对接融资、保险、知识产权、财务管理等全方位专业服务，打造服务、应用、融资、基金四位一体的产融结合综合性服务平台。其围绕北自所、江苏长江智能制造研究院孵化项目，乃至机械科学研究总院（以下简称"机械总院"）集团内部"双百"项目，通过与上下游具备协同关系的专业化公司合作构建基石项目；同时，其依托机械总院行业产业资源，寻求集团外制造业"专精

亿智造服务方案

特"企业标的,采用"投资 + 产业赋能 + 项目合作"模式,促进被投企业发展。

2.3 全流程全要素、综合服务创新

中机软云基于多年扎根行业的实践经验,面向用户需求,集成行业优势资源,打造装备制造业全流程、全要素、全行业、数字化、网络化、智能化的综合服务创新平台。

中机软云参与多个智能制造试点项目,积累了庞大的工业数据、专业知识和丰富的实践经验,已经全面实现了智能化生产、数字化运维、精益化管理。其基于工业互联网协同服务创新平台,面向政府、科研单位、园区、企业,提供可落地、一站式、智能制造整体解决方案。

从行业的工艺路径出发,更深入地了解企业的制造过程,能够贴合实际

解决企业在自动化、信息化、数字化过程中的痛点。并且方案从企业实际运营、经营角度出发，以最少成本解决企业问题为基础，同时可以嵌入融资方案，将企业数字化信用价值最大化，解决企业现金流问题。

3. 项目运行节奏

3.1 第一阶段：打造数字化车间新模式应用

中压空气地缘开关设备制造数字化车间由 8 个分系统组成，涵盖加工、装配、检测、物流、管理等环节，是离散制造的典型案例。

该项目利用"亿智造"平台产业协同、资源整合能力，提供覆盖产品全生命周期的业务及创新性应用，通过平台计算机辅助设计（CAD）、产品生命周期管理（PLM）等系统，使产品信息贯穿于设计、制造、质量、物流等环节，实现了产品的全生命周期管理。

该项目建立了产品模型、制造模型、管理模型、质量模型，优化配置了互联互通的 PLM 系统、企业资源计划管理系统（ERP）和车间制造执行系统（MES），实现了基于模型的产品设计数字化、企业管理信息化和制造执行敏捷化，形成了企业统一的数字平台。

同时基于订单驱动（ATO）的业务全流程由订单管理、设计到数据、BOM 及计划分解、供应链计划及执行、物流仓储、财务供应链 6 个分流程组成。各分流程之间由订单信息贯穿，建立基于产品模型、管理模型、制造模型的数据流，以实现 PDM、ERP、MES、WMS 等平台间的数据流和全业务过程的关联，实现销售、设计、制造、物流、成本的智能化。

该项目通过多种技术的综合应用与集成，实现了检验工序化、加工数控化、仓储自动化、制造智能化、管理信息化;实现了"产品升级、产能升级、管理升级"的建设目标;在信息化、智能化方面,达到了国内领先、国际先进水平。该项目的建设实施,提升了公司中压开关元件及开关设备的产能,提高了产品稳定性,拓展了公司在中、高压电器行业装备制造领域的市场,对促进区域电工电气产业集群化发展具有重要现实意义。

中压空气地缘开关设备制造数字化车间

机器视觉断路器几何尺寸检测

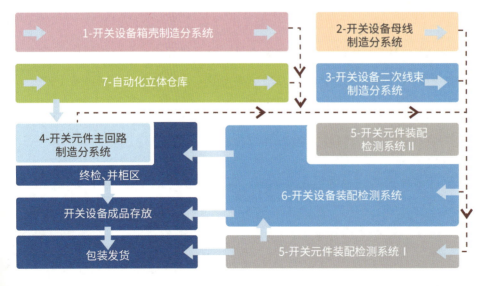

真空断路器/铠装柜

3.2 第二阶段：创新生产智能物流系统

化纤生产项目建有 3 个车间 6 条生产线，机器人 33 台（带柔性手爪），3 个立体库 12 个巷道、4 650 个货拉，控制柜 130 个、PLC28 台，输送辊道 4 300 米，设备总投资 8 741 万元。

"亿智造"平台，提供从产品设计、产品研发、生产、仓储、物流和运营管理综合评估方面给出全面智能化升级解决方案。平台突破了丝卷信息绑定与校验、堆垛机高速运行和高精度定位、机器人手爪柔性化、丝卷和纸箱智能分道、智能跟踪调度软件、物流系统综合集成等关键技术，实现了从丝车上线、落筒、输送、储存、检验分类、包装到码垛的全自动化。

减少产线用工 60%，每年节约人工成本约 1 800 万元；产品优等率提高 2%，每年增加利润约 750 万元；提高拣选、搬运等效率，每年增加利润约 220 万元；节约 50% 的厂房和周转丝车等，每年节约成本约 430 万元。同时多重信息绑定，制造过程全程可追溯，便于质量问题原因查找定位；生产过程的全程监控和可视化，使得生产调度更加灵活、精准和及时。项目促进了化纤行业提质增效，在行业内得到了广泛的推广应用，起到了引领示范作用。[①]

3.3 第三阶段：工业互联网赋能智慧医疗物资

2020 年伊始，新型冠状病毒来势汹汹，对我国应急医疗物资的生产调配带来了巨大的挑战。总书记在 2020 年 2 月 3 日中央政治局常委会会议上强调，"这次疫情是对我国治理体系和能力的一次大考，要系统梳理国家储备体系短板，提升储备效能，优化关键物资生产能力布局。"在此背景下，探索通过

---

① 本案例中行业数据及项目数据解释权归中机软云所有。

工业互联网提升我国面对重大疫情等突发状况时的关键物资生产调度能力具有重要意义。

2021 年 3 月，中机软云依托工业互联网技术和"亿智造"平台，打造行业子平台"医智造"智慧医疗物资平台。通过"亿智造"平台进行医用橡胶手套生产线的工艺设计、制造、安装及设备调试，预计首条生产线将于今年 6 月投入运行，预计平台设备采购量 2.1 亿元，手套订单采购量 8.2 亿元。到 2022 年，医用手套订单采购量 24.6 亿元。医疗物资工厂建设融入数字化车间和智能物流的规划建设，利用信息化集成实现了从配料到包装、入库等全流程的自动化和从原材料到成品出货的物联网管理，处于行业领先水平。

医疗物资行业细分行业布局，引入更多上下游行业打造医疗物资智能产业园区。平台可以为医疗物资生产企业提供前端标识智能采集设备，直接在物资生产环节采集数据；针对可以直接采集获取数据的疫情防护物资生产企业，提供边缘采集设备，直接从企业 ERP（企业资源管理系统）和 MES（生产信息化管理系统）进行数据采集，实现生产可控、质量可控、数据可追溯。建立健全各类紧急情况下关键物资生产企业的管理机制，保证突发情况下有关部门可以立即介入相关企业生产，各类企业可以无缝对接工业互联网平台，获取生产关键物资所需的原材料等各类要素，优化生产企业排产和扩产。

平台根据企业产能分配订单、管理物流、仓储，通过大数据、算法，逐步实现协同生产、资源共享；通过信息流、物流、资金流加区块链技术，提供金融服务，解决企业融资问题。

从装备制造到医疗物资，中机软云在"互联网＋产业"的发展上加足了马力，不断探索和拓宽科技服务的边界，给生活带来更多便利，推动经济社会高质量发展。

4. 市场应用及展望

近年来，党中央、国务院高度重视工业互联网发展，我国工业互联网发展形成了中央顶层部署、全国系统推进、产业积极引领、多方协同努力的良好局面。工业互联网平台发展路径主要表现为从制造资源云化改造，到制造能力开放共享，再到人机智能融合创新，是一个动态优化、迭代演进的长期过程。

工业互联网融合带动的经济影响部分发展迅猛，是工业互联网发展的重要引擎。工业互联网将会随着物联网技术的进步而得到快速发展，芯片、传感器、通信模组网络等行业的技术进步将会带动工业企业的新一轮效率提升，帮助电力、航空、医疗、铁路、能源等行业提高生产率。根据近年来的相关政策以及年复合增速测算，2025年中国工业互联网产业经济总体规模将达到9.42万亿元左右，这将为智能机器人、新型工业软件等软硬件领域带来发展机遇。[①]

工业互联网行业正在进入快速发展期，未来，工业互联网平台将重构现代工业技术体系，并将立足垂直行业需求，加快应用创新和推广。

2021年，中机软云重点打造亿智造协同服务创新平台，为制造企业制造升级提供全流程服务；同时打造医疗物资和石材加工行业智能协同平台，通过智能升级，帮助企业从销售、采购、生产、仓储、物流及现金流方面实现智能化管理。未来可能会涉及多个领域：农业、食品、纺织、电子、能源、电器、汽车等。

---

① 参见前瞻产业研究院：《2021年中国工业互联网行业产业链全景图》，载东方财富网2021年9月24日，https://finace.eastmoney.com/a/202109242117110480.html，访问日期：2021年10月3日。

编委会点评

1. 社会效益

智能制造基于新一代信息技术与先进制造技术的深度融合，是推动我国制造业、数字产业发展的重要基石。在全球范围内，我国智能制造并未处于绝对优势发展地位，传统制造业亟待转型并适应新的国际竞争环境。当前，我国智能制造顶层设计已基本完成，为我国智能制造发展提供有力的制度供给，亟须形成适合我国国情、产业情况的可复制、可推广的智能制造模式。在此进程中，以国、央企业为代表的大国重器在智能制造领域服务平台上的创新力、市场力将起到积极示范作用。

2. 创新价值

中机软云"亿智造"平台以我国制造业60年发展为依托，具备适配中国制造业特点的服务基础条件，以专家咨询结合数字化、网络化、智能化综合服务，全方位助推传统制造业转型。其在服务方案输出的同时，兼备一体化采购能力及产融服务能力，帮助企业进一步夯实智能管理、供应链、投融资基础，创新了智能制造应用模式，在工业互联网等新技术集成应用之上打造一体化智能协同创新平台。

优艾智合：
智能物流管控平台打造"智能工厂"

摘要：随着大数据、云计算、人工智能等新一代信息技术快速发展，立足云端，运用工业互联网、5G 技术构建物流管控平台，实现制造企业的制造过程自动化、生产流程可视化、数据驱动智能化、客户需求定制化，成为制造业高质量发展方向。针对目前市场上大部分智能物流系统数据关联性差、协同性差等问题，深圳优艾智合机器人科技有限公司（以下简称"优艾智合"）打造了智能物流管控平台 YOUI TMS，为企业提供全方位智慧物流服务和运营管控服务。其通过对工业 4.0、精益管理、物联网、大数据、互联网＋等技术的综合运用，实现了系统集成化、管理精细化、全程可视化、管控智能化和业务移动化的目标。

关键词：工业 4.0　智能制造　智能物流　信息化　智能工厂

1. 背景说明

1.1 行业背景：智能制造深入推进，制造柔性迫在眉睫

随着工业互联网、大数据、云计算、人工智能等新一代信息技术与先进制造技术深度融合，智能制造的推进工作会更加深入，智能制造使能技术的应用也会得到进一步扩展。

当前，智能化浪潮由线上向线下奔涌，数字技术与传统产业融合速度加快。从智能化改造，到搭建工业互联网平台，再到建设数字化车间、无人工厂、智能工厂等，智能制造成为传统制造行业转型升级的破题之举。加快推进智能制造，是制造业升级的必然路径，也是形成更多增长点的有效途径。

此前，中央全面深化改革委员会第十四次会议强调，以智能制造为主攻方向，加快工业互联网创新发展，加快制造业生产方式和企业形态根本性变革。2020年《政府工作报告》也明确指出，发展工业互联网，推进智能制造。

在市场日趋多元的消费需求驱动下，产品更新迭代变得越来越常见和频繁，倒逼企业缩短和加快产品研发生产周期，进一步提升了对制造业柔性的需求。在过去的几十年里，一件产品可能要经过数年才能被取代，而现在产品在更新之前可能只会在货架上停留数月或者数周，生产线需要比以前更频繁地进行调整。在这些情况下，增强生产制造的灵活性和柔性迫在眉睫。

1.2 技术背景：智能物流融入生产，综合管控精细管理

智能制造工业4.0的三大主题包括智慧工厂、智能生产和智能物流；智能物流是智能制造工业4.0快速发展的重要组成部分。

工业制造对智能物流解决方案的需求点在于整体生产节拍的协调性，调度系统的稳定性，以及数据采集的可行性。物流服务于生产，对工厂内部的原材料、半成品、成品和零部件等进行存储和运输，侧重物流与生产对接，贯穿生产全流程。物料随着时间进程

不断改变自己的实物形态和场所位置，不是处于加工、装配，就是处于储存、搬运和等待状态。由此可见，制造企业物流不畅会导致生产停顿，作业效率低下。对车间物流问题的主要优化方式集中在对产品的快速反应，最小生产调度优化，减少库存，物流流程优化，产品质量等方面。

目前，市场上大部分智能物流系统的关注点在仓储、配送、机器人作业任务管理，比如智能仓储管理系统、智能配送管理系统、机器人作业任务调度系统等；同时，生产执行系统 MES 注重生产过程管理，无法针对仓库到车间、车间到产品的物料流转过程并进行全流程管理。虽然这些系统能独立解决对应的问题，但是系统之间各自独立，数据不共享、多样化、关联性差，系统间存在信息壁垒、缺乏协同，不能为企业生产决策和运营提供可靠的数据支撑，因此，物流作业与生产制造无法真正实现自动化、智能化和网络化。

优艾智合的智能物流管控平台，针对仓储到车间，车间到产线的全流程物料流转过程中的物流数据割裂问题，进行有效的采集分析处理，使物流数据赋能生产管理和运营，打造物料从仓储到车间、车间到产线的生产物流全流程精细化闭环管理，同时具备集成 MES 和 WMS 等第三方系统的能力，协同作业，能够为企业提供全方位智慧物流服务和运营管控服务。智能物流管控平台，通过对工业 4.0、精益管理、物联网、大数据、互联网＋等技术的综合运用，实现了系统集成化、管理精细化、全程可视化、管控智能化和业务移动化。

2. 创新描述

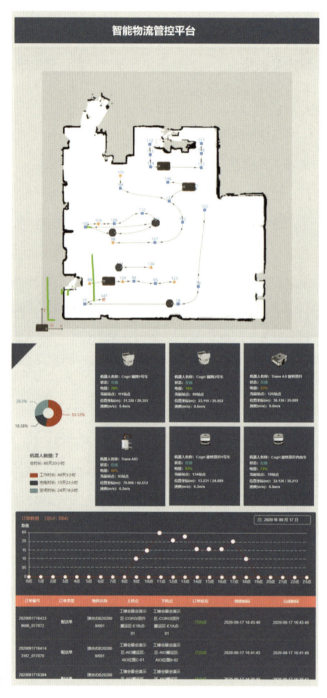

智能物流管控平台

2.1 技术路线

YOUITMS 采用 B/S 架构，无须复杂的操作，使企业通过 WEB 端即可访问，大大降低了现场部署的复杂度，部署周期短，帮助企业快速实现降本增效。其同时支持 PC 端、PAD 端操作及移动端操作，使用户可实时远程关注产线运作实况，解决客户实际管控痛点。除此之外，组态流程设计让用户可以根据现场工作流自定义机器人物流运输的流程，使物料运输与产线生产节奏更切合；多态融合技术可支持不同车间、不同物流的运输流程，并支持统一管控，通过大数据分析产线物流运输的运作效能，助力产线优化管理方式，降本提效。

目前，市场上的同类产品只有机器人任务状态调度监控，只做到生产物料数据共享，并未深入车间物流管控，常常出现车间物料到达不准、物流调度混乱等问题，导致库存和生产成本高、产品良品率低，无法实现智能化的车间预测性流程优化和精益生产。优艾智合产品主要优势在于覆盖物料在车间运输环节和存储环节的管控，打造物料从仓储到车间、车间到产线的生产物流全流程精细化闭环管理，能够为企业提供全方位工业物流整体解决方案；同时，其满足客户多品种、小批量、短周期的产品生产需求。

2.2 竞争力

YOUITMS 具备的竞争力包括以下方面：

（1）柔性配置：系统业务具有模块化特性，可根据现场物流运输流程配置不同的功能模块，同时可支持不同权限的用户配置不同的操作模块。

（2）智能调度：订单时效性管理，动态最优合并分配，智能车间物流数据可视化分析，智能化决策与调度管控。

（3）精益物流：预测性流程优化，实现物料零库存，高精度全方位管控，提高产品良率和生产效率，实现精益物流管理。

（4）云服务：可提供SaaS服务，支持私有云，公有云及混合云部署方式。

（5）云管控：可打造"运管端"一体化中心，实现远程管控产线物流运输实况。

（6）覆盖场景广：YOUITMS在于打造从仓储到车间，车间到产线的全流程物流运输链条，可覆盖更多的应用场景。

（7）个性化定制：可提供标准接口，支持WMS，MES等第三方系统集成，支持定制化开发，满足工厂智能化需求。

2.3 主要功能模块：

（1）运营看板：可视化运营管控，实时掌握生产物流状态，辅助管理层进行运营管控和决策。

YOUI TMS 系统架构

（2）车间管理：企业级车间管理，数据同步，保持整个车间数据一致性和实时性。

（3）仓储管理：仓储监控，物料追踪，物料流转信息全流程追溯。

（4）物联集成：IOT 通信协议管理，设备信息采集，设备管理。解决设备状态、数据监控等基本物联问题，打破信息孤岛。

（5）业务配置：订单管理、运单管理、任务管理、调度管理等，根据客户的行业形态，灵活配置不同场景功能。

3. 项目运行节奏

3.1 第一阶段：平台上线

阶段成果：完成多场景融合及工作流开发，并实现模块化设计，支持接

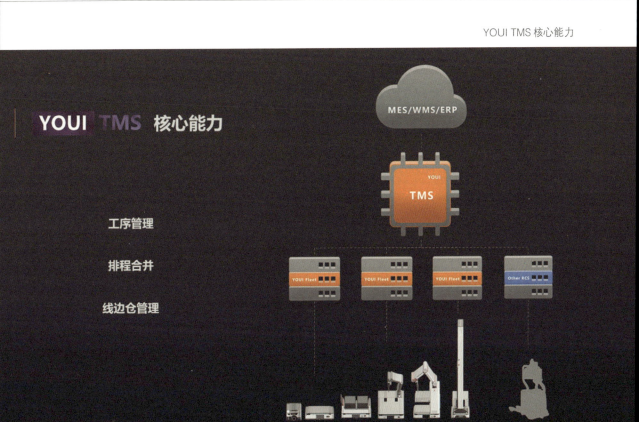

YOUI TMS 核心能力

入多种AGV（Automated Guided Vehicle，物流机器人小车），支持多种形态的存储模式（电子货架，接驳架，平面料位/储位，普通货架），并支持对接立体仓库；支持使用不同载具，以及载具分区管理；支持动态合单及工作流，可适用现场复杂的运输任务；根据实际场景，可自定义授权系统权限；可视化物流管控，数据运营管理，物流运输管理。

3.2 第二阶段：物联集成，打通设备数据孤岛

阶段成果：IOT数据采集，完成IOT模块接入，实现物联集成；实现通信协议的管理，可统一接入硬件设备并统一管理，实现设备信息、设备状态等数据监控。

3.3 第三阶段：APS管理，助力客户优化生产流程

阶段成果：完成APS（Advanced Planning and Scheduling先进规划与排程系统）模块接入，助力客户优化生产节拍，并实时跟踪生产进度。

4. 市场应用及未来展望

4.1 市场应用

智能物流管控平台YOUITMS可针对不同的业务场景提供对应的解决方案，主要可概括为以下两类：

4.1.1 方案一：面向产线缺少监控、自动化程度低的制造场景

面向产线不完整，自动化程度低，信息化不完善的制造场景，物流管控平台运用Modbus、串口通信、TCP等通信协议连接产线设备，实时监控设备状态及产线生产状态，自行触发产线任务，并进行任务分发，助力产线实现自动化；结合工业互联、云计算、AI、大数据分析，帮助工厂整体信息化升

级，提高生产运营管理水平和改善整体生产效益。

4.1.2 方案二：面向生产流衔接不足、生产效率缓慢的制造场景

面向自动化和信息化相对成熟的制造企业，物流管控平台可集成第三方客户系统，可补充仓库到车间、车间到产线运输环节物料流转，满足柔性生产需求，解决产线之间生产不同步的问题，助力企业全面提升生产节拍和产品质量，有效配置资源、降低成本，助力制造企业转型升级。

4.1.3 行业应用案例

YOUITMS 智能物流管控平台目前已在电子半导体、3C、飞机制造、汽车等行业有大量应用案例。

案例一：电子半导体应用案例

国内某半导体企业工厂封测车间整体物流解决方案。在无尘车间，智能物流管控平台和移动操作机器人整体物流解决方案，助力工厂实现智能化无人生产车间，实现不同固晶、焊线、清洗、烤箱、上片工艺流程之间的流转，24 小时连续作业，解放劳动力、实现信息流转换，实时反馈运输过程的物流数据，实现全流程可视化跟踪，实现车间生产可视化和生产过程运营管控。

半导体生产车间洁净等级高、布局复杂、空间狭小、设备种类繁多，大规模生产车间中设备集群式分布，生产过程离散，工艺流程复杂，订单需求柔性，无法形成简单有效的流水线式生产。根据业务场景搭配物流管控平台，轻松实现自动搬运作业和企业信息接入，通过 AI 技术、大数据、云计算等技术支持，实现车间现场物流数据和生产数据等收集、分析、集中治理，实现覆盖生产物流全流程的无人智能化生产车间。

案例二：3C 行业应用案例

国内某消费电子手机配件龙头企业，针对目前本企业产品周期短、生产节拍快、制程工艺各不相同、工艺周期更换快、产品良品率低等问题，引入 YOUIBOT 智能物流管控平台整体物流解决方案。建立可视化智能调度，实现个性化工作配置，同时 YOUITMS 智能物流管控平台与厂级 MES 协同作业，物料全流程可追溯，设备状态实时监控，提高流水线产能和物流自动化，实现企业柔性化生产和可视化智能化运营管控，提升整厂生产效率和产品质量。

案例三：飞机制造行业应用案例

中国某飞机生产智能工厂项目，基于 5G、物联网、云计算的智能物流技术，构建物流协同管控平台，实现物理资源的动态实时感知、车间流程的预测性优化，以及调度的自主决策，提升飞机生产物料周转效率，实现高效协同、柔性灵活的"飞机智造"。

案例四：汽车制造行业应用案例

某汽车内饰组装工厂智能物流项目，以提升厂内物流效率、仓储容量，降低人工成本为目的，应用于汽车内饰组装车间场景。物流管控平台搭载 YOUIBOT 移动机器人，集成第三方 MES 和 WMS，打通设备数据孤岛，物料流转、仓储以及上线环节的信息流，全面监控物料流转信息，实现质量、生产精益的改善，实现仓储到车间物流数据全流程管控，帮助企业实现柔性生产和数字化管理。降低人工无效作业 50% 左右，生产效率由原先的 20JPH 提升至 60JPH，上线物料准确率提升至 100%。[①]

---

① 本案例中行业数据及项目数据解释权归优艾智合所有。

深入场景——制造

4.2 未来展望

工业 4.0 大背景下，助力制造企业产业转型升级

在 YOUITMS 智能物流管控平台加持下，未来的生产制造物流体系中的每一环数据都是可以实时采集、分析和监控的。每一个物流运输功能点的状态可以进行实时监控，并且通过对历史数据的累计分析对比，支持管理者对生产和运营做出正确决策，实现企业利益最大化。同时，该平台助力产业数字化升级，助力制造业智能化转型升级，并累积大数据形成数据库，不断优化迭代，形成产业升级闭环。

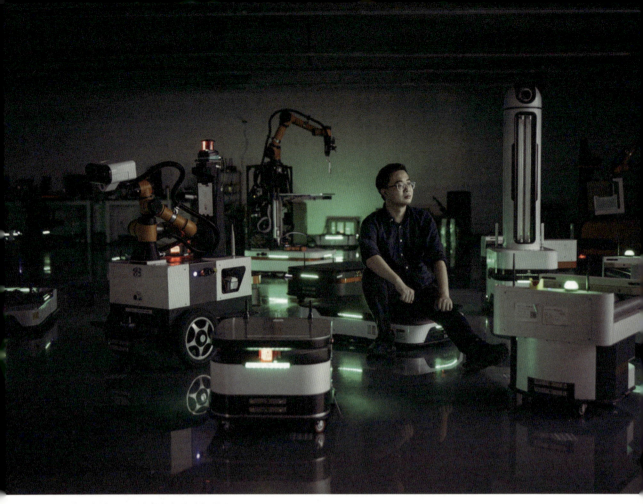

优艾智合 CEO 张朝辉与移动机器人

随着人工智能、大数据、5G、区块链这些数字化智能化的技术逐渐成熟并走入生产领域,将实际生产中的所有数据接入这些新技术中,是一个艰巨的任务。而 YOUITMS 智能物流管控平台能够解决最基础的数据获取与采集的问题,形成了最原始的数据来源,直接将人工智能、大数据等先进技术与传统制造产业进行互联,促进产业互联。

编委会点评

1. 社会效益

智能制造进入发展快车道既有内因，也有外因。随着国内人口红利消失，劳动成本上涨，劳动力加速从第二产业转移至第三产业。年轻一代人不愿意进工厂，制造企业出现"用工荒"，迫使制造企业转型升级，提升自动化水平。而制造企业经过几十年的粗放式发展，进入比拼内功的精细化运营阶段，也同样需要通过数字化管理提升效率、降低成本。这些是智能制造快速发展的内因。而新一代信息技术的发展，国内外形势的变化，也都在加速推动中国"制造"向"智造"转变，推动工业向中高端迈进，提升在世界上的综合竞争力。这些是智能制造快速发展的外因。

智能制造正日益成为未来制造业发展的重大趋势和核心内容，加快推进新一代信息技术和制造业融合发展，提升制造业数字化、网络化、智能化发展水平，将为企业打造新的腾飞翅膀、为国家奠定新的核心优势，让社会迈步走向智能时代。

2. 创新价值

优艾智合 YOUITMS 智能物流管控平台采用移动机器人来执行任务分发、物料派送，通过中控平台执行生产运营的智能化管控，从物流管控角度入手，助力工厂实现智能化无人生产车间，帮助打通了信息壁垒、实现了数据的有效共享和管理，带来了企业生产与物流数据的互联互通。

智能物流管控平台在对接第三方 MES、WMS、APS 等系统后，形成完整的闭环，实现工厂的生产可视化和生产全过程运营管控，从而可以满足企业的柔性生产需求，在提高工厂智能化水平的同时，带来工厂整体运营效率的提升，实现企业对于市场需求变化的动态反应能力。

第四范式：
AI 决策加速企业高质量转型升级

摘要：在商业智能化转型中，AI 的价值本质是通过机器从数据中发现海量规律，从而帮助企业做出更优决策。第四范式（北京）技术有限公司（以下简称"第四范式"）是智能化转型服务商，利用人工智能为企业打造决策引擎，让企业核心的经营环节从依靠人的判断经验转向机器智能的形式，让 AI 在遍布研产供销服的全价值链的业务场景中，精准高效决策，带来运营效率和业务成果指数级增长，超越传统发展模型，实现战略性变革。

关键词：人工智能　决策引擎　智能化转型

1. 背景说明

我国"十四五规划纲要"中强调要加快数字化发展、发展战略性新兴产业，更是提到了大数据、人工智能、量子信息等科技关键词。2020 年 8 月 21 日，国务院国资委印发《关于加快推进国有企业数字化转型工作的通知》（以下简称《通知》），就推动国有企业数字化转型做出全面部署，推动新一代信息技术融合创新，加速传统产业全方位、全角度、全链条转型。

同时，中国消费端数字化程度已全球领先，但供给端的数字化水平仍然较低。中国网民数量为 9 亿[①]，位居全球第一，移动互联网的普及使用户需求

[①] 参见宋斐、晓坪：《报告解读丨从连接到赋能："智能+"助力中国经济高质量发展》，载搜狐网 2019 年 3 月 13 日，https://www.sohu.com/a/300931667_384789，访问日期：2021 年 9 月 3 日。

愈发多样化、个性化、实时化。但与此同时，中国数字化工厂的比例远低于欧美（欧洲 46%、美国 54%、中国 25%[①]），在智能化程度较低的传统行业，决策动能匮乏也是较为普遍的问题。

97% 的大型企业都认为智能化转型成为企业保持增长的首选[②]。AI 驱动的智能化转型，可以带来决策革命，让企业的大脑更智慧、敏捷、高效，实现智能决策，从而带来运营效率和业务成果指数级增长，超越传统发展模型，实现战略性变革。

然而企业在运用 AI 支持决策，完成智能化转型中，通常面临着几个普遍性问题：

（1）无法可依：缺乏对 AI 与企业经营关系的正确认知，缺乏符合企业自身的智能化转型战略设计。

（2）缺乏工具：智能化应用只能通过不断购买解决方案落地，无法构建自有 AI 能力，缺乏通用性强、低门槛、自动化的自动决策类机器学习平台。

（3）组织滞后：缺乏可自上而下统筹转型的人员角色安排，同时 AI 技术的应用势必带来决策革命的发生，需要更灵活的、更敏捷的组织推动企业全面智能化转型。

2. 创新描述

作为智能化转型服务提供商，第四范式运用 AI 技术助力工商银行、百胜中国、中石油、瑞金医院、来伊份等企业实现智能化转型，并在广泛的实践中总结出企业智能化转型的新范式，提出支撑转型新范式的三大支柱：新方

---

① 参见宋斐、晓坪：《报告解读｜从连接到赋能："智能 +" 助力中国经济高质量发展》，载搜狐网 2019 年 3 月 13 日，https://www.sohu.com/a/300931667_384789，访问日期：2021 年 9 月 3 日。
② 参见 Forrester：《CIO 指南：如何成就自适应企业》。

法、新组织及新工具。

2.1 让 AI 的本质与企业经营相结合

谈及智能化转型，关键的一点在于，如何理解 AI 与企业经营的关系。美国著名管理学家赫伯特·亚历山大·西蒙说过"管理就是决策"。第四范式在丰富的行业实践中发现：AI 的本质是通过大数据总结出海量的规则。这让 AI 特别适合帮助企业做出更精准的决策，驱动企业智能化转型升级。AI 可以改变企业的决策模型，让企业核心的经营环节从依靠人的判断经验转向机器智能的形式。

具体而言，AI 决策可以支持企业经营中的三种决策模型：

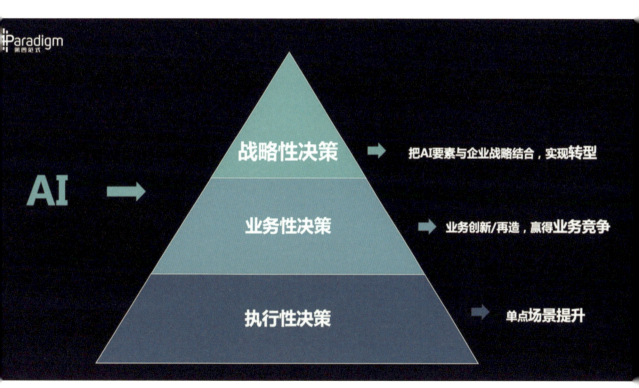

AI 支持企业经营中的决策模型

2.1.1 执行性决策：AI 在业务流程中"自主决策、自主执行"，提升决策的精准性和前瞻性，提升产品品控、销售预测、个性化推荐等企业关键业务场景效果。如第四范式用 AI 帮助某国有银行个性化理财产品推荐成功率提升 574%；帮助某大型连锁餐饮集团个性化菜单推荐，使得客单价平均提升 2%；帮某大型能源集团风机设备故障预警预测准确率提升至 81%。

2.1.2 业务性决策：遍布企业全价值链的 AI 应用，将精确、科学的机器决策和专家业务经验结合，实现研产供销服全价值链的提升；以更敏捷的运营、更个性化的客户体验、更创新的产品服务，实现降本增效、提升利润、创造新收入等核心业务价值。

2.1.3 战略性决策：AI 决策解决企业核心经营问题，打造领跑下一个十年的核心竞争力，驱动企业经营和管理模式的全面智能化转型重塑，实现更高效、优质、可持续的增长。

其中，AI 对执行性决策及业务性决策的革命可以让企业完成智能升级，当 AI 和企业战略结合，运用到战略性决策层级时，企业可以全面实现转型。

2.2 转型新方法：企业智能化转型成熟度诊断

从信息化、数字化再到智能化的步步演进转型方式容易让企业陷入"成本"陷阱，如不从智能化目标出发构建转型模型，则在信息化和数字化建设阶段可能面临大改大修，甚至需要重新架构。

第四范式把企业智能化转型划分为 5 个阶段：实验阶段、落地阶段、自主阶段、规模阶段及转型阶段，帮助企业根据智能化转型目标定位自身所处的阶段即"成熟度"，根据成熟度设计适合企业发展的智能化转型战略、并制定不同智能化转型阶段的重点工作。具体如下：

	实验阶段	落地阶段	自主阶段	规模阶段	转型阶段
定义	具备对AI的初步认知，在某些领域进行了小范围的探索与尝试，但是尚未有实际应用落地案例	基于自身业务数据在部分业务场景进行了AI应用的落地，加深了对AI的认知，有进一步拓展的意愿	搭建了统一的AI基础平台，具备一定的能力或资源，可以自主地以一定的流程和效率完成AI应用的开发和落地，且达到一定的业务效果	具备规模化落地AI应用的能力，能够持续、高效地进行AI应用的探索和落地，AI对于客户的重要性凸显，为客户带来了明显的业务价值提升	AI成为业务支撑的主要技术手段和核心战略方向，通过AI技术创新带动业务组织和业务形态的全方位变革
战略	战略：AI作为创新议程话题，企业对AI展现出早期兴趣 业务AI化：AI对业务的影响为0	战略：认识到人工智能潜在价值，存在人工智能试点项目，但尚未列入战略 业务AI化：AI在少量的业务场景开始产生影响	战略：AI在企业技术战略中得到明确阐述 业务AI化：客户在业务Mission Critical场景进行了落地，给客户带来了一定的业务价值	战略：AI技术成为主要战略核心支撑，对于企业重要性凸显 业务AI化：在众多业务场景进行了AI应用落地，业务AI化程度高	战略：AI应用是客户的核心战略方向 业务AI化：AI深度融入客户业务的方方面面，实现了全面的业务AI化
运营		场景：有AI应用落地场景（一个或几个） 流程：首次跑通了AI开发、AI落地的全流程 方法论：方法论可能存在不合理性	场景：已经落地了一定数量的AI应用（十几个） 流程：初步总结AI开发、落地的流程机制，不一定完善 方法论：方法论可能存在不合理性	场景：已经或未来计划将落地几十个场景 流程：建立了标准的AI开发、落地的流程机制 方法论：基于正确的AI落地方法论实现规模化落地	场景：AI无处不在，已集成到每一个过程、产品和服务中
数据	数据采集：无针对性的数据采集体系，在部分业务场景无数据或无样本	数据采集：开始有针对性地进行数据采集，在部分业务场景数据量或样本量较少 数据质量：数据质量较差，开始尝试建立数据质量标准和数据质量提升机制	数据采集：针对特定业务场景，从模型方案角度分析所需数据，构建数据采集方案 数据质量：数据质量较好，建立了初步的数据质量标准和数据质量提升机制	数据采集：企业构建了标准的数据采集体系（手机APP埋点、曝光数据采集、数据标注） 数据质量：数据质量良好，通过构建面向AI应用的数据治理思路、原则，不断提升数据质量	

（续表）

	实验阶段	落地阶段	自主阶段	规模阶段	转型阶段
技术	IT架构：使用市场上易获得易实施的技术架构，比如开源架构	IT架构：落地过程中重点关注AI技术与其业务系统的融合	IT架构：已经意识到AI技术中台的重要性，逐步搭建AI技术中台，但是不够低门槛、工具不齐全 算力：已经意识到AI算力的重要性，针对AI场景规划算力主要是CPU	IT架构：搭建了统一的AI技术中台，中台足够低门槛、工具齐全，可以支撑各类业务场景的规模化落地 算力：针对AI场景规划不同异构算力（CPU/GPU/FPGA）	IT架构：AI支撑业务快速发展和创新，要有可扩展、支持技术快速实验的架构支撑
组织/人才	组织架构：无清晰的AI管理和应用组织架构 人才：无专业的AI人才	组织架构：尚未设立团队，可能只有具体负责AI项目落地的项目经理 人才：AI人才匮乏，只有略懂AI的技术人员	组织架构：初步设立负责AI落地和管理的团队，团队规模有限 人才：内部具备一定资质的建模科学家和技术开发人员，可以自主完成AI开发、AI上线全流程；或具备资源和预算，可以依托外部供应商的能力帮助自身完成AI开发、AI上线全流程	组织架构：组成了一个完善的AI团队，团队人员配备齐全 人才：具有一定数量的建模科学家和技术开发人员，可以支撑AI应用规模化落地；或具有充足的资源和预算，能够依托外部供应商的能力帮助自身实现规模化落地	组织架构：企业内部设立了CAIO，主导企业AI战略转型 人才：具有AI领域资深技术专家

值得注意的是，企业在以上五个阶段的发展往往并不同步，企业智能化转型常见问题在于顶层设计（战略、组织人才）远远滞后于落地实践（技术、数据、运营），为实现"战略先行，协同发展"，企业可从全面智能化成熟度诊断入手，找到自己的定位，再逐步开展智能化转型规划。

2.3 转型新组织：全新人才思维、创新组织建设

任何平台、算法和工具都无法自行运行。企业需要培育全新思维方式、

构建全新组织，拥有掌握专业与行业知识的最优人才，方能实现成功转型。第四范式在帮助企业智能化转型中提出组织建设的关键点如下：

（1）管理团队需要加强 AI 领导力建设，设置业务目标导向的 AI 战略，解决企业经营发展的核心问题。

（2）业务团队创新变革，培养并激活团队，以更敏捷灵活的团队协作，实现 AI 决策和更多业务场景的结合。

（3）市场化人才引入，构建 AI 支撑团队，负责技术选型和落地，包括架构师、算法应用工程师、人工智能科学家等。人才招募重点是面向业务问题能够找到解法和落地的人才，而非单纯研究型人才。

2.4 转型新工具：自动决策类机器学习平台，业务人员也能构建 AI 模型

自动决策类机器学习平台旨在帮助企业实现算力、数据、开发等 AI 基础设施的建设，为 AI 应用规模化创新铺平道路。

第四范式 AI 产品内置全栈式 AutoML 技术（自动机器学习，让 AI 自动构建 AI 的技术），拥有 60 多项 AutoML 自研算法及技术专利，覆盖 AI 应用目前的主流应用场景，实现自动化的 AI 应用构建，极大降低 AI 开发门槛，使业务人员也能开发 AI 应用。

如长春妇产医院应用案例，毫无 AI 背景的医生，利用第四范式 AI 产品构建 AI 模型，精准预测新生儿体重，并验证胎膜压力值与婴儿健康关联，指导产妇更安全地生育宝宝。

再以某大型国有银行为例，目前该银行应用第四范式 AI 产品，实现了对技术团队和业务团队的整体赋能，构建了自主的 AI 能力，IT 及业务人员运营低门槛 AI 产品在一年内构建了 300 多个 AI 应用，平均 1—2 天上线一个应用，

软件定义算力平台 4Paradigm SageOne

覆盖理财精准营销、反欺诈、智能客户、催收等各个领域。[①]

此外,随着转型带来的智能化应用增加,算力成本高昂让企业转型难以为继。第四范式从 AI 的全生命周期解决算力浪费问题,在计算、存储、网络、调度等方面实现全面优化,开发出软件定义算力平台 4Paradigm SageOne,让服务器的算力以一当十。

3. 项目运行节奏

以某零售连锁集团为例,第四范式运用智能化转型方法论,帮助企业设计发展战略,并以智能化转型 AI 产品组合全面服务客户转型。第四范式从最初实验阶段介入,经过 3 年服务已帮助客户进入规模阶段,完成了智能化应用的高效落地,目前正在深耕转型阶段,帮助企业从传统的餐饮零售商向以

---

① 本案例中行业数据及项目数据解释权归第四范式所有。

AI 驱动的科技平台迈进。具体运行节奏如下。

3.1 诊断并树立战略

在此阶段，第四范式运用智能化转型成熟度帮助企业诊断自身状态。该企业一直注重对新技术的引进，并在前期进行了一定的 AI 应用探索，但对 AI 技术的理解仅为可以提升单点业务效果。根据企业智能化转型成熟度，该企业在转型的重点要素上的布局有快有慢，基本处于"战略滞后、数据先行"的状态。第四范式介入，首先是帮助企业加深了对 AI 与该企业经营关系的了解，并以此帮助企业确立 AI 驱动的全面线上化转型目标与战略。然后以战略为指导，开展各阶段的工作。

3.2 分阶段逐步实施

实验阶段：第四范式介入前，企业的落地处在实验阶段，技术也在探索期，尝试过一些国外开源平台，但用不起来。

落地阶段：鉴于企业良好的数据情况，第四范式帮助企业找到在零售业务场景中客单价提升的关键点，运用 AI 技术方案预测消费者喜欢的产品，并予以一定优惠，在客户结算时，向消费者推送加购信息，让消费者既能获得更符合自身偏好的产品推送信息，也能以优惠价格购买，基于此消费者线上点餐客单价平均提升 2%。在此阶段，企业加深了对 AI 的认知，有进一步拓展的意愿，并在组织上，出现了 AI 落地与管理角色，统领企业智能化转型全局。

自主阶段：企业尝试到 AI 对于单点业务的巨大帮助，下一步开始探索构建自主的 AI 能力。第四范式从组织、技术、工具上对企业进行全面赋能：组织上，帮助企业构建起小规模 AI 团队并予以培训，为更多智能化应用落地实现人才保障；技术及工具上，为企业部署企业级的 AI 应用开发平台，让通用的、低门槛的、全流程的 AI 平台满足企业开发适用于自身更多场景的智能化应用，让企业开发人员即便没有强 AI 背景，也能开发 AI 应用。这一阶段，企业自主地构建出更多智能化应用，如个性化推荐、销量预测、优惠券个性化发放、智能客服等，多个业务实现了效益提升。

规模阶段：企业拥有自主 AI 能力后，下一步是如何进一步提升智能化应用构建的效率，能够规模化地落地 AI 场景，缩短开发周期，降低因智能化应用增长而激增的算力成本。技术及工具上，第四范式把自动机器学习技术封装至企业的企业级开发平台中，让原来平均一个团队 6 个月才可构建一个 AI 应用，提升至单人 10 天即可搭建一个应用。同时，第四范式以软件定义算力平台优化服务器算力，让原来一个服务器能支持的算力提升 8—10 倍。

转型阶段：经历了之前的几个阶段，企业通过智能化转型实现了营收增长，80% 的收入来自 AI 驱动的线上化业务，无惧因疫情引发的不确定性。在疫情背景下，其成为每季度盈利都超预期的餐饮企业。目前，企业正在以 AI 全面深入各个业务，探索技术驱动的业务创新模式，AI 平台与业务结合更加充分，预期成为驱动企业持续成长的引擎。

4. 市场应用及未来展望

Gartner 预测，到 2022 年[①]，企业应用 AI 的平均数量相对 2019 年将增长 9 倍；而到 2022 年，AI 商业价值将达到 3.9 万亿美元；Forrester 则更为乐观，其综合各种市场调查分析后认为，到 2025 年，所有企业都将使用 AI[②]。

---

① 参见 Gartner :《全球人工智能相关商业价值预测（单位：10 亿美元）》。
② 参见 Forrester: The AI Software Market Will Grow To $37 Billion Globally By 2025, 2020.12。

在企业的经营上，AI 驱动的智能化转型可能在未来带来决策革命，从而让企业的业务效果提升、组织决策分工更高效、并催生新的商业模式。但是，在整体趋势之下，选择什么样的方式、什么样的服务来获得 AI 能力，是一个必须考虑且更为重要的问题。这其中，对于很多体量较大的企业而言，更重要的是具备自主的 AI 能力。因此，第四范式认为越来越多的企业将通过自建 AI 而非购买现成 AI 服务的方式，进行转型升级。

目前，第四范式服务领域已覆盖到了金融、零售、制造、能源、政府、医疗、互联网、媒体、物流等众多行业，助力工商银行、交通银行、招商银行、中国石油、瑞金医院、中国电科、人民日报、百胜中国、联想、来伊份、百威中国、杰尼亚等行业头部企业的智能化转型。其依据企业转型目标，为企业提供从咨询、服务到落地的完整转型服务，以及在金融、零售、制造、能源、政府等行业基于常见场景的成熟解决方案。

编委会点评

1. 社会效益

人工智能作为智能时代的新生产工具之一,将为数据要素的价值创造提供更好的分析及运用基础,是未来经济的新技术基础设施,预期将会发挥更加重要的作用。人工智能在传统行业中的应用,将加速产业数字化转型升级,并与5G、大数据、物联网、云计算等技术叠加赋能增效,推动价值链重塑,产生不可估量的乘数效应。

2. 创新价值

第四范式运用自主研发的人工智能技术及落地解决方案,帮助企业客户大胆变革,破除既有经验禁锢,同时对组织架构、组织能力进行升级迭代,提高组织内部协同效率,更好更快地为智能化转型服务,以零售业为例,第四范式帮助客户从商品价值模式驱动转向技术创新模式驱动。同时,在市场波动期、不确定性因素增加的情况下,人工智能决策方法及决策引擎将帮助企业更好地应对变化、掌握先机,第四范式在多领域、多行业的实践,证明其适用性较好,具有一定的行业应用价值。

桂花网：
低功耗蓝牙物联网通行 IOT 最后一公里

摘要： 物联网是促进产业数字化转型的有力工具。北京桂花网科技有限公司（以下简称"桂花网"）开发了远距离蓝牙路由器，聚焦企业物联网解决方案，降低了企业物联网的进入门槛和成本。目前蓝牙物联网产品和解决方案已广泛应用在智慧校园、工业物联网、智慧医疗养老、运动健康、蓝牙定位、智慧工地、智慧停车、冷链物流等诸多领域。

关键词： 低功耗蓝牙　蓝牙物联网

1. 背景说明

1.1 行业背景：物联网全球连接数持续上升，产业物联网将后来居上

行业数据显示，2019 年全球物联网总连接数达到 120 亿，预计到 2025 年，全球物联网总连接数规模将达到 246 亿，年复合增长率高达 13%；2019 年全球物联网的收入为 3 430 亿美元（约合人民币 2.4 万亿元）；预计到 2025 年，全球物联网的收入将增长到 1.1 万亿美元（约合人民币 7.7 万亿元），年复合增长率高达 21.4%。[①]

2019 年，我国物联网连接数为 36.3 亿，全球占比为 30%。到 2025 年，

---

① 参见 GSMA：《The mobile economy 2020（2020 年移动经济）》。

预计我国物联网连接数将达到 80.1 亿，年复合增长率 14.1%。2020 年，我国物联网产业规模突破 1.7 万亿元，十三五期间物联网总体产业规模保持 20% 的年均增长率。①

随着物联网加速向各行业渗透，产业物联网连接数占比提速。据 GSMA Intelligence 预测，全球产业物联网设备的连接数将在 2024 年超过消费物联网的设备连接数。2019 年，中国物联网设备连接数中产业物联网和消费物联网各占一半。预计到 2025 年，中国物联网连接数的大部分增长来自产业市场，中国产业物联网的连接数将占到总体的 61.2%。②

1.2 政策背景：新基建重要组成，物联网市场持续增长

根据《工业和信息化部办公厅关于深入推进移动物联网全面发展的通知》（工信厅通信〔2020〕25 号），明确新基建范围，物联网成为新基建的重要组成部分，物联网从战略新兴产业定位下沉为新型基础设施，成为数字经济发展的基石，将会加速传统产业数字化转型，有力支撑制造强国和网络强国建设。值此之际，物联网市场增长及投资有望持续加大。

2. 创新描述

2.1 蓝牙物联网应用突破

据蓝牙技术联盟 SIG 的预测，至 2025 年，蓝牙设备的年出货量将超过 60 亿。其中，外围设备（可穿戴设备、传感器等）的出货量已超过平台设备（手机、平板电脑、PC 等）出货量的两倍以上，到 2025 年，将超过平台设备的三倍。预计到 2025 年，外围设备在蓝牙设备出货量中的占比将达到

---

① 参见中国信息通信研究院 2020 年 12 月发布：《物联网白皮书（2020 年）》。
② 参见中国信息通信研究院 2020 年 12 月发布：《物联网白皮书（2020 年）》。

桂花网蓝牙路由器及网管系统

70%。[①] 蓝牙设备的爆发式增长，将使低功耗蓝牙对市场产生可观的影响。从家用电器到运动监测设备，再到健康传感器到医疗创新，低功耗蓝牙技术推动了无数的发明创造。

桂花网致力于低功耗蓝牙及蓝牙物联网解决方案的研究开发与市场开拓，针对性解决蓝牙在物联网应用中的四座大山，即"距离短、一对一配对、不易遥控、不易管理"四大问题。我们常见的蓝牙外围设备，无论是手环、手表、体温贴、心率带、血压计、体重秤等均需要与智能手机相连，而一旦与手机的距离变大，就会发生数据收集失败的状况。且每台智能手机只可以采集一台同类设备的数据，若要采集多台设备数据，则不得不人工对每台设备进行反复的断连建连，以上问题长久以来桎梏着蓝牙外围设备的物联网应用发展。

---

① 参见蓝牙技术联盟 SIG 2021 年 4 月发布：《2021 年蓝牙市场最新资讯》。

为解决蓝牙物联网这"最后一公里的连接组网问题",桂花网下大力度进行科研,创新研发蓝牙路由器及网管系统,为产业级物联网应用提供安全、远距离、一对多的蓝牙连接服务。

2.1.1 传输距离、连接数量获得极大拓展

在产业蓝牙物联网项目中,一般都需要大量的蓝牙设备,多设备多业务并发,蓝牙设备分布范围广,而且可能经常移动。传统低功耗蓝牙设备的传输距离近,不能穿墙覆盖和一对多连接,无法满足产业蓝牙物联网的上述要求。

桂花网的蓝牙路由器使用自有的蓝牙协议栈(负荷低功耗蓝牙标准协议),结合专有的智能天线和射频管理技术,突破了蓝牙技术的局限。一台桂花网蓝牙路由器可以同时连接多达 40 个低功耗蓝牙设备,可以同时进行双向数据传输。在稳定连接多个蓝牙设备的同时,其亦可以大幅扩大蓝牙的通信距离。在空旷无遮挡场景,桂花网蓝牙路由器与蓝牙设备之间的通信距离可达 400 米(使用蓝牙 4.0 协议)至 1km(使用蓝牙 5.0 协议)。

2.1.2 物联网控制器,简易快捷的部署和管理

桂花网推出物联网接入控制器(Cassia IoT AC),可以帮助客户通过统一的接口远程管理和控制成千上万台蓝牙路由器,并实现蓝牙定位漫游等高级功能。物联网接入控制器提供集中管理接口和控制界面,让客户能方便地部署、管理并监控其所连接的蓝牙设备。

2.1.3 边缘计算容器,实现高性能、可扩展

边缘计算可以提高系统响应速度,降低数据传输和云服务成本,提高系统的可靠性、安全性和可扩展性。

桂花网早在 2016 年就开始着手研发具备边缘计算能力的蓝牙路由器，为高实时性、高可靠性及高可拓展性物联网应用铺平了道路。桂花网的蓝牙路由器提供了边缘计算容器，并为用户提供了灵活的开发、调试、加载、运行和维护应用程序的环境。客户可以根据不同的项目需求，将自己开发的应用程序部署在蓝牙路由器的内置容器中，满足工业物联网和智慧医疗等企业物联网的边缘计算需求。

2.1.4 蓝牙漫游，无须人工干预

当佩带医疗蓝牙设备的人在蓝牙网络中移动时，蓝牙设备需要在多个蓝牙路由器之间进行切换。考虑到数据量以及安全因素，多数医疗蓝牙设备需要和蓝牙路由器建立蓝牙连接，很多时候还需要手动进行蓝牙安全配对。例如，某些医疗蓝牙设备需要用户输入 6 位蓝牙配对码，或将设备靠近 NFC 读卡器以完成配对；有些医疗蓝牙设备在连接到另一个主机之前甚至需要手动复位。这些因素导致无法实现医疗蓝牙设备在多个蓝牙路由器之间的切换。

桂花网的专利蓝牙漫游技术使上述蓝牙设备能够在蓝牙网络中漫游，无须人工干预，而且不需要修改蓝牙设备。在桂花网物联网接入控制器的条件下，所有蓝牙路由器作为一个蓝牙路由器运行。蓝牙设备在与蓝牙网络配对一次之后，可以漫游到所有路由器，并建立安全的蓝牙连接，而无须再次配对。

2.2 产业级端到端安全管理

在远程医疗和工业物联网领域，安全是关键要求。相对于传统的有线网络，物联网更容易受到安全攻击。针对物联网的攻击不仅可能降低系统的可用性，更可能造成关键信息的泄露或丢失。

为了保证企业蓝牙物联网的安全性，需要在整个系统中采用安全的通

信方案。桂花网采用蓝牙 4.2 安全配对保护无线传输安全，采用 DTLS1.2 和 TLS1.2 对回传数据进行加密，采用 HTTPS 保护 API 调用以及控制页面访问的安全。其从蓝牙终端设备到蓝牙路由器，到物联网接入控制器，再到客户应用服务器的整个通信链路中，在蓝牙数据传输的各个阶段保证了数据的端到端安全。

另外，桂花网蓝牙路由器 X2000 中内置了 TPM（Trusted Platform Module）安全芯片，实现了基于硬件的安全启动，安全存储，安全认证等安全功能，更好地保障了蓝牙物联网的端到端安全。

2.3 工业级可靠性

在产业级物联网项目中，客户对系统的可靠性有着极高要求，蓝牙路由器需要长时间稳定运行，并具有良好的异常恢复机制，避免过多的用户干预，保证系统的正常运行。另外，在工业物联网应用中，需要苛刻的运行环境，例如防水、防尘、防雷、防高低温、防高湿、防振、防腐蚀、防爆，这些都对蓝牙路由器的软硬件设计提出了很高要求。

在硬件方面，桂花网针对工业场景提供的 X1000 蓝牙路由器，能防雨、防尘、防雷，并达到 IP65 等级，可以在室外温度下正常工作，得到了工业客户的广泛好评。在 2021 年，桂花网推出了新一代工业级蓝牙路由器 X2000，这是一款专门为工业场景设计的蓝牙路由器，能适应严苛的工业环境，防水防尘等级达到 IP66，在大温差、高湿甚至腐蚀环境中都可以正常工作，并通过了第三方环境测试。2021 年，桂花网和 Extronics（全球领先的安全防爆设备的设计师和制造商）等防爆厂商合作，计划推出全新的防爆蓝牙路由器，为危险的工业环境提供蓝牙网络基础设施。

在软件方面，桂花网有严格的产品设计、开发和测试流程，从源头上确保产品的稳定性，并根据客户反馈持续改进，通过了大量企业级项目的检验。

3. 项目运行节奏

3.1 第一阶段：首款蓝牙路由器问世

2013年前后，国内"智能硬件"创新浪潮风起云涌，随后各种蓝牙可穿戴产品纷纷走进人们的生活，蓝牙手环、蓝牙防丢设备、蓝牙照明、蓝牙插座、蓝牙音箱、蓝牙空调、蓝牙床垫、蓝牙血压计、蓝牙血氧仪、蓝牙体重秤等，一派繁盛。低功耗蓝牙由于协议统一、成本低、功耗低、辐射低这四大优势，受到了可穿戴智能硬件的青睐；但是到了规模化应用的场景又遇到了新的问题，如成百上千的蓝牙终端设备该如何连接、如何统一管理等。

桂花网基于市场研究与探索，决心研发蓝牙路由器来解决上述行业痛点，克服蓝牙存在的一些固有短板，特别是一对一配对、传输距离短、不易遥控、不易管理这四大问题。

2015年7月，桂花网发布第一款蓝牙路由器，突破了蓝牙协议的短板，为统一物联网规则提供了解决方案。

2016年，智慧校园蓬勃兴起，基于蓝牙手环的学生管理解决方案需求大增，亟需一款蓝牙路由器用以无缝管理校园内众多的学生，实现运动监测、考勤打卡、图书借阅、校园消费、行为轨迹分析等功能。从此，桂花网正式走上产业物联网的道路，推出"基于蓝牙手环的智慧校园学生管理解决方案"并实现成熟应用。

3.2 第二阶段：满足不同使用场景推陈出新

2018 年，《国务院办公厅关于促进"互联网＋医疗健康"发展的意见》（国办发〔2018〕26 号）颁布，"互联网＋医疗"政策开闸无疑成为互联网医疗领域的大热话题，智能医疗器械也迎来了大爆发。桂花网开发了更适宜医院环境使用的新一代升级版蓝牙路由器 Cassia E1000，其能够同时连接的蓝牙设备数提升至 40 个，兼容 Bluetooth 5 标准，支持 2.4GHz 和 5GHz 双频 Wi-Fi 回传，提供边缘计算能力，可安装第三方应用，支持蓝牙漫游，激活了蓝牙医疗设备的医院内应用场景。

在此阶段，桂花网还开发了物联网控制器产品，使室内无缝覆盖和大规模物联网组网变得更加简单易管理，形成接种管理、简单部署的企业级蓝牙物联网管理解决方案。

2021 年 1 月，桂花网又推出新一代产业级蓝牙路由器 X2000，其适应严苛的工业工厂环境，满足工业级可靠性和稳定性需求，防雨防尘等级达到 IP66，支持安全启动、安全存储等基于硬件的安全功能，为客户提供端到端的安全保护。

2021 年，桂花网和 Extronics 等防爆厂商合作，计划推出全新的防爆蓝牙路由器，为危险工业环境提供安全、远程、多连接的蓝牙路由器。

4. 市场应用与未来展望

4.1 市场应用：

4.1.1 工业预测性维护

工业物联网是物联网产业链中的重要一环。据 GSMA 智库预测，2025 年，全球的工业物联网（IIoT）连接数将达到 138 亿，其中大中华地区的连接数约为 41 亿，约占全球市场的三分之一。① 同时，根据中国工业和信息化部的数据，中国工业物联网市场收入的年增长率约为 25%，并且在 2018 年达到近 3 000 亿元人民币（折合 470 亿美元），物联网以及工业物联网正迎来高速发展时期。②

随着物联网技术的创新与发展，工程制造设备变得更加高效与智能，但设备本身的维护工作却仍面临巨大挑战。

传统维护模式中的故障后维护与定期维护影响生产效率与产品质量，并大幅提高制造商的成本。随着物联网、大数据、云计算、机器学习与传感器等技术的成熟，预测性维护技术应运而生。

ABB 作为世界五大发动机供应商之一，一直致力于电机故障预判系统的开发。ABB 研发了一款基于蓝牙的 ABB ability 振动传感器，将其安装在电机外壳上，并通过对电机温度和振动频率等信息的采集和分析，判断电机是否已发生故障，或者即将发生故障。然而，电机所处的使用环境都是非常恶劣的，有温度条件苛刻的工厂，也有地质情况复杂的矿山矿井，难以通过人工手持设备（智能手机或 PAD）采集传感器的数据，而且实时性差。费时费力，而且效果不理想，所以 ABB 一直在全球范围内寻找一款性能稳定、安全、易管理，并能够适应严酷环境的蓝牙路由器。

2018 年，桂花网蓝牙路由器因其优越性能受到 ABB 的关注。ABB 对桂花网蓝牙路由器 Cassia X1000 进行了长达一年多的反复测试和验证，认可了桂花网蓝牙路由器可以满足在严酷工厂环境中的部署要求，并能实现高效、稳定、安全的数据采集与上传，最终 ABB 与桂花网达成长期采购及合作协议。

---

① 参见 GSMA 2018 年 7 月发布：《大中华区工业物联网发展》（The Industrial IoT in Greater China）。
② 参见 GSMA 2018 年 7 月发布：《大中华区工业物联网发展》（The Industrial IoT in Greater China）。

ABB集成了桂花网蓝牙路由器的电机振动监测和预测性维护解决方案，在2018年年底帮助格朗吉斯铝业及时监测到了一次振动异常引起的油泵漏油事故，在2019年3月帮石家庄卷烟厂成功监测到一台风机的电机振动和轴承异常情况，有效避免了风机发生宕机。这套电机振动监测和预测性维护解决方案被ABB总部推广到欧洲、美洲、亚太、非洲等国家和地区，辅助世界各国的工厂更好地管理电机设备。

下一步，桂花网将在工业物联网场景中实现环境监测、设备控制等更多功能，与PLC、OPC-UA等传统工业系统进一步整合，并实现人员资产跟踪管理。

工业预测性维护及状态监测

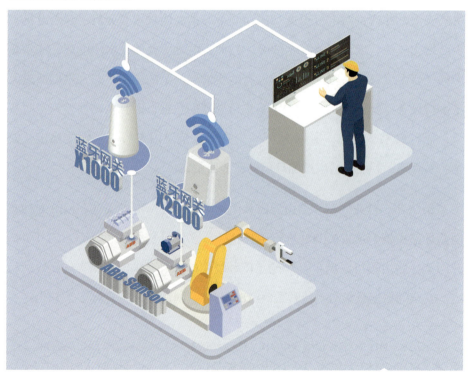

4.1.2 医疗健康监测

2020 年，桂花网蓝牙路由器受到了 Philips 的关注。Philips 研发了一款内置蓝牙的可穿戴传感器 BX100，用于患者心率及呼吸频率等重要生命体征的连续监测及检测。在病房内，患者佩戴飞利浦生物传感器后，传感器可以自动测量、收集、存储患者的呼吸频率和心率，数据经桂花网蓝牙路由器 Cassia E1000 传输至医院内的桂花网物联网控制器，并进一步传输到医院内的 Philips 医疗平台，医护人员可以远程实时监测患者的生命健康状况，用于判断 COVID-19 患者病情的恶化趋势，极大地提高了医护人员工作效率。

2021 年，美敦力使用桂花网蓝牙路由器 Cassia S2000 和物联网控制器连

桂花网蓝牙路由器在心率呼吸连续监测系统中的应用

接管理医院内病人随身佩戴的美敦力血糖监测仪，也是在全球首次实现了医院内的大规模实时动态血糖监测。它改变了糖尿病患者在医院临床诊治时常用的指尖采血血糖监测方式，采用在皮下埋藏美敦力血糖探针的方式来实时测量血糖数据。部署在医院内的桂花网蓝牙路由器 Cassia S2000 和物联网控制器负责实时采集这些血糖数据并传输到后台管理软件，医生护士可借此在管理软件上远程监测患者全天的血糖波动全貌和变化趋势。得益于桂花网世界首创的无缝蓝牙漫游技术，患者可以在医院蓝牙覆盖范围内自由移动，而不用担心实时血糖数据在移动和漫游时丢失，这也成为全球率先在医疗领域实现无缝蓝牙漫游的商业应用案例。

在医院场景下的实时动态血糖监测系统及无缝蓝牙覆盖和漫游

此外，桂花网在智慧医疗物联网领域也有长足探索。目前支持的医疗设备还包括心电贴、血压计、血氧仪、心率监测带、便携雾化器、睡眠检测带、额温枪、体重秤等蓝牙医疗健康设备，为医院多种重要生命体征持续监测的医疗物联网应用做好准备。

4.2 未来展望

桂花网自成立以来，一直以"解决物联网最后一公里的连接、定位、管理问题"为使命，以发展成为产业物联网的领军企业为奋斗目标及美好愿景，依靠坚实的技术研发与市场开拓，已经在"产业物联网"领域描绘"蓝牙物联网"的宏伟蓝图。

目前，桂花网仍处于扩展蓝牙物联网应用版图、扩大蓝牙物联网竞争优势的重要历史阶段，并将持续全力以赴，将蓝牙物联网在产业物联网领域的应用做大、做强、做深；整合云端物联网平台并开发防爆网关等产品；在数字健康、智慧医疗领域进一步加深医院级应用及开拓远程医疗市场。此外，桂花网还将在冷链管理、供应链、人员资产追踪等领域进行深入探索和挖掘，扩展产业物联网应用范围。预期在两到三年内，

沿着 Bluetooth Iot—Iot—AIoT 的发展路径，完成公司的战略规划，迈向未来。

编委会点评

1. 社会效益

物联网作为新基建的组成，5G、人工智能皆与物联网的发展具有强相关性，物联网的率先发展将为关联技术应用带来机遇。同时工业基础设施、能源基础设施、交通基础设施等领域也需要物联网技术赋能，物联网将从产业数字化角度上实现价值创新与成长。在数字经济发展的宏观趋势下，低功耗蓝牙技术及蓝牙物联网超越原有在消费领域的应用向制造领域深化，将创造崭新的经济价值。

2. 创新价值

桂花网率先在蓝牙技术应用上实现了多次成功的市场化并引领发展，持续研发并推陈出新，在传输、管理、漫游、边缘计算等方面均有技术创新，在安全性及可靠性上较之传统概念上的智能硬件有更加深入的思考与探索，在工业自动化领域、医疗领域深耕细作，具备标杆性案例落地、规模化应用的基础，预期在环境监测、安全控制、数字资产管理等方向上有较好的发展前景。

第三章

把握数字化组织的探索期优势

永中软件：
办公云平台助力游戏审批高效管理

摘要： 当前我国对网络游戏安全化、精品化、绿色化的要求日益提高。网游上网出版前须遵循严格的版号报审流程，从制作完成到上线需经历多个环节审批，审批时间长达数月。为此，中宣部筹备搭建游戏审批管理信息系统，从规范审批标准、优化游戏审批流程、提升文档处理能力等方面整体提高游戏审批速度，助力游戏市场保持活力发展。永中软件股份有限公司（以下简称"永中软件"或"永中"）通过提供高效文档处理平台，服务中宣部游戏审批管理信息系统实现高效审批。

关键词： 办公云平台　智能审批　协同办公

1. 背景描述

1.1 政策背景：受益信创红利，国产替代加速

信息技术应用创新产业是确保从底层基础软硬件到上层应用软件全产业链安全、可控的关键环节。国家对网络安全、信息安全的需求使得国产操作系统、数据库、中间件及办公软件等基础软件未来在党政、军队和事业单位等重点行业和领域的应用更加广泛。根据有关数据，我国信创产业的市场规

模至 2023 年将超 1 万亿元。[①]

作为国家战略发展中重要的新兴产业，信创产业近年来得到了国家的重点发展和大力扶持，政府出台了一系列政策推动产业升级；而作为信创产业的重要组成部分，我国基础办公软件行业骨干企业在良好的政策环境和利好趋势下健康成长，行业地位将更加突出。

1.2 行业背景：基础环境优越，在线需求攀升

根据有关数据，2018 年中国基础办公软件市场规模为 85.34 亿元，较 2017 年同比增长 9.7%，预计到 2023 年，行业市场规模将达到 149.04 亿元[②]。云计算、软件以及信息技术服务行业的迅速发展，为基础办公软件行业提供了优越的基础发展环境，同时国内用户的观念、信息传递方式更为先进，对协同效果需求增大，为基础办公软件行业的多元发展进一步提供了有力支撑。

尽管传统的 PC 端办公仍是用户处理办公文件时不可替代的方式，但在传统的 PC 办公场景之外，随着新一代技术的落地与产品服务思路的转变，国内用户对于办公软件的需求向着服务化、智能化、集成化、移动化的趋势演进。

综合以上需求增长，在线办公成长机遇涌现。特别是自 2020 年 1 月新冠疫情暴发以来，突破地理位置限制的远程办公成为特殊时期维持企业运转的应急手段，多人视频会议、文档协作编辑等多种在线办公模式纷纷涌现。

根据有关数据，2020 年 3 月移动互联网多领域用户规模呈现快速增长态

---

① 参见中国电子学会及 16 家企业和机构 2021 年 1 月联合发布：《中国信创产业发展白皮书（2021）》。
② 参见前瞻产业研究：《2020 年中国办公软件行业市场现状及发展前景分析 预计全年市场规模将突破百亿元》，载前瞻网 2020 年 3 月 17 日，https://bg.qianzhan.com/trends/detail/506/200317-ee219c61.html，访问日期：2021 年 6 月 4 日。

势,线下活动线上化导致商务办公及在线教育增幅最为显著,其中商务办公领域在中国移动互联网TOP10应用领域MAU中排名第7,同比增长29.0%,仅次于在线教育领域的30.1%。[①]

1.3 案例痛点:审批要求提升,管理降本增效

经过多年的产品研发与开拓,永中软件在党政、军队和事业单位等重点行业和领域实现了应用突破。

根据《网络出版服务管理规定》,网络游戏上网出版前,必须向所在地省、自治区、直辖市出版行政主管部门提出申请,经审核同意后,报原国家新闻出版广电总局审批(2018年3月,机构改革启动,国家新闻出版广电总局的新闻出版管理职责划归中宣部管理)。当前,我国遵循严格的网游报审流程,审批申请从提交开始就会面临多次的修改意见,通常从游戏制作完成到上线需要经历多环节审批,审批时间长达数月。

游戏审批需要专家进行评测。专家团队对游戏进行审核的流程称为"审读",中宣部会集中将一批送审的游戏下发给专家团队进行审读,团队的成员接收到审核资料后对游戏的内容进行评测,然后给出审读意见。如果专家审读通过,游戏则可以顺利获得版号;如果专家对某些内容提出意见,那么提交审核的游戏团队则需要对此进行解释或修改,直到最终审读通过。解释、修改的流程经常会反复3—4次,不可预期地加长了审批的时间。

同时,审批要求更加严格、细致,在安全化、精品化、绿色化方面提出了更高要求。

---

① 参见耿军军:《国产办公软件龙头,持续成长空间广阔》,载新浪财经2020年6月29日,stock.finace.sina.com.cn/stock/go.php/vReport_show/kind/company/vptid/646746605360/index.phtml,访问日期:2021年7月8日。

严格细致的审核原则要求专家进行全面的考量，使得审核时间进一步延长。

基于以上原因，中宣部筹备搭建游戏审批管理信息系统，希望从游戏审批流程优化、文档处理提升等方面缩短审批时间，进而提高游戏审批效率，避免游戏市场因错过热度而失去活力。永中办公云平台（简称"永中FT"）辅助中宣部建立高效率的网络游戏审批执行体系，以实现游戏审批管理信息系统降本增效的管理要求。

2. 创新描述

本案例通过永中FT在线预览、转换、编辑等产品功能缩短了游戏审批管理信息系统内文档的编修操作时间，节约管理成本，实现高效管控。

2.1 安全便捷：私有化部署，跨平台功能转换

出于信息安全考量，在本案例中私有化部署具有绝对的必要性，但也面临相对成本较高的问题；同时，当存在文件格式繁多、系统需要安装软件、浏览器需要第三方插件等问题，而各版本软件应用又适配不同的系统平台时，软件使用成本进一步提高。

永中FT为游戏审批管理信息系统实现了私有化部署，并基于产品跨平台功能转换的优势使成本降低。对于永中FT而言，无论在Windows平台还是Linux平台，仅仅使用一套代码即可实现平台之间功能转化，不需要考虑服务器等复杂事项，从而解决了传统Windows系统与Linux平台需转换服务器、修改代码成本过高这一问题。

2.2 云端协同：多维度在线应用，审批更高效

永中 FT 帮助游戏审批管理信息系统实现了网游审批提交材料的在线阅览、在线编辑和在线批注等功能。

在初审阶段，专家审读时无须下载本地 Office 或阅读软件，即可在游戏审批管理信息系统中完成在线阅览、批注。同时修改意见直观显示，便于理解。与此同时，送审人员只需登录游戏审批管理信息系统就可以按照批注意见进行在线编辑、修改，无须像往常一样多次下载、修改上传审批材料。审批意见直观展示避免了理解有误导致的多次修改，同时减少了频繁下载、上传文档的次数。因此，大大缩短了此部分审核环节的操作时间。

2.3 高效兼容：自动转版合并，使用感提升

永中文档在线预览、转换采用自主研发的 Office 核心转换技术，品质和性能稳定，并拥有高效的文档解析、转换能力，可快速将文档输出为 HTML/HTML5/PDF/JPG 等文件，使用者在面对多格式文档时，无须安装文件格式对应的软件即可预览并编辑操作，全面提升了用户体验感。以上核心技术通过与游戏审批管理信息系统结合，使游戏审核过程中非视频类附件无须人工下载文档即可实现满足审批要求的 PDF 格式转换、合并文档、上传存档，审批管理效率大幅提升。

3. 项目运作节奏

本案例以游戏审批相关要求、《软件工程规范》等文档为指导，将永中 FT 文档在线预览、转换两款功能模块通过接口集成到中宣部游戏审批管理信息系统上。项目主要阶段如下：

3.1 第一阶段：2020 年 12 月初，需求收集、功能匹配

3.1.1 需求收集

通过对中宣部相关人员进行访谈、调研，完成需求收集工作。业务流程如下：

送审人员进入游戏审批管理信息系统，在线录入游戏作品基本情况、内容介绍等，附件上传相关游戏截图、视频等材料，发起申报流程。初审人员受理后，在线查看、编辑、批注审查报告，将审批结果保存、提交。

初审通过，进入专家分配、审批阶段。审核通过后，附件自动实现转版合并，进入归档阶段；初审不通过，会退回到送审人员处。送审人员需要根据审批意见进行在线修改，然后再次进行提交。

3.1.2 业务场景、产品功能匹配

根据业务场景需要，梳理、匹配适合的永中产品，作为本次案例的整体解决方案。产品功能如下：

（1）永中在线编辑基于 Office 核心引擎 +HTML5 前端能力，不依赖控件，不依赖本地 Office。

（2）永中文档在线转换、预览可快速查看文档内容，无须下载任何 Office 软件，转换后原样展现文档内容。支持丰富的预览格式：涵盖微软 Office 97—2017、FDF、ZIP、OFD、JPG 等常用格式。

（3）安全性：部署在企业内部，无须外部调用，确保文档不外漏，规避了文档携带病毒的侵害。

最终选定部署永中 FT 中在线编辑和文档在线预览、转换功能模块，实现客户需求，助力提升文档审核效率。

3.2 第二阶段：2020 年 12 月中，技术对接

根据中宣部客户需求，永中软件同游戏审批管理信息系统厂商人员进行多次沟通，探讨技术对接方案。从安全等方面考虑，永中提供在线编辑和文档在线预览、转换对外接口供游戏审批系统调用。

永中 FT 的在线编辑和文档在线预览、转换两个模块功能实现如下：

（1）永中在线编辑：运行于浏览器端的 Office，在浏览器上编辑文档如同在本地编辑一样，修改内容实时保存，无须本地安装 Office 及任何控件，不用担心因各种意外而导致文档内容丢失，能保证文档格式与版式的高度兼容，可大幅度提升游戏审批系统的文档流转效率。

（2）永中文档在线预览、转换：将此功能集成到游戏审批系统中，通过高效的文档解析、转换能力，将常用的 Office 文档、压缩包（支持加密压缩包）等文件转换成 HTML5 网页文件，实现文档不落地，直接在线预览，方便文档查看的同时，充分保证系统内文件的安全性；审核完成后，通过文档解析、转换实现非视频类附件的在线转版 PDF、自动合并成一个附件。

通过技术对接，实现了游戏审批管理系统内在线预览、在线编辑、非视频类附件转版 PDF、自动合并功能。

3.3 第三阶段：2021 年 2 月初，多次技术调试

永中软件同游戏审批管理信息系统厂商进行多次调试，直到部署完成。其先后在中宣部云上部署了永中 FT 测试环境和正式环境。

本阶段部分成果展示：

游戏审批管理系统 登录界面

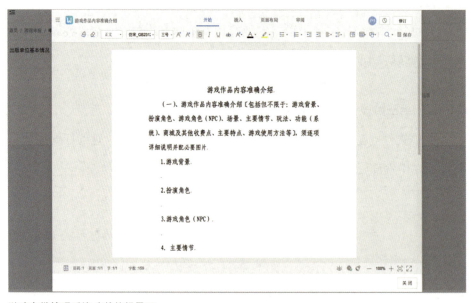

游戏审批管理系统 在线编辑界面

第三章 | 永中软件：办公云平台助力游戏审批高效管理

游戏审批管理系统 非视频类附件自动转 PDF 并合并（以上文件信息均为演示效果）

本案例通过集成方式部署到游戏审批管理系统，不影响原有系统的正常使用，并按照永中软件标准化规范、流程进行部署，有据可依，完全满足本项目的需求。

4. 市场应用及未来展望

4.1 市场应用

永中软件以字处理技术为核心，依托云计算技术，集合了在线编辑、在线预览、文档存储、文档流转、分享协作、组织架构管理和安全管理等模块于一体，提供一站式、立体化办公服务的云平台产品解决方案。除了本案例中提供的应用功能外，其还可以提供更多服务。

4.1.1 业务层面，全方位提供文档管理服务，提高办公效率

业务层面，按照文档使用流程划分，可分为编辑、转换、传输、应用四个阶段，可为每个阶段提供对应的服务：

（1）编辑阶段：在线编辑、多人协作、一键套红等功能。

（2）转换阶段：PDF 转换为其他格式、其他格式转 PDF、其他格式转 OFD 等。

（3）传输阶段：安全加密、权限管理、操作日志、水印保护等功能。

（4）应用阶段：在线预览、历史版本追溯、检索、分享、二次开发等功能。

4.1.2 系统层面，全面支撑业务需要，满足更多办公场景

系统架构按照系统功能分为四层结构，云平台层、服务平台层、应用平台层和端服务。可全方位支撑业务层面的需求。具体可以做到如下内容：

（1）云平台层：文件按照不同类别实现云存储。

（2）服务平台层：主要用于实现文档管理、版本管理、权限管理，云转

换和安全加密管理。

（3）应用平台：完成文档对应的应用功能，如：在线预览、协同编辑、分享、历史版本追溯等。

（4）端服务：支持多终端使用，实现随时随地办公需求。

4.1.3 灵活融合服务，为客户业务系统赋能

永中可为客户业务系统提供协同服务。通过接口形式、插件形式与应用系统进行协同，在不改变原有操作习惯的情况下实现高效、协同办公。业务系统可以是游戏审批管理系统，也可以是 OA、CRM 等其他管理系统。通过灵活融合部署，最终实现业务系统办公效率的整体提升。

案例成果一：海关总署

永中软件采用改造、综合集成等方式，使移动阅读软件、MDM 增强包、网盘等产品无缝集成到金关二期信息系统，满足多种文件格式浏览、文件统一安全管理、移动设备管理等应用需要。海关管理网业务系统从 2012 年到 2020 年共升级 3 次，永中 Office 作为业务系统的核心编辑软件根据新需求开展定制接口开发工作并进行升级，以确保和业务系统的完美兼容。

案例成果二：国海证券

国海证券已部署 OA 办公管理系统，系统内文档使用仍面临以下问题：控件冲突、控件和浏览器不兼容等，导致文档经常打不开；调取不同品牌、不同版本的本地 Office 文档，打开时显示样式不同；文档多次下载、修改、上传，耗时费力，同时存在泄密、感染病毒风险；没有安装 Office、阅读软件的终端设备，无法直接查看文件。永中 FT 提供专业的去控件化文档在线转换、预览及编辑服务，将需要的功能模块直接集成到现有 OA 系统，无须安装控件、本地 Office 即可轻松实现在线预览、在线编辑功能。

案例成果三：腾讯

QQ邮箱附件面临如下问题：需下载后才能查看，没有安装相应软件的设备无法查看，附件如感染病毒，下载存在安全隐患，等等。

微信/企业微信内容发布面临如下问题：需要将Office内文档拷贝到内容发布编辑器（HTML格式），格式需要重新调整，工作量大。企业微信移动端进行多人会议文档演示时，当主讲者对文档进行翻页、标注等操作，参会人员界面无法同步显示。

永中FT为腾讯现有业务系统提供文档转换及文档预览组件功能服务：（1）实现了QQ邮箱附件无须下载即可轻松预览；（2）微信/企业微信内容发布增加文档导入功能，导入后只需少量调整甚至不用调整即可直接发布；（3）企业微信多人会议通过调用永中文档转换服务实现文档快速转换，分享文档以多张图片形式推送到各参会用户端，实现同步更新。

4.2 未来展望

未来，永中软件将从关键技术、市场开发、产品服务等多维度进行推进：

在技术层面，永中FT在云技术平台架构、Office处理能力层面将不断深化突破。

在市场层面，永中软件持续加大开拓力度。目前许多客户受制于自身数字化发展能力，对于云上数字化的需求动力不足，如何持续扩大产品的接受度、创新客户需求，是永中FT未来市场突破的重中之重。

在产品服务层面，永中软件预期未来将实现文档存储和应用"全部上云"，继续聚焦于办公软件行业，致力于进一步提升会议、办公软件、审批流程以及相关的重复性工作的自动化、智能化程度，大幅降低客户的办公成本，显著提高客户的办公效率[1]。

---

[1] 本案例中行业数据及项目数据解释权归永中软件所有。

编委会点评

1. 社会效益

随着云计算、物联网、大数据、人工智能等新一代技术在产业化落地过程中的加速，以信息技术应用创新为代表的产业趋势已成为推进我国产业结构化升级的核心力量。信息技术产业的创新升级发展是支持数字经济总体价值提升的核心力之一，其未来发展具有划时代的重要意义，而作为产业应用中的代表组成，国产办公软件的产业化、市场化能力是提高发展质量的关键之一。

2. 创新价值

永中软件是国产基础软件代表性企业之一，在本案例应用中，永中软件依托自有知识产权优势及持续的产品研发优势为游戏审批管理信息系统实现了云端办理、全程兼容、自动转换等核心功能，在基础软件应用、在线编辑、自动化处理等方面有较好的技术及产品展现，对政府用户实现安全高效办公、提升管理效率起到了创新推动作用。

企名科技：
数字化商业信息服务平台致力精准投资

摘要： 新一代信息技术在帮助客户获取有效的数据、信息、知识及做出精准的商业决策方面实现了较为成熟的应用。北京企名片科技有限公司（以下简称"企名科技"）聚焦国内金融大数据服务，以完整的产品矩阵构建了新一代商业信息服务平台，拥有国内海量实时一二级金融行业数据，围绕"数据创造价值、数据驱动决策"帮助企业用好数据助力业务增长。截至目前，服务客户纵贯个人端、企业端、机构端、政府端，累计服务 100 000 个人用户，20 000 家创业公司、500 多家各类金融机构。

关键词： 一级市场　股权投资　数据　商业信息服务

1. 背景说明

一级市场信息服务向精准化发展，客户群体日益多元

在全球经济高度关联、市场波动日趋复杂的背景下，技术进步带来信息爆炸，信息纷繁复杂、虚实难辨，如何精准地获取有效信息、数据及知识，如何高效地找到精准客户，成为全球商业环境亟待破解的难题。

在金融信息服务领域，国际上成功企业如彭博（Bloomberg），国内成功案例如万德信息（Wind），皆是商业、金融信息和财经资讯的综合提供商，商业服务覆盖金融全领域，尤以二级市场信息见长。但在国内一级市场投融信息、创业企业信息服务细分领域当中，由于早期企业公众信息较少、投资机构较为分散等现实问题，商业化服务一直难以实现绝对量的突破。

国内最早涉足一级市场信息服务的企业包括清科、投中、IT橘子等，数据市场的需求也从最开始"看谁有"到"看谁全"，再到"看谁准"转变。随着企业、金融机构对数据服务、咨询报告的需求越来越精细化、高标准，市场服务商面对同样的数据，谁能实现这些需求，就能体现数据时代的差异化优势。一级市场信息服务逐渐从大数据库模式向数据精准服务方向转型，实现全面、迅速、精准的数据覆盖，并能够提供定制数据标准样式服务，成为一大趋势。

同时，目前该领域的客户群体不仅只有投资机构、涉猎投资的上市企业、部分头部创业企业，地方产业园区、地方政府以及中介机构也逐渐增多，对"数据+服务+解决方案"的要求也在上升。

在此背景下，企名科技于2015年创立，致力于打造中国领先的新一代商业信息服务平台、围绕"数据创造价值、数据驱动决策"，开展了旗下三大业务线：新声创服—创业服务平台、"企名片Pro"—数据终端及"企名片work"—数字中台。"企名片Pro"数据终端包含项目库、公司库、机构库、报告库、人物库等优质数据库，覆盖35+行业图谱、31+产业链全景图、20+新经济赛道图谱、百万级国内外项目事件、千万级快讯资讯报告新闻，服务一批国内优秀企业、大机构、银行、券商，如IDG、五源、高榕、天图、达晨财智、深创投、美团、腾讯、阿里巴巴、百度、新东方、好未来、招商证券、中信证券、东方证券等。

2. 创新描述

企名科技以"发现并助力创新者增长"为使命,通过信息、数据、服务参与科技创新,促进商业发展。企名科技不只提供信息、数据,还致力于提供一体化解决方案,"企名片 Work"采用私有化部署并接入"企名片 Pro"的另类数据,结合企业的业务需求,为大企业和金融机构提供专业的一站式数据智能服务平台,缩短业务数据化、数据资产化的进程,为企业决策人提供实时全面的数据支持和管理支持,助力客户数字化转型,赋能组织升级,驱动业务增长。其在数据处理方面提供更为精细的服务,对行业赛道、行业图谱进行细致分析。其亦基于一级市场大数据,帮助金融机构和企业专业人士获取有用的信息和数据,做出正确的决策助力客户商业成长。

三大核心技术模块

知识图谱引擎

关系
将分散的数据建立关联

动态更新
持续接入数据字段的最新信息

探索
简单且便捷的方式搜索您的数据

智能搜索引擎

丰富纬度
结构化信息覆盖丰富纬度

深度挖掘
挖掘项目、个人、企业关联动态

强大功能
可视化展示,一键导出

非结构化数据机器学习平台

智能聚合
NLP自然语言处理技术

深度学习
构建智能投研平台

多类型文本
支持各类非结构化文本处理,如PDF、图片企名科技产品运用知识图谱引擎,将分散的数据建立关联、动态更新并可简单且便捷地检索;运用智能搜索引擎,通过结构化信息覆盖丰富维度,深度挖掘项目、个人、企业关联动态,并可视化展示、一键导出;构建非结构化数据机器学习平台,通过 NLP 自然语言处理技术实现智能聚合,通过智能投研平台深度学习,支持各类非结构化文本处理,如 PDF、图片等。

2.1 数据库丰富多样

"企名片 Pro"数据涵盖全球上市公司、非上市公司、各类私募股权基金、交易事件库、财经新闻、行业研报、其他另类数据库等各类详尽信息,数据终端产品提供了一系列围绕信息检索、数据提取与分析、投资组合管理应用等领域的专业分析软件与应用工具,通过这些工具,用户可以 $7 \times 24h$ 从终端获取到及时、准确、完整的数据、信息和各种分析结果。利用知识图谱、数据库等先进技术,进行梳理和研发,能够实现数据关联度、效率和速度提高。

举例而言,以前投资人一周需要考察 50 个项目,利用百度等搜索引擎进行手动检索,因各项信息分散在不同的网站,检索与收集都存在困难,浏览效率低下。运用企名科技产品后,用户可以在一两天内完成浏览,只需简单的点选,即可看到项目相关的多维度数据信息,再使用委托联系功能,也可片刻之间获得电话等联系方式。企名科技产品极大地解决了投资人面临数据分散的问题,节省了分析师制作报表并加以分析的时间,提升了工作效率。

2.2 数据维度创新

企名科技将从前割裂的数据汇聚到一起,客户点开相关项目链接后,项目相关的数据都将展示出来。市场上的部分竞品仅仅是提供简略的项目介绍,对于公司运营主体、法人、高管、司法、新闻、诉讼、专利产权等信息

创新源动力
——北大创新评论产业研究案例库（2021）

多维度检索项目

纵观赛道全局情况

第三章 | 企名科技：数字化商业信息服务平台致力精准投资

项目详情维度丰富，可导出编辑使用，可追踪、收藏、联系

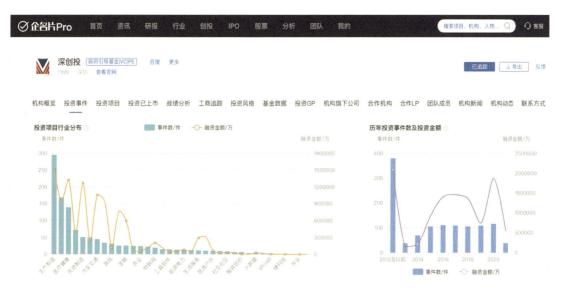

机构详情维度丰富，可导出、追踪

159

无法全面提供。企名科技提供的企业信息更具丰富性，提供较为完整的企业画像，对于机构下分管的公司、对外投资企业等信息都有清晰的展示。企名科技解决了数据丰富性不足、数据维度太少的痛点，增加了企业画像等从无到有的创新项目，解决快速匹配使用问题。

2.3 自动化数据处理

企名科技打造数据管理平台即"数据工厂"。数据进入"工厂"后，"工厂"自动处理、分发、匹配，经过人工智能与大数据技术处理后，通过任务指导分发给相关的人工进行核验，最后对客户进行结果展示。数据工厂缩短业务数据化、数据资产化的进程，为企业决策人提供实时全面的数据支持和管理支持，助力客户数字化转型，赋能组织升级，驱动业务增长。

2.4 一体化解决方案

企名科技作为商业信息一体化服务商，在传统 CRM 系统或 SaaS 系统大多用于办公的环境下，企名科技把数据和系统结合实现更多任务，有效减少录入，将外部数据和内部数据打通，并可实现对竞争对手机构的监控工作。这不仅服务管理，还能赋能员工，提升生产力系统效率。

3. 项目运作节奏

3.1 第一阶段：从 To C 到 To B

企名科技于 2016 年 4 月上线企业查询产品个人版，快速在创投行业得到认可并完成市场占有；至 2018 年 4 月上线机构专业版——"企名片 Pro"，并于 2018 年 12 月成功交付第一个专业系统解决方案——"企名片 VCwork"。

"企名片 Pro"包含如下核心功能：

（1）首页及资讯模块："企名片 Pro"是聚合性资讯平台，"企名片 Pro"资讯最大特点是及时和全面并通过不同资讯主题进行展示，将用户最关心的主题分类整理，对其关联数据进行整合展示，便于用户对项目、机构等相关信息进行查询。

（2）研报："企名片 Pro"覆盖全网最全研报库，支持搜索、行业筛选、时间筛选等功能，提高检索效率；支持批量下载功能，提高报告的下载效率。

（3）行业："企名片 Pro"满足用户对领域的直接对接需求，通过 35+ 行业图谱、31+ 产业链全景图、20+ 新经济赛道图谱的筛选，完成对项目、机构、投资人、报告、新闻等内容的精准检索。

（4）创投模块：创投模块是"企名片 Pro"中占比最大，价值最高的模块，包含市场、事件、项目、机构、趋势、募资、国外项目、行业图谱等，丰富的筛选器及全面的数据类型，搭建在海量数据的平台，使得用户能够精准、迅速、高效地找到任何一种自己想要的数据。

（5）股票：股票模块包含科创板项目、主板项目以及股票行情，并包含相关文件、保荐机构等相关数据，为正在准备从一级市场向二级市场上市过渡的用户提供海量的参考数据。

"企名片 VCwork"采用私有化部署，围绕私募股权投资的募投管退的业务体系，为私募基金管理人、资产管理公司、证券直投公司、投资集团及其直投子公司等金融机构提供专业智能的投资管理综合解决方案。其助力快速搭建业务中台，为基金合伙人和投资团队、中后台部门提供安全、便捷的数字化系统。

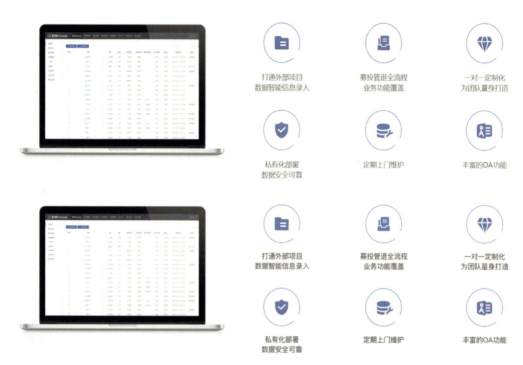

企名片 VCwork 产品介绍

3.2 第二阶段：丰富数据源，提升产品竞争力

企名科技自创立至今对于数据资源聚合、挖掘、分析等工作持续投入，特别是在 2017 年之后实现了数据层次的优势突破，包含以下方面：

（1）数据采集全、更新快、准确性高、及时性强，历史数据全，数据标准领先。

（2）数据终端功能模块 106 个，且速度快、稳定性强、交互简单容易、筛选器组合多样、数据同屏查看效率高，移动 APP 助力数据随时随地查阅。

（3）产品迭代速度快、质量高。

截至目前，企名科技已有 100 万+项目资源，10 万+投资人用户，

全球市场动态数据库

35个	1万+	20万+	100万+	1亿+	100万+	30万+
行业领域	细分领域	标签数据	行业报告	工商数据	项目数据	交易事件
10万+	10万+	5万+	10万+	1000+	1千万+	100万+
机构数据	基金数据	LP数据	投资人	FA	资讯数据	人物数据

全球市场动态数据库

5万+ LP 资源；创建 35 个一级行业标准，布局 1 万 + 细分赛道；包含 1 亿 + 工商数据，10 万 + 行业数据，100 万 + 行研报告。

3.3 第三阶段：打造标杆客户进行商业化

凭借数据资源优势，企名科技在创投行业快速得到了认可，并于 2019 年 7 月正式商业化。

已有 600 多家头部投资机构和投行将"企名片 Pro"数据终端作为工作必备工具，大量创业者使用企名科技产品辅助融资，部分标杆客户有：IDG 资本、深创投、腾讯投资、经纬中国、达晨财智、高瓴资本、创新工场、GGV 纪源资本、五源资本（原晨兴资本）、光速中国、清科资本、百度投资并购部、蚂蚁金服、好未来、字节跳动、险峰长青、58 同城、海尔集团、美团点评、滴滴出行、碧桂园等。

至今，企名科技为客户提供稳定、可靠、灵活的一体化数据解决方案，其中付费用户已超过 50 家。企名科技通过多种途径和便捷的工具，为客户提供标准的结构化数据，支持模块化订阅，同时满足客户个性化定制需求，实现合作伙伴式的落地数据服务。

4. 市场应用及展望

4.1 市场应用

未来，企名科技将通过"企名片 Pro""企名片 Work"等产品与技术完成海量的数据采集与服务后，让人、数据、服务等万物相连，进一步提升用户体验。同时，企名科技打造基于数据对行业的精准洞察优势，并进一步整合优质资源，提供精准的资源匹配和赋能，帮助每一位客户，从数据需求、项目寻找、投资人触达、行业分析、品牌宣传等不同方面得到价值提升。

4.2 未来展望

企名科技预期将深入投资行业并在数字化方向发力，通过精准数字化实现投资流程简化，降低投资风险，为企业提供更加精深、优质的服务。同时其将拓展与政府合作，致力于将产品做精做深，打造整个投资行业的良好生态，让项目融资、机构投资更简单顺畅。

编委会点评

1. 社会效益

创投市场作为我国金融市场的重要组成，在该领域的数字化及商业化服务的升级发展为推动我国科技创新企业成长，及提高股权投资质量的关键所在。而在该领域当中，存在严重的信息不对称、不充分、不准确等问题，严重制约了我国资本市场一级市场的健康发展。因此，针对该领域的数字化创新变革迫在眉睫，在数据源、数据分析、数据成果输出等方面的积极投入将有助于改善行业环境、去除行业泡沫，提高我国总体创投水准，为股权投资价值成长模式助力。

2. 创新价值

企名科技以信息服务、数据服务为核心，以互联网、大数据、人工智能技术为底层，赋能一级市场商业服务，并成功实现专业化解决方案。其在数据模式、数据维度、数据处理方面皆有创新突破，从"数据海量"转为提升数据质量，对于行业痛点理解较为深入，为投资机构、创业企业提供更加精准的服务。预期未来如成功与更多产业基金、区域经济体、专业服务机构合作，企名科技将会实现阶梯性成长，为产业服务数字化创新提供有效工具。

帆软软件：
BI 商业智能激活数据生产力

摘要：数字化颠覆几乎成为各行各业的"新常态"，而数据是关键生产要素这一观点也已然成为共识。帆软软件有限公司（以下简称"帆软软件"或"帆软"）积极投身数据分析行业，聚焦 BI（Business Intelligence，商业智能）整合、组织和分析数据，将数据转化为有价值的信息，为企业管理和决策提供支持，为企业带来迎接变革和商业创新的决胜因素。

关键词：商业智能　数据可视化　数据决策

1. 背景描述

数字经济正在席卷全球。一方面，由于信息网络技术水平的创新提高，以数字化知识和信息为载体的数字经济在世界范围内快速增长，成为全球经济发展的新引擎；另一方面，由于新冠肺炎疫情在全球的肆虐，世界各国在应对疫情冲击中找到了加强与外部经济联系的好办法，更是使数字经济以不可阻挡之势在全球澎湃发展。

2021 年的《政府工作报告》指出："加快数字化发展，打造数字经济新优势，协同推进数字产业化和产业数字化转型。"同时"十四五"规划也提出了"以数字化转型整体驱动生产方式、生活方式和治理方式变革"的发展目标，我国的数字经济进程已经势不可挡。

2. 创新描述

帆软软件产品体系覆盖企业多领域全周期数据分析应用场景，提供从数据采集、数据处理、数据分析与挖掘到数据可视化展现的一体化商业智能解决方案，让数据真正成为生产力。

2.1 简单易用、提升用户体验

易用性决定 BI 平台的整体使用体验，是影响用户持续使用的首要因素。帆软软件 BI 工具不管是 FineReport 还是 FineBI，都最大限度地降低用户的上手难度：能用可视化界面实现的操作，坚决不写代码；能用鼠标拖、拉、拽操作实现的分析，坚决不用函数，大大降低了学习门槛和成本。此外，帆软还为用户提供了丰富翔实的学习资源，例如帮助文档、教学视频、技术方案、问答等。这些附加内容帮助用户在快速入门后，进一步提升对 BI 工具的应用能力，也为企业创造更多的数据应用价值。

2.2 高速稳定、决胜数据性能

BI 工具的性能决定 BI 平台的运行速度与运行质量，不仅要快，还要稳定。帆软 BI 工具都有与之搭配的数据引擎，其作用一方面是提升数据响应的性能，例如大数据量下的快速计算；另一方面是根据不同的数据量级和类型，灵活地调整计算模式和方案，比如对小数据快速读取，对大数据进行分布式并行运算，对节点数据实时展现，等等。例如 FineBI 的 Spider 引擎之所以能做到大数据量快速展现，是因为其配备的不同策略和高性能算法能够灵活高效地支撑前端的高性能分析。除了高性能之外，帆软 BI 工具还兼具了运行的稳定性，保障企业 IT 环境的稳定运行。

2.3 功能丰富、大屏数据可视化

帆软 BI 工具功能众多，包括数据准备、数据处理、数据分析与可视化、平台管控、场景需求转换等，具有强大、灵活、易用、安全、可视化程度高的特点，满足企业 BI 项目的多元化需求。

帆软也为企业提供智慧数字大屏解决方案，通过帆软的数据分析产品，用户可以构建强大、全面的"管理驾驶舱"，可以将企业的数据管理信息完美地投放在任何屏幕，比如交易大厅、管控中心、生产车间、展览中心等地的 LED/LCD 大屏上，可以实现完美的自适应效果。对于大屏展示的信息，比如股价、双 11 类活动实时交易状况，帆软支持监控刷新、钻取联动、动态交互；也提供接近 50 种图表类型和延伸的 100 多种图表样式，以及各类动态可视化特效，支持 DIY 各种酷炫大屏样式。

操作型驾驶舱：某公司生产车间运行监控大屏

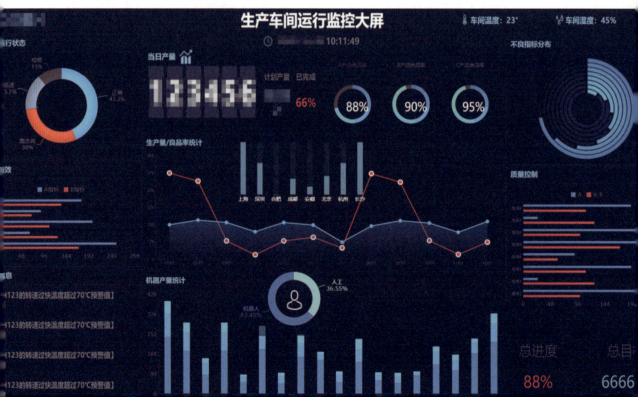

某制造企业的数据大屏展厅

3. 项目运行节奏

通常情况下，BI 项目要经历启动、计划、实施、控制、收尾 5 个阶段，但是在具体的实施过程中，某些环节可能会提前或者延后。帆软在实际实施过程中，根据不同客户的实际情况和业务，需求制定相应的 BI 项目实施计划，并配套有专门的技术咨询团队、项目实施团队和售后团队，成为企业数字化转型的重要助力。

3.1 第一阶段：收集和明确需求

BI 项目前期的立项阶段要明确大致需求，这些需求要能支撑 BI 项目的立项和工具选型。首先需要明确大致需求，就是要弄清楚当前企业中各方人员的痛点以确定项目范围；然后做好需求调研，从业务部门分析场景，调研数据质量，设计、确认及修改数据体系三个方面明确具体要求，并挖掘业务部门的一些隐性需求；最后，依据场景维度指标化与数据体系化的原则，对收集的所有场景需求进行总结，并且在场景维度指标化的基础上，对数据表进行梳理，最终形成企业的数据指标体系。

3.2 选择合适的 BI 工具

BI 工具是 BI 项目的核心，帆软针对企业实际需求进行"量体裁衣"，提供最合适的解决方案，主要从易用性、性能、功能等维度进行评估，目前帆软软件所提供的工具产品如下：

3.2.1 商业智能——FineBI

FineBI 旨在帮助企业的业务部门用户充分了解和利用他们的数据，凭借强劲的大数据引擎，自动建模，使用户只需在 dashboard 面板中简单拖拽操作，便能制作出丰富多样的数据可视化信息，并可以进行数据钻取，联动和过滤操作，自由地对业务经营过程中产生的数据进行分析和探索，及时地做出经营决策调整，让数据释放出更多未知潜能。

3.2.2 报表——FineReport

FineReport 易学易用，功能强大，通过简单拖拽操作便可制作中国式复杂

FineBI 界面

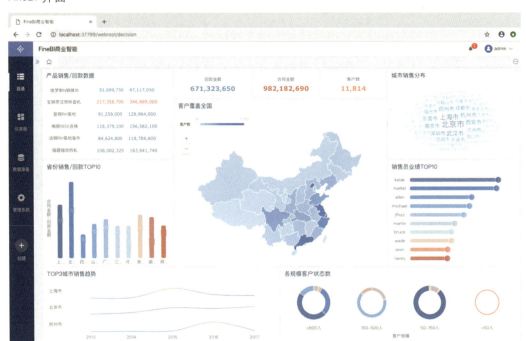

报表，轻松实现报表的多样展示、交互分析、数据录入、权限管理、定时调度、打印输出、门户管理和移动应用等需求。借助于 FineReport 的无码理念，IT 部门可以轻松地构建出灵活的数据分析、网络直报等应用系统，大大缩短项目周期，减少实施成本，灵活应对公司日常管理需求。

3.2.3 云端应用搭建工具——简道云

简道云支持用户根据自身需求、在线零基础搭建个性化管理应用。无论是数据的收集、分析、查询、共享、推送；成员之间的协作、分权、提醒；上下级之间的审批、工序流程等等，都可以在简道云中实现。企业将搭建好的简道云应用绑定到企业微信/阿里钉钉，即可实现全员移动办公。从简单的

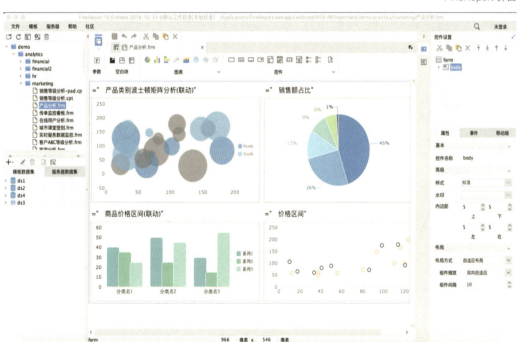

FineReport 界面

问卷调查、报名签到，到企业内的人事行政、财务管理、流程审批、采购销售、客户管理、资产管理、项目管理等均可轻松操作。

3.2.4 移动数据分析平台——FineMoblie

FineMoblie 为帆软产品（FineReport/FineBI）提供移动端的数据分析和展示方案。其采用 HTML5 和原生 APP 两种解析方式，具有良好的交互体验，多重安全防护，以及能够媲美 PC 端的功能：支持移动端数据录入、数据查询、数据联动，支持移动端扫码输入、批注分享、拍照上传、消息推送等等。其同时能够支持与微信企业号以及钉钉的集成，满足多场景的移动数据分析需求。

简道云界面

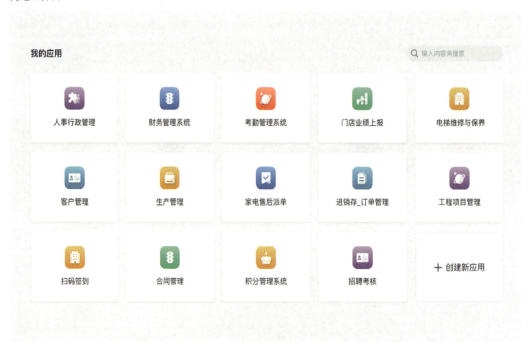

FineMobile 示例

3.3 第三阶段：项目规划与实施

3.3.1 确定项目范围

帆软 BI 项目规划的第一步是根据项目需求和目的确定项目范围，包括组织、功能、业务、数据、接口 5 个方面：

组织范围框定的是实施项目的主体，帆软根据企业需要明确当期项目只需要在总部实施还是要在总部和所有子公司都实施，以及实施的内容又涉及哪些业务部门。

功能范围指 BI 项目所包含的功能模块及具体功能，IT 开发人员可以根据功能范围提前学习和掌握 BI 工具，在做开发时更有针对性、更高效。

业务范围描述企业需要通过 BI 系统实现的日常业务处理和分析任务，主要对业务模块、分析应用、分析维度、分析形式等内容进行定义。

数据范围包括数据源范围和数据关联规则等，其中，数据源范围不仅描述数据来自哪里,还包括对源数据的理解、源数据质量保障、数据抽取等。

接口范围则考虑 BI 系统是否需要嵌入企业的其他信息系统,并实现单点登录等功能,如果需要,还应明确系统接口方式,例如谁提供、谁设计、谁开发等。

3.3.2 组建项目团队

项目团队是帆软 BI 项目建设过程中的"大脑",分工明确、配合有序的项目团队是项目成功的关键。由于 BI 项目的建设涉及内部多个部门,需要高层管理者与业务部门的认同及参与,因此项目团队通常以几位企业高层管理者为核心,设立项目领导委员会来统筹整个项目,其他成员则由 IT 部门负责人牵头,与各部门对接人一起,设立不同的小组,全程参与 BI 项目的规划与实施。

项目团队的角色分为团队领导者、业务精通者、方案设计者、技术落地者 4 类。每一类角色又可以进一步细分,例如,技术落地者可以包括数据仓库(简称"数仓")开发团队与应用开发团队等。不过需要注意的是,项目领导委员会都需要客户企业自己派遣成员设立,以保证其对项目的整体把控。

3.3.3 设计实施方案

帆软 BI 项目实施方案是在项目开展后为规范项目开展过程而制订的指导性方案,它定义了项目的进度安排、业务和技术方案、关键产出、交付标准及各环节中可能需要的管控措施等,是项目实施过程的行动指南。总结起来,项目实施方案中应包括三项主要内容,即项目计划、蓝图方案和项目管理方法。

项目计划是对项目进度的安排,即什么时候做什么或完成什么,主要包括里程碑计划、主计划和详细计划。这三个计划逐层细化项目工作并检验各项任务的完成情况，控制项目的进展，保证总目标的实现。其中，里程碑计划处于最高地位，核心是找准里程碑。

蓝图方案是详细调研后拟定的具有实际指导意义的文档，可以将它理解为更具体的解决方案，即将解决方案中的各类框架细化到可设计、可执行的粒度。对蓝图方案有两大要求，即可行性与全面性。可行性指蓝图方案的整体设计符合企业业务发展的需要，不能过于理想化，要考虑实施的难度；全面性则指项目团队不能局限于单个模块，而要在项目实施范围内解决企业的关键问题，并且考虑系统后续的可扩展性。

项目管理包括对质量、风险、成本、沟通、采购、人力资源等多个方面的管理，虽然实施方案中就制订好策略，但是其执行发生在项目开发过程中。因此，帆软的 BI 项目管理实施渗透在项目的各个环节中。

3.4 BI 项目开发与管理

进入项目开发与管理阶段后，帆软 BI 项目将对照项目规划和蓝图方案，开发出 BI 平台、系统或应用，并以各种项目管理手段保障开发稳步有序地进行，从而降低风险，顺利运行。

3.4.1 项目风险管理

任何项目都存在不确定性，因此尽管有完美的规划做指导，但也不可不考虑不确定性带来的风险。帆软对风险的管理，以事前管理和事中管理为主，做项目规划时准确预测风险，实施项目时有效管控风险，从而最大限度地避开风险或减小损失，保障项目最终落地。就 BI 项目而言，风险一般存在于管理、需求、数据质量、原型、硬件环境等方面，为此帆软制定了一整套完善的应对措施，最大程度上进行风险规避。

3.4.2 需求变更管理

项目需求与项目风险类似，前期做的需求分析再完善，受到众多不确定因素的影响，项目需求也很难保证一成不变。所以，项目实施过程中经常会遇到需求突然变更的情况，对此帆软应对的核心是对变更进行更有效的控制，避免影响整体项目进展。当然，帆软的项目团队事先就会做好规划，避免需求变更时没有完善的应对方案而影响项目整体的进度和质量，在发生需求变更时应及时做好管控。通常情况下，需求变更要经过变更申请、变更评估、决策、回复 4 个步骤，若变更申请通过，则需要增加实施变更和验证变更这两个步骤。

需要注意的是，变更需求时一定会先经过申请再评估。对于发生变更的需求，帆软首先会识别其是否在既定的项目范围之内。如果变更在项目范围之内，项目团队会评估变更所造成的影响，并将信息传达给受影响的各方人员，然后再根据影响程度决定是否变更。若确定变更，就制订相应的应对措施，解决变更的需求。如果变更在项目范围之外，项目团队就会与用户进行沟通和谈判，讨论是否增加费用或放弃变更。

3.4.3 项目验收管理

帆软 BI 项目验收的目的是保证项目质量，一般由各个需求方或项目领导委员会审核及验收项目。在 BI 项目被验收时，帆软项目团队除了要交付开发完成的数据应用模板，还会交付项目过程中产生的一些资料，例如蓝图设计方案、系统测试文档、系统使用文档等；同时，验收并不意味着项目的结束，而是标志项目进入持续的运维支持阶段，帆软项目团队将会对项目过程中的问题进行复盘和总结，并开始做好下一期项目的准备工作。

4. 市场应用及未来展望

4.1 市场应用

截至目前,帆软已经与超 15 000 家企事业单位和组织合作,成功服务了包括中信银行、兴业证券、天弘基金、58 同城、绿城集团、上海医药、吉利汽车、泰尔重工、顺丰速运、厦门航空、统一星巴克、蒙牛乳业、TCL、新华书店、德勤咨询、北京大学、海康威视、云天化集团、中国铁路、国家税务局、新希望集团、复星集团的多家世界与中国 500 强客户以及组织单位。

4.1.1 信息化项目应用

帆软产品被成功运用在 46 000 个企业或者组织的信息化项目上,拥有超过 65 万的用户开发者。每天都有超过 500 万的用户,使用帆软产品进行数据分析,查询,填报以及应用搭建。[①]

4.1.2 行业解决方案

帆软基于企业级数据分析软件服务的多年积累,以及在行业产品化领域的持续深耕,为行业客户提供更有价值的企业信息化和数据化管理的行业解决方案。目前"零售管家""行长驾驶舱""银行微信小秘书""营销金助手""医药风控通""阿米巴管理"等方案已在化工、银行、医疗、零售等多家企业成功落地。

4.1.3 数据应用研究院

帆软数据应用研究院(以下简称"研究院")由帆软软件主导成立,是国内高水平的大数据 BI 分析领域研究机构。研究院专注于企业数据化应用、大数据 BI 技术和理论观点的研究,致力于让数据成为企业真正的生产力。

---

① 本案例中行业数据及项目数据解释权归帆软软件所有。

行业解决方案示例

自 2016 年 9 月正式成立以来，研究院输出了大量的企业应用案例、行业解决方案、行业观察评论、数据化管理思维模型等内容，并主导参与了多个业内专业会议、沙龙。

4.2 未来展望

生态是一个公司在成长过程中持续保持专注度的有效方法。帆软将专注于保持核心产品的专注与研发，持续代表行业最先进的生产力，其他方面则通过开放的姿态与其他厂商、开发者合作，迅速做到场景互补，从而让用户能够享受更好的整体化方案。

为此，帆软经过多年的积累，搭建了一套包括伙伴生态、用户生态、客户生态和交付生态这四个方面内容的完整的 BI 生态圈，为自己的产品优化补充营养。

在伙伴生态方面，帆软面向上下游 IT 合作伙伴推出"帆软+"计划；在用户生态方面，帆软搭建了学习平台、职业发展平台、交流平台和共享平台，共积累了 30 万用户；在客户生态方面，帆软累计合作超过 15 000 家企业，覆盖绝大部分细分行业；在交付生态方面，帆软形成了"FineReport+FineBI"的双模数据支撑。其中，FineReport 维稳，应对不同 IT 场景下的数据分析应用；FineBI 拓展，为企业提供定制化解决方案。此外，帆软还从售后服务、实施服务、社区服务和人才培养这四个方面构建了四位一体的服务体系，从人才到产品多个维度实现联动，充分提高售后项目实施和服务响应效率。

预期未来，帆软将持续完善"产品+优质的服务+活跃庞大的客户终端"所形成的完整产品服务体系，将自己的核心业务做到极致，为更多企业带去数字化转型升级的契机，开拓国产 BI 厂商的广阔市场空间。

编委会点评

1. 社会效益

面向 2035 年和 2050 年现代化及数字经济发展目标，数据生产要素日益发挥至关重要的作用，充分发挥数据管理、数据组织、数据分析作用，深度挖掘数据价值，形成有效的数据资产，成为经济价值提升的关键所在。在此过程中，商业智能化能力不可或缺，其中基础工具的技术能力、产品能力、解决方案能力将是商业智能领域塑造竞争力的核心，推动企业型组织的市场价值、社会价值向新经济形态转型升级。

2. 创新价值

帆软软件具备较为系统化的企业级商业智能软件的研发能力，帮助企业解决商业问题及管理问题，通过数据展现实现业务优化，同时反哺业务流程、业务操作持续迭代、更新，让企业更加适应瞬息万变的市场发展及客户需求的不断演进。从"数据"到有效"信息"，从"信息"到智能"决策"，从"决策"到商业"价值"，帆软提供了系列工具应用及解决方案，同时构建商业智能生态，形成了较好地助推企业组织业务持续完善、价值保持增长的场景闭环。

分贝通：
企业支出管理平台创新费控支付体系

摘要：提升财务管理能力、实现财务管理数字化为现代企业转型发展的关键。北京分贝金服科技有限公司（以下简称"分贝通"）致力于提升企业支出管理体验，打造"费控＋支付＋场景"的三合一模式，通过 90% 企业支付 +10% 员工垫付再报销覆盖包括员工报销、个人借款、对公付款等全部企业费用支出，为高成长企业提供下一代企业支出管理方案，帮助财务提升管理效率。

关键词：企业级 SaaS　财务数字化转型　企业支出费用管控

1. 背景说明

1.1 行业痛点：财税数字化升级，企业财管体系亟待转型

企业财务管理关系到企业生存发展的方方面面，加强对企业财务领域的管理及数字化升级，能够从根本上提升财务合规性，及对业务发展支持的能力，为企业经营提供决策参考依据。尤其在数字经济发展的背景下，企业对财务管理的重视，让财务管理模式从传统的财务处理转向注重综合的经营绩效。

在 20 世纪 80 年代之前，国内企业普遍采用人工模式进行财务管理。而

从 80 年代开始，会计电算化成为新兴热潮；90 年代之后，SAP、Oracle 等著名厂商将 ERP（企业制造资源计划）系统带入中国，开启了企业费控的新篇章。

2016 年，我国开始推动发票电子化改革，为传统的报销管理带来了新的挑战，包括发票查验、报销入账、保管存档等痛点，激发了企业对各项费用支出进行统一、规范、高效的数字化管理诉求。2019 年 11 月 27 日召开的国务院常务会议提出，2020 年年底前，实现增值税专用发票电子化。受政策加持，财务管理数字化提速，烦琐的贴票流程很快成为历史。

1.2 行业发展：企业费控云上时代来临，支出管理跨越式前进

在当前，云技术的发展，使得 SaaS 模式成为周期短、迭代快的企业财务费用管控新选择；与此同时，随着移动支付、消费线上化和平台化的发展，个人支付的极致体验倒逼 B 端企业支付方式升级，B 端企业急需与海量优质外部供应商实现快速对接，将企业支付与企业费控融为一体。

同时，在疫情之后，生产经营活动受限导致大量中小企业面临收入下降、现金流紧张的困境，近三成中小企业表示营业收入下降超 50%，85% 的中小企业现金只能维持 3 个月，节流无疑是现阶段企业最重要的课题。[①] 因此在企业数字化的浪潮中，企业费控管理又面临了新的发展契机。

基于发达的互联网基础设施，国内的企业支出管控 SaaS 具备天然优势。分贝通最初看到了企业信用卡支付的前景，从企业支付角度切入企业支出管理赛道；随后分贝通发现既然国内已进阶发展到全面移动支付阶段，或许可以借助国内的移动互联网基础设施实现企业支出管理的跨越式发展。

---

① 参见艾瑞咨询 2020 年 10 月发布：《2020 年中国企业费用支出管理行业研究报告》。

凭借创新的企业支出管理模式，分贝通获得包括海底捞、新氧、人瑞人才、金山云、一起作业、汤臣倍健、我爱我家等数家知名上市公司和独角兽企业客户的支持，并获得包括高瓴、腾讯、IDG资本、Ribbit Capital、斯道等国内外一线投资机构的支持，在获得了高瓴、腾讯联合领投的9 250万美金的C轮融资后，累计融资总额超10亿元，成为企业支出管理创业领域的准独角兽。

2. 创新描述

在企业费用管控的解决方案上，分贝通一直在向市场传递并始终坚持"企业支付"是比报销更好的选择。"报销"模式是员工先消费后报销，是传统时代的产物。在移动互联网时代，提倡数字化转型、无纸化办公，即使各类费控软件不断优化、产品功能模块越来越完善，然而通过员工碎片化提交

All in one 的企业支出管理方案

审批单据的方式来实现报销，这种模式依然是传统模式下产品形态的延伸，并没有从根本上解决"垫资、贴票、报销"耗时耗力的难题。

分贝通打破常规、突破传统的费控产品思维模式，围绕企业多场景下支出需求打造"企业支出管理"系统，打通企业现有信息化 IT 系统部署，有效连接从 OA 审批到事前管控，从员工消费到财务核销的完整链路，不断完善企业高频消费支出场景的覆盖广度和深度。分贝通通过 90% 企业支付 +10% 个人报销提供 All in one 的方案，致力于让企业消费与个人消费一样方便快捷，为企业财务带来数字化的高效合规管控，提升企业人均产能，提高工作效率。

2.1 事前管控：告别报销，提升效率和体验

企业支出管理在传统意义下是用 SaaS 软件和费控的方式来解决。传统的费控平台只是优化了报销的效率流程，但依然无法绕过"先垫付、贴发票、后报销"的基本流程。当企业管理费用和各项支出的时候，能否像个人消费者 C 端网上支付一样具有便捷的体验，是分贝通发掘创新模式的出发点。

分贝通企业支出管理系统，从业务流程上创新，通过"事前管控 + 企业支付"的功能设置，让企业 90% 的费用支出告别报销。其通过将费用标准、审批规则预设在系统中，将滞后的报销审核前置化，包括商旅用餐、补助福利、企业采购、备用金、对公付款等典型场景，让企业的每一笔支出都合规透明。让企业告别报销、让员工减少垫付资金，支付体验更便捷，效率也相应地得到提升，通过创新的解决方案可节省 90% 的财会重复劳动。

同时过去企业费用支付在先，报销流程在后，无论费用支出是否合理，审批结果如何，费用支出还是发生了，不合理的支出也不能完全避免，所以企业其实没有从根本意义上控制费用；而事前管控是指在员工消费的时候，

已经有了企业针对费用合理支出的管控标准,从而避免企业的浪费。针对一些小部分还未覆盖到的支付场景,分贝通上线轻量级报销业务满足 10% 的场景补充。

2.2 统一支付:全场景打通,数据高效聚合

如今市场上比较普遍的企业支付,更多的是使用垂直领域大型平台企业版的延伸功能,比如滴滴企业版、携程商旅、京东企业购等。以上平台延伸功能都是专注于提升单一场景的企业支付效率,而无法形成聚合。

分贝通将垂直场景的企业支付集成在一起,覆盖商旅、采购、商务招待、交通用车等多领域。其通过全场景数据打通并为企业生成统一账单,使企业可以快速地把费用分拆归属,相较于烦琐的企业费用支出核算、按项目进行分摊再做账的方式,分贝通企业支出管理平台帮助企业财务效率大幅度提升。

2.3 虚拟卡:新型备用金解决方案

传统的企业备用金支出流程是员工先跟企业申请借款,企业把钱打到员工工资卡里,之后员工在提交发票阶段做备用金的核销。

分贝通与广发银行、众邦银行合作的虚拟卡颠覆了传统备用金支出流程,员工可在分贝通开通银行的二类户虚拟卡,并将虚拟卡绑定微信或支付宝,直接通过微信或支付宝进行消费。从微信或支付宝的所有该虚拟卡支出记录可实时同步至企业后台,该解决方案使备用金管理更加实时透明、方便快捷。

2.4 网银付:安全快捷支付管理

企业对公付款是企业支出的重要组成部分,传统对公付款流程从业务申请到财务支付,再到发票回收、入账,流程长,企业与银行系统不统一,数

据追溯难，多账户管理成本高。

针对企业传统对公支付管理不完善情况，分贝通推出网银付，与众邦银行合作为企业提供快捷支付功能。企业开通众邦银行账户即可对多主体集中管理，账户资金变动一目了然，员工在线提交申请，财务在线审核，批量付款，一键入账，7×24小时大额随时付，消费科目映射财务系统导入，可为企业提供完整的对公支付信息流（供应商、合同、审批）、资金流、发票流，让企业对公支出管理高效、便捷、透明、安全。

2.5 混合支付：企业严格费控，个人体验升级

基于企业严格的费用标准体系，同时考虑到员工的个人体验及个性化需求，分贝通推出了企业与个人混合支付功能。对于超出企业费用标准的部分，员工可以自行选择个人支付，少于费用标准则有省钱奖励。比如小王去上海出差，公司给的住宿标准是每天400元，小王选择住每天300元的酒店，为企业节约了100元，分贝通平台可设置补贴奖励机制，激励员工更主动地为企业节约成本。

3. 项目运行节奏

3.1 第一阶段：分贝通1.0版本发布，聚焦企业高频场景支出管控

改变员工垫资的传统模式、改变企业消费管控的路径、增强企业对消费支出的费用管控，是分贝通致力解决的行业痛点，其于2016年5月推出分贝通1.0版本。

分贝通第一阶段的产品设计核心主要体现在提高企业支出的管控能力、工作效率以及员工的满意度上。分贝通从企业最高频次的支出场景商旅切

入，覆盖机票、火车票、酒店，以及基于事前管控的人员管理、规则配置系统的搭建，延展到用车、用餐、采购、福利等场景。其帮助企业聚合各类场景下的支出，变散票为整票，大幅减少报销处理量，让员工能够聚焦在更高附加值的业务工作中。数字化的费用支出管理具有流程透明、标准化的特点，能够有效地避免传统报销过程中的不合规行为，通过多维度的数据分析，帮助企业管理者实时掌握预算落地情况，从而合理控制企业运营成本。

3.2 第二阶段：推出个性化功能，定义企业结合个人支出新模式

在传统的报销模式下，员工体验与企业管控总是矛盾的。因此，分贝通在支付上进行了极大的创新。2018年1月，分贝通上线企业与个人混合支付功能，重点解决企业费控规则下员工的个性化消费需求。企业规则内的因公支出由企业支付，高于规则的部分，员工可选择通过微信、支付宝进行补充支付，满足个人支付体验的升级。

2018年9月，分贝通正式上线了个人消费场景，满足企业发放补助福利的需求。其为此推出分贝券产品，实现定时定向、专款专用，达到企业与员工的双赢。分贝券可用于企业交通补助、差旅补助、话费补助、加班餐补、油补、团建费、年节礼品、业务激励等细分支出场景，当企业设置好分贝券的使用场景、期限、额度等，员工在指定场景内消费时，分贝通根据消费场景全额开票，实现专款专用，帮助企业财务管理更加合规高效。

2020年1月，分贝通推出虚拟卡，用于补足企业线下支付场景下覆盖不到的情况，等同于企业备用金模式，可实现流水实时同步。虚拟卡可绑定微信、支付宝支付，更方便快捷，并对接电子发票平台，完善事后管控等功能，实现资金流和发票流的闭环，让企业支出更透明。

3.3 第三阶段：完善产品生态，对公付款业务上线

2020 年起，分贝通致力于打造企业支出管理平台一体化能力：基于事前管控，对接企业 OA 系统、财务 ERP 系统，与平台聚合的企业支出高频场景实现数据联通，通过业务逻辑、业务流程和财务处理的紧密整合，从根本上解决企业信息共享、数据维度统一、消费支出统一的问题。在形成了企业消费支出完整闭环，在信息流、资金流和发票流的三者融合基础上，实现更为广泛的场景覆盖和更具有差异化的支付体验，保证财务结果准确对业务过程有效赋能，实现长期稳定的支出管控，最大程度地减少员工报销贴票垫资问题。

3.4 第四阶段：分贝通纯报销功能上线，形成完整的"企业支出"管理闭环

企业支出管理新生态下的企业管控以业务为中心，基于应用场景构建内部管理体系。从审批、业务、财务、预算四个角度出发，打通企业内外部流程，结合企业高频消费和财税数据，从企业整体角度对各部分费用支出进行统一管控。

分贝通构建企业费用支出管理的新生态的路径是从企业消费场景切入，融合支付功能，并在 2021 年年初完成了费控功能的上线，走完了企业报销领域通过统一支付无法覆盖的最后一千米，覆盖企业支出所有环节和流程，形成企业支出管控的完整闭环。

站在企业的角度，没有报销就是最理想的报销管理模式，而分贝通平台连接外部场景，补齐费控报销功能，致力于帮助企业最大限度地消除传统手工贴票报销，实现统一支付愿景。

分贝通底层"核心系统"涉及的账户管控系统、资金系统、交易系统、

90% 企业支付 +10% 报销覆盖企业全部费用支出

结算系统、供应链系统、风控管理、财务管理、运营体系等构成了分贝通产品底层的长期核心竞争力。

4. 市场应用及未来展望

4.1 市场应用

4.1.1 典型案例

达内教育成立于 2002 年，于 2014 年成为中国赴美上市的职业教育公司，目前已在全国 70 个大中城市成立了 373 家学习中心，拥有员工超过 11 000 人，累计培训量已达 100 万人次。在企业快速的扩张进程中，企业费用支出和管理的难度越来越大，大量的师资差旅出行、用餐等工作烦琐，支出费用不可控，亟待通过统一的系统工具帮助企业实现数字化管理，让企业更加高效运转、节省费用。

上线分贝通企业支出管理平台后，达内教育的员工通过分贝通 APP 即可享受一站式商旅出行、用餐采购等支出服务，全程由企业统一支出、统一结算，减少财务发票处理量 90% 以上，员工无须垫资付费、事后报销。达内教育通过设置消费规则和权限，以实现费用支出的统一管控，让管控规则落地，节省企业开支。

4.1.2 应用成果

截至 2020 年，分贝通累计帮企业用户减少 450 万张发票报销和处理，帮员工、财务节省约 60 万小时的报销时间。截至 2020 年年底，分贝通已服务超过数千家企业，从传统企业到新经济成长企业，从智能制造业到消费互联网，为中国数百万次职场打工者提供创新的企业支付体验，解决职场打工者垫资贴票报销的问题。

4.2 未来展望

当前，个人消费支付方式多元发展、便捷高效，而企业支付模式仍处于传统模式时代。分贝通企业支出管理的模式，是对传统报销、支票、转账发薪、收付款等企业支付体验的颠覆创新。"费控 + 支付 + 场景"融合的新物种将带来企业支付体验的更大改变，分贝通所推出的企业支出管理平台，将补足企业费控能力、打通更多银行基础设施、完善支付场景，致力于成为企业服务的"支付入口"。

编委会点评

1. 社会效益

近年来，我国全力推进财税改革，在新经济发展时期支持广大企业尤其是中小企业发展。同时，数字化转型成为企业提质增效的关键。值此之际，作为现代企业管理核心之一的财务管理，在政策导向及科技发展促进下，迎来变革发展的红利期。在加强管控的前提条件下，创新管理模式、支付模式将帮助企业节约成本费用，进一步提升盈利水平，推动我国市场综合财务能力提升。

2. 创新价值

分贝通企业支出管理平台从解决企业报销流程关键痛点出发，通过事前管控辅助事后管控的方式提升企业费控管理效率，有效节约财务成本。在为企业费用支出实现统一、规范、高效管理的基础上，分贝通兼顾员工个人使用需求及体验，实现了企业与个人混合支付的创新突破，虚拟卡支付功能弥补了传统企业线上产品支付的局限性，为企业的人性化管理提供数字化工具。分贝通通过多场景、多系统对接打通，实现了企业财务流程全程管控、统一支出的完整闭环。

销售易：
双中台型 CRM 赋能企业数字化转型

摘要： 销售易隶属于北京仁科互动网络技术有限公司，是融合新型互联网技术的企业级 CRM 创新者。2020 年，销售易综合运用人工智能、大数据、物联网等新兴技术打造双中台型 CRM，赋能 To B+To C 全行业企业真正转型为以客户为中心的数字化运营组织，实现产业互联时代下的业绩规模化增长。

关键词： 双中台型 CRM　数字化转型

1. 背景说明

1.1 行业痛点：传统 CRM 系统难以帮助企业高效连接客户

传统 CRM（客户关系管理）软件是指支撑企业市场、销售、客户服务三大服务业务流程的自动化软件。当前市场主流的 CRM 软件多诞生于 20 世纪 90 年代，其核心功能主要为企业内部客户数据记录的收集和业务流程的自动化，功能单一、数据割裂，与企业外部客户之间联系极为薄弱。

进入 21 世纪以来，移动、社交、大数据、AI、IoT 等新技术快速改变着人们的日常生活与消费习惯；而真正可帮助企业实现数字化转型的 CRM，不仅仅要连接企业内部，更要"以客户为中心"打通营销、销售和服务流程，帮助企业连接外部的经销商、服务商、产品设备和终端用户，打通完整的需求链，帮助企业成为以客户为中心运营的服务型组织。

1.2 行业发展：国际优势厂商众多，国内率先赶超

Salesforce 是全球 SaaS（软件即服务）行业龙头，在 SaaS 行业里的 CRM 赛道中居于领先位置，目前国内厂商中鲜少能与之媲美。

Gartner 2020 SFA 魔力象限

从上图可以看出，Salesforce 是整个 CRM 赛道中的领导者，其他十余家全都是国际厂商，只有一家中国厂商——销售易。从全球国际市场角度来看，销售易目前仍处于追赶者象限。Gartner 在其 PaaS 专项报告中列举全球推荐供应商名单，中国只有阿里云、金蝶、销售易三家企业入围。目前，销售易主攻国内市场，较少涉足国外市场，预期未来在全球市场容量上还有较大的升级空间。

1.3 政策支持：信息技术应用创新引领发展

近年来，国家对于信息技术应用创新领域的软件行业非常重视，极力推进相关行业发展。2020 年 7 月，国务院发布《国务院关于印发新时期促进集成电路产业和软件产业高质量发展若干政策的通知》（国发〔2020〕8 号），提出优化集成电路产业和软件产业发展环境，深化产业国际合作，提升产业创新能力和发展质量。引人注目的是，在财税方面实施"两免三减半"等优惠政策，这对于以国产芯片和国产化软件行业为主的信创产业来说，无疑是重磅利好落地，为行业进一步实现市场价值提供了有利政策支持。

2. 创新描述

2.1 对标国际企业，双中台 CRM 本土化创新能力强

首先，国际厂商缺乏适应中国市场的基础能力。传统 CRM 市场基本上是国际厂商的天下，Saleforce 一家独大，此外，还有微软、SAP、Oracle 等国际巨头。在基础能力方面，国际厂商的产品在中国运营的时候，一个很明显的问题是本土化能力不足。在表层上，部分国外软件产品界面翻译粗糙，不符合汉语规范，影响使用。在深层次，国外产品的设计理念与产品的逻辑，本质上仍是欧美企业运营的业务逻辑，不符合中国企业在中国商业环境下的需

求。国外厂商对中国本土企业的洞察和理解客观上有一定欠缺,导致产品本土化的设计较弱。

其次,国际厂商的产品没有很好地适应中国市场变化进行创新。最近10年来,国内移动互联网迅猛发展,在中国市场上企业与客户沟通的环境与方式发生了巨大变化。例如,目前在中国进行销售,企业习惯于使用微信与客户进行沟通,而在欧美仍以邮件和电话为主。

销售易针对中国本土市场客户需求多元化、个性化、客制化的要求,突破既有传统的直线、链条式客户运营,有效避免了信息孤岛现象及"打补丁"式软件升级,创新性推出双中台型CRM。

在B to B领域,销售易打通从营销到销售再到服务环节,实现了一体化

销售易双中台型CRM架构

产品的创新。销售易不仅仅是在做传统的 L2C（线索到现金）流程的管理，还在"泛 CRM"的概念上进行延伸。其通过自身营销云、销售云、伙伴云、服务云、智能分析云以及底层 PaaS 平台，让客户生命周期全链条实现在线化、智能化、数字化。

在 B to C 领域，如常见的零售、快消行业，企业直面消费者，传统 CRM 的商机管理、订单管理、回款管理等不再具有适用性；而在中国，B to C 领域企业对于 CRM 的需求与传统的 B to B 企业完全不一样，不仅面临上百万的会员管理，还需要高效的营销获客，以及面向终端消费者的售后服务管理。销售易突破既往传统的碎片化、单点化产品局限，将营销管理系统、销售管理系统、会员管理系统、服务管理系统功能全面整合，帮助企业有效连接外部的经销商、服务商、产品，以及最终消费者，赋能企业真正转型为以客户为中心的数字化运营组织。

自 2015 年，销售易作为中国 CRM 厂商率先提出"连接"概念，主张通过新型互联网技术与 CRM 的结合，帮助企业连接客户（消费者）、合作伙伴和产品。而腾讯自 2018 年成立云与智慧产业事业群（CSIG）以来，全面拥抱产业互联网，在大数据、云计算、AI 和安全等诸多底层技术领域，积累了深厚能力，不但能帮助实现"连接"，还可以提供产业融合所需的各种工具和解决方案，真正成为企业转型升级的"数字化助手"。销售易与腾讯基于相同的基因——"连接"，无论在资本上还是在产品上，都展开了深度合作。为了满足产业互联网下企业深度连接客户的需求，销售易以腾讯 14 亿 + 社交数据为基础，集成企业微信、腾讯企点、腾讯广告、腾讯会议以及腾讯 AI 等能力，帮助企业连接客户、打通价值链；同时销售易加入腾讯 SaaS 生态"千帆计划"，携手腾讯为全行业企业提供全链条数字化解决方案。

2.2 乐高组件式的 PaaS 平台，实现企业"私人订制"

销售易具备很强的 PaaS 平台创新能力，基于元数据驱动框架，实现快速开发、灵活扩展等能力，满足大中型企业的行业定制需要。销售易自 2015 年着力打造 PaaS 平台，将不同行业的不同业务模块需求，以乐高式灵活地接入应用组件，可实现根据企业自身需求量身定制，"拼搭"一套企业专属产品。

对于中国的企业来说，不同行业的产品需求形态有着很大的差异。例如，大型装备制造业，以沈鼓集团为例，销售易基于 PaaS 平台灵活的定制能力，快速构建出从销售到服务的设备全生命周期管理的 CRM 系统；再譬如联想，销售易基于 PaaS 平台，打通拜访、电销、CPQ、订单等系统，打破数据孤岛，建立了统一的销售管理平台，真正做到以数据驱动业务决策。

销售易 PaaS 平台支持企业级业务流程的标准化管理和个性化应用灵活扩展，针对企业复杂业务系统所面对的个性化定制开发周期长、功能扩展慢、各业务单元系统分散、运营成本高等诸多挑战，结合云计算、大数据、移动互联等新兴技术，打造出可规模化复制的业务应用模型。其通过零代码或低代码开发，快速实现个性化业务应用开发及功能扩展，敏捷支撑企业数字化业务变革。

3. 项目运作节奏

3.1 第一阶段：基础产品上线优化

2011 年到 2015 年是销售易的产品初期打磨阶段，在这一阶段原始的基础产品形成、上线并优化。销售易的创业初衷是看到在国内缺乏便捷有效的移动 CRM，且国际 CRM 厂商本土化能力不够，移动端的性能不强。自 2011 年中国移动互联网蓬勃发展开始，销售易看到了以移动端为代表的中国本土化需求,致力于开发一款适合中国市场客户需求同时满足移动管理的 CRM 系统。

在此阶段,组建能够比肩国际知名厂商研发能力的人才团队,是销售易面临的第一个挑战。通过持续地投入,销售易招募了一批来自华为、SAP、Oracle、IBM 等知名厂商的研发及管理人员,并在企业服务尚不为资本市场瞩目的条件下,于 2013 年拿到第一笔融资,解决了科技企业最为关键的人才建设与资金问题,实现了销售易 CRM 移动端 APP 的上线,服务逾百家客户,奠定了企业发展基础。

3.2 第二阶段:搭建 PaaS 平台

自 2015 年开始,销售易投入 PaaS 平台的全面研发,并于 2016 年正式发布。PaaS 平台的推出是销售易企业发展的分水岭。在经历创业初期阶段后,销售易希望将服务方向转向大中型企业,而不仅是中小微客户。由于大中型企业普遍具有定制化需求,需要进行行业化产品开发,因此进行 PaaS 平台开发成为销售易产品研发的必要路径。

在成功推出 PaaS 平台后,销售易签约了沈鼓集团等关键客户。沈鼓集团被称作"国家砝码",为中国机械工业百强品牌、中国制造企业数字化转型的先行者。销售易基于 PaaS 平台定制化的能力,为沈鼓集团量身定制销售管理系统、客户服务工作台、服务项目管理、资产设备管理、客户门户等多个信息化系统组成的 CRM 平台,实现了标杆客户、关键行业的突破。

3.3 第三阶段:全栈式 CRM 产品营销服务

销售易从 2018 年开始,进入全栈式 CRM 产品营销服务阶段,发布了营销云。同年,包含销售云、营销云、现场云、服务云、智能分析云以及 PaaS

平台在内的 Engage Suite 产品应用套件也应运而生。该套件从营销获客到销售转化再到售后服务，支撑客户体验全链条数字化。

在此阶段，销售易签约了联想集团，基于核心销售云产品及专业的实施服务能力，帮助联想集团打通企业内部各个系统，建立了一套统一的销售管理一体化平台，并通过销售方法论标准化管理销售行为，有效提升销售团队的工作效率。联想集团的销售管理者还可以利用 CRM 系统，可视化、移动化地管理大客户销售 pipeline 各个阶段，以及透明化管理多种类型的销售商机，提升销售预测准确性，从而实现精细化排产；与此同时，销售易的智能分析云很大程度上支持了销售管理者通过实时更新的 BI 可视化数据报表，从而更及时、更准确地做出决策。

3.4 第四阶段：拓展 B To C 市场

2020 年起，销售易推出双中台型 CRM 解决方案，借助"业务中台"和"数据中台"的组合，为企业提供全触点的客户连接，以及从引流获客、销售转化、售后服务到忠诚度管理的 360 度客户旅程数字化支持；同时，其还推出了服务 B to C 行业的以 CDP（客户数据平台）为核心的消费者洞察体验套件，将 CDP 的底层数据与分析能力和 DMP、营销自动化、企业微信、积分商城等业务模块的软件能力进行整合，服务 C 端企业客户从"品牌感知—兴趣—交易—服务"的全生命周期。

在此阶段，销售易签约中国高端专业洗护行业的先行者——布瑞琳，利用 CDP 平台，帮助布瑞琳全渠道接入客户数据，多维分析客户行为与交易数据，提取客户标签，洞察客户画像，进一步实现精准获客与服务定制化，打造精益运营体系。与此同时，销售易还帮助布瑞琳实现线上线下渠道打通，增加服务黏性，为客户提供洗护的整体解决方案，进而打造客户洗护方面的小生态，比如针对客户衣服的面料、款式，提供科学的养护建议等等。

4. 市场应用及未来展望

随着销售易业务中台的功能从 To B 到 To C 的逐步构建完善和成熟，加之数据中台在驱动业务智能闭环上的不断积累，未来双中台型 CRM 将成为支撑企业向数字化转型的核心工具，促进形成"以客户为中心"的精益化运营，为企业提质增效提供原动力和价值增益。

变革即机遇。在这个挑战与变迁交相辉映的时代，拥有 To B+To C 双轮驱动的销售易，将继续以"重塑企业与客户的连接"为使命，借助双中台型 CRM 为中国乃至全球的企业提供更全面、更优质的数字化体验与服务。

同时，销售易也将走向国际市场，除对国际化能力提出更高要求外，还将持续在产品、研发上加强投入，更加注重开发有中国特色的、符合国际标准的创新功能，助力更多业务覆盖全球市场的中国企业。

编委会点评

1. 社会效益

数字经济为我国经济发展的新增长极之一。在数字化转型的进程中，产业数字化由单点应用向连续协同演进，数据集成、平台赋能成为推动产业数字化发展的关键。企业级软件及相关基础设施建设有效推动企业商业效益提升，尤其是传统行业更需要快速建立数字化、智能化能力；同时在未来与终端用户构成链路闭环，形成新的企业端、渠道端与消费端的新商业模型，创造市场空间与红利。

2. 创新价值

销售易双中台型 CRM 解决方案，在传统 CRM 的基础上实现了本土化创新与技术升级，并创新性打通企业微信生态应用环节，实现了产品融合、技术融合、资源融合，为企业数字资产和能力资产构建奠定了基础。其通过营销、管理、服务的全面贯通，并以终端用户为中心的价值转化体系建立，帮助企业高效数字化转型，在获得更优的数字化体验的条件下，促进销售加速增长。

天眼企服：
全面聚合管理构建高信任度企服生态

摘要：天眼企服（以下简称"天眼查"）背靠北京金堤科技有限公司，从 2017 年年底开始凭借自身技术和大数据优势，探索在商业查询业务的基础上为用户提供企服类服务。经过三年多的探索，天眼企服成功探索出一条全方位创新化发展路径，即通过实现准入机制、流程、定价及知识的标准化，让企业用户享受到专业靠谱的可信企业服务，从而真正从经营性事务中抽身，专注自身主营业务。

关键词：天眼企服　天眼查　可信　标准化　企业服务

1. 背景说明

中国作为后疫情时代唯一实现经济正增长的主要经济体，多项政策扶持企业发展，营商环境向好，市场主体持续增加。在蓬勃发展的企业中，大部分企业都处于初创期或成长期，亟需聚焦发力主营业务，才能在竞争激烈的市场环境中脱颖而出。

在企业专注提效提能的今天，专业企服平台正是帮助企业提升运营管理效率的重要角色，因此企业服务市场蕴藏着巨大的发展潜力，行业最好的时代已经来临。

在企业服务市场获得较快发展的同时,"信任"问题也引起重视,这是因为,一方面,作为企服服务商的供方,企业服务市场目前仍呈现业态分散、野蛮生长、各自为政的特点,缺乏统一且健全的行业标准,影响了效率、专业度和服务质量;另一方面,需要服务的企业大多数找不到专业的服务机构,收费乱象、效率低下现象层出不穷,很难在服务、效率、专业度等方面达到预期。

作为天眼查旗下可信企业服务平台,天眼企服致力于在标准缺失、信用不透明的企业服务行业,通过实现准入机制、流程、定价及知识体系,为用户和商家搭建顺畅的沟通桥梁,建立相互信任的平台生态。目前,天眼企服平台业务已覆盖九大企业服务热门领域。

2. 创新描述

天眼企服是天眼查旗下可信服务平台,依托天眼查大数据和技术优势,整合业内优质商家资源,构建可以精准匹配且相互信任的供需关系,为企业用户提供如工商注册、财税代办、知识产权、品牌设计、营销推广等领域在内的全流程透明标准化的企业服务。

2.1 首提标准,推动行业有序发展

2021年3月天眼企服全新升级发布,首创"商家准入""服务流程""服务定价""知识普及"四大标准,以知识明确需求,以标准提高效率,以信用保证质量。标准的建立对于改变目前行业的相对无序的状况,提升行业整体服务水平、美誉度和信用而言,意义重大。未来,天眼企服将引领企业服务行业的全面产业升级。

在当下正处于经济活力的快速回暖与持续、稳步发展的历史时期，天眼企服首倡的企业服务标准化顺应了时代的潮流，未来将加速活化万亿级企业服务市场，成为中国企业快速发展的助推器。

2.2 LBS——基于位置的服务推荐

天眼企服利用定位技术来获取定位设备当前的所在位置，根据用户位置信息推荐当地的服务，减少商品信息过载困扰，帮助用户快速找到更适合的企业服务。

3. 项目运行节奏

3.1 第一阶段：依托天眼查平台优势，提供单一类型服务【2017年年底—2018年12月】

2017年年底，天眼查上线了"企业认证"服务，后台数据显示名称中含有"知识产权"的公司增长迅速。后期通过调研发现，来认证的"知识产权"的企业公司小，但数量庞大。这些企业意识到目标客户会在天眼查上查询自己的企业资质和经营情况，希望在平台树立正规形象以获得客户。

企服行业存在两大特征：一方面，企业服务行业竞争激烈。截至2017年年底，全国大约有30余万家知识产权代理公司及20余万家工商代理公司；另一方面，许多企业和个人在有企业服务需求时，既没有办理知识也没有供应商渠道，甚至不知道从什么地方去获得专业服务。

2018年3月，天眼查上线"天眼标局"模块，开始为用户提供单一类型的企业服务。2018年12月，天眼查开始向企业用户推广"除天眼查VIP以外的其他企业需要的产品和服务"。团队开发商标平台，具备商标搜索、下单、服务等模块。

3.2 第二阶段：打磨产品，提供多种品类自营+严选服务【2019年6月到2021年2月】

2019年10月，"天眼企服"正式上线，初步具备提供工商、财税、知产、法律四个模块的80多种服务的能力。其采取了"自营+严选"的模式，快速组建具备专业的企服销售、服务能力的团队。其中，自营业务有商标服务、版权登记，由于企服业务的地域性等特点，天眼企服还设置了四大代理业务，包括工商注册、财税代办、资质许可及法律服务。在这一过程中，天眼企服完成了对企业服务行业多业务线专业知识及产品运营等方面的经验积累，提升了对线上线下的全流程把控能力。

截至2020年8月，天眼企服提供六大类企业服务，包括工商注册、财税代办、资质许可、商标服务、版权登记、法律服务，共有100多个的细分服务，涵盖企业发展生命全周期。

3.3 第三阶段：聚合发展，打造可信企业服务平台（2021年3月）

在打磨自营产品的同时，天眼企服发现线下有数十万家企业服务代理机构，能够自主获客并提供服务，且在自身领域有着极强的专业性。

为了给用户提供内容更加完备且标准化的企业服务，并使优质企服商家能够从鱼龙混杂的业态中脱颖而出，天眼企服找准自身定位，依托自身积累的行业经验和能力，开始向平台模式转变。

2021年3月，全新的天眼企服平台正式上线，致力于在缺失标准和信任的企业服务行业建立标准，通过实现准入机制、流程、定价及知识的标准化，为用户和商家搭建顺畅的沟通桥梁。

除了产品研发准备外，天眼企服还做了大量专业性和标准化的准备工作。其通过 PGC 和 UGC 的企服知识科普、服务流程、价格及案例等短视频及图文产出，塑造平台和商家的专业性，同时也能让用户在服务前充分了解企服知识，减少沟通成本。

天眼企服认为，针对每项服务做出"合理的流程标准化"是提高企服平台体验、展现平台专业性的核心要素。

4. 市场应用及未来展望

4.1 市场应用

全新的天眼企服平台联合行业内优质企业服务商家，通过准入机制、流程、定价及知识的标准化，为用户提供专业靠谱的可信企业服务。目前，天眼企服向平台用户提供工商、财税、人事社保、知识产权、科技服务（含原资质许可）、品牌设计、营销推广、IT 软件、电商服务九大品类的企业服务。

案例成果：

丁伟于 2013 年成立顶实源公司（以下简称"顶实源"），前后创办了众多连锁品牌。2013 年到 2020 年，顶实源创新了"伤心故事·小吃连锁""江渔城·火锅鱼""绣春刀·小牛馆""酒阳九世·清吧""宫町·台式日料"等 10 多个连锁品牌，开了 40 多家店。餐饮业是一个非常复杂的行业，涉及食品、调味品、饮料、酒水等多种品类，所以在注册商标时需要进行跨类别注册。顶实源因为没有专业人员，在商标注册上面走了很多弯路。

"人们愿意花钱享受专业厨师的美食，这是厨师的价值体现。对于我这样的创业者来讲，我也更愿意把时间和精力花在我擅长的领域和更有价值的地

天眼企服 APP 首页截图（部分）

方，一些其他领域的事情，就交给专业的人来做。"丁伟说。

丁伟口中"其他领域的事情"指的是企业创办和经营过程中的大量事务性工作，诸如商标注册、许可证申请、员工社保公积金办理等，这些烦琐的基础事务，看似不起眼，却可能侵吞管理者大量时间精力，使他们无法在产品开发、市场开拓等企业创新层面全力投入。而此类事务一旦出现差漏，就可能使企业经营陷于被动，甚至出现致命风险。而选择了天眼查的企业服务后，丁伟省下了为基础事务跑腿的时间，将精力集中于研究菜品和门店的整体运营上。①

---

① 案例成果已获受访者授权，内容解释权归天眼查所有。

天眼查 + 天眼企服生态

在当下正处于经济活力的快速回暖与持续、稳步发展的历史时期，天眼企服倡导的可信企业服务顺应了时代的潮流，未来将加速活化万亿级企业服务市场，成为中国企业快速发展的助推器。

4.2 未来展望

企业服务市场前景广阔。预计到 2024 年，我国企业服务市场的市场规模预计将达到 75 万亿元人民币，整体复合增长率可以达到 22% 左右。[①]

天眼企服由自营到平台升级而来，对企服业务有真实、深刻、专业的认知，并借助天眼查的技术能力及第三方平台运营经验，推动企服行业健康有序发展，让更多的企业享受优质企服业务。此外，平台还将秉承天眼查"公

[①] 参见易观分析 2020 年 1 月发布：《中国第三方支付企业服务市场数字化发展专题分析 2020：成长空间巨大 支付机构加码企业服务市场》。

平"的内核,推动构建开放、公平、有序的第三方商业服务系统,助力商业世界的正向循环发展。

未来,天眼企服以服务用户为核心,深度挖掘企业经营需求,并通过不断完善的天眼查生态为企业用户发展提供商业查询、企业服务等多维度服务,使企业用户能够更聚焦于本业,助力企业高质量发展。

编委会点评

1. 社会效益

中国经济已经由高速增长阶段步入高质量发展阶段，企业生存逻辑向重质、提效转变，需要专业的、放心的，尤其是建立起标准化体系的可信企服平台，为企业解决主营业务之外事务性工作，提升整体运营管理效率。

对企业，尤其是初创企业来说，由于财力和资源有限，除了专注于主营业务外，工商注册、财税代办等一系列烦琐事务常常让它们分身乏术。企业服务市场的应运而生，为解决企业在"生命周期"内的各种需求提供了天然渠道，专业的可信企服平台，成为帮助企业提升管理效率的重要途径。

天眼企服通过构建标准化的可信企业服务体系，满足企业的需求，助力企业由传统粗犷式的企业经营管理走向精细化运营，提升经济效益，创造社会价值。

2. 创新价值

近年来，"数字化转型"成为经济实现新跨越、传统企业实现新发展的关键词。良好的技术环境持续推动各行业数字化升级，帮助行业企业提升效率、加快创新、增强核心竞争力。对于企业服务市场来说，技术的革新也同样带来了更高的服务标准和质量要求，倒逼传统企服行业升级，数字化、平台化的转型迫在眉睫。在数字化转型爆发期，企服市场潜力将得到进一步释放。

天眼企服以天眼查的"公开数据"为基石，以数字化能力为支撑，建立起一套企业服务的标准化体系，将分散的企业服务资源集中起来，将非标的服务细化成可参考的系统，加强平台供需双方的信任度，让平台成为整个企服行业的基础设施。平台之上的企服服务商专注于自身专业，提升各个环节生产效率，构建起更高品质的营商环境、解决了企业的后顾之忧，同时提升了社会经济效率。

亿云信息：
人才大数据助推科创要素融通

摘要： 山东亿云信息技术有限公司（以下简称"亿云信息"或"亿云"）参与了中原城市群、数字山东、人才山东等多个重大工程的建设和运营，积累了丰富的数据整合共享经验和科技创新业务经验，锤炼了一批拥有自主知识产权的大数据、人工智能产品和服务，汇聚形成了大量高价值密度的人才、企业、政策、经济数据资源，为建设人才科创服务平台提供了坚实的基础。

关键词： 人才大数据　科创服务平台　科技创新　知识图谱

1. 背景说明

1.1 科技创新的重要性已被提上历史新高度

当今世界正在面临百年未有之大变局，科技创新是最大的变量。党的十八大以来，习近平总书记把创新摆在国家发展全局的核心位置，高度重视科技创新，提出一系列新思想、新论断、新要求。党的十九届五中全会提出"坚持创新驱动发展""把科技自立自强作为国家发展的战略支撑"，将科技创新的战略意义提升到了前所未有的高度。

1.2 科技创新的核心是要素高效融通，实现"多链融合"

我国科技创新既存在高质量科技供给不足的问题，也存在科技成果转移转化不畅的问题，项目设计与应用脱节，"科技之花"难以结出"产业之果"。对此，需要强化科研项目与需求端和产业链的精准对接，产出一批成果，通过知识产权保护和产业配套等，提升转移转化的效率和效益，让创新资源加速向产业聚集。融通、高效、精准是当前科技创新的重要需求，这恰好也是大数据的优势所在。因此，以数据要素为核心，通过网络化手段推动创新资源加速融通，能够有效促进创新链、产业链、人才链、政策链、资金链深度融合，快速提升产业发展水平。

1.3 建设省级服务平台是激发区域创新活力的必要之举

山东省作为我国东部沿海发达省份，北接京津冀协同发展，南靠河南、长江经济带等国家战略的重点省份。山东省虽然是科技大省，但"大而不强"的问题突出，亟需科技创新引领产业升级、推动经济向中高端水平迈进。搭建省级科技创新公共服务平台，整合各类创新资源，为企业提供市场化的专业化、菜单式服务，是在"科技自立自强"国家战略背景下，推动全省科技创新驱动发展的重要举措。

1.4 平台能否有实效，关键看数据支撑和运营保障

网络化、平台化已经成为科技服务发展的重要趋势。科技服务充分融合新一代互联网技术，通过"云+端""线上+线下"的集成应用，形成更广泛的连接与协同，进而实现应用模式、业务模式的创新，支撑业务应用的平台化部署和互联网化运营。平台不仅要建起来，还要用起来、活起来，需要各类数据资源的不断汇聚和运营体系的有效保障。

2. 创新描述

亿云信息科技创新五大赋能服务

面对各地人才、资金、成果资源匮乏，科创服务数智化水平低的情况，亿云信息可从以下方面为地市科技进行赋能，使科创要素快速向企业聚集，提高企业科创活力，促进科技成果转化，为地市经济发展提供助力：

2.1 人才赋能：大数据助力引才

在人才引进环节，亿云通过自有 30W+ 高端人才资源库，可为引才单位提供全球高端人才搜索服务，可以通过多种维度精准查询、筛选目标高端人才；同时，通过人工智能及大数据挖掘和关联分析技术，将人才毕业院校、工作单位、专业领域、研究方向、论文、成果等数据进行关联、分析、展示，提供人才的多级社交关系图谱。其通过人才关系图谱，可为高端人才引进提供更多路径。

同时亿云研发的 AI 人才评价产品，具有针对人才学术水平的能力评价模型，可对人才的综合学术能力和学术水平给出评价；基于人才大数据，也可快速提供人才背调服务，从人才的基本信息、论文、专利等科研成果、获奖情况、资助情况、承担项目、合作伙伴等方面进行信息筛查，并对人才的学术能力、投资任职情况、个人风险调查等方面进行分析，全面立体地展现人才的真实情况，从多个维度综合考量人才是否值得引进。

2.2 金融赋能：为投资机构找准优质赛道提供数据支撑

亿云通过企业技术创新能力量化评价系统，构建客观、量化、多维、全面的评价模型，揭示企业优势与风险，量化科技企业核心竞争力，有效识别优质科创企业，可在线生成企业评估报告，实现远程深度技术尽调，为政府部门及各类金融机构提供决策辅助。同时其也可为企业提供知识产权质押融资、科技众筹、科技租赁、创业投资等从初创期到成熟期各阶段全方位服务。

2.3 服务赋能：智能供需对接，优化科创资源配置

针对科技服务资源分散、服务碎片、服务效率低下、供需双方不能精准对接等问题，亿云可通过搭建科创服务平台，利用大数据、人工智能、区块链等前沿技术，汇聚科创资源，优化资源配置，为企业提供智能化的菜单式综合服务。

2.4 数据赋能：全球科技大数据监测

亿云通过全球科技动态监测系统，采集欧美近十年的科研项目数据，自动提取专利、论文、项目等不同成果的复杂技术特征，实时跟踪世界主要国家和地区的科研项目资金流向、研发合同及预算、创新主体、战略高技术动向等，关注全球变革性技术进展和典型企业技术动态，为区域科技成果引进，以及技术发展方向和重点产业战略布局提供决策支撑。

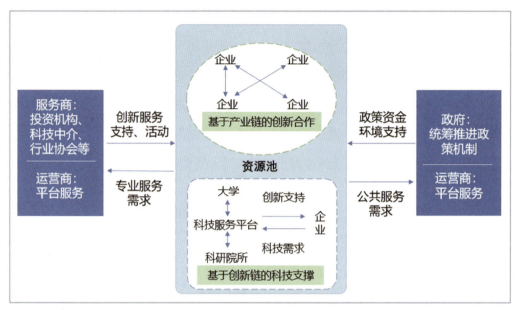

亿云信息区域科创服务平台服务体系

2.5 科研赋能：数据驱动加速科技成果转化落地

通过人才及科技成果评价系统，对优秀科研成果的可行性和先进性进行评价分析，同时根据社会资本的投资需求和企业的创新需求进行匹配对接，重点解决人才创新创业中"融资难""融资贵""融资慢"的问题。作为山科控股集团的权属企业，亿云充分利用了集团的成果转化、资本等优势补全服务链条，借助山东省科技股权投资基金，整合近百所高校研发资源，基于大数据技术探索推进产学研成果转化的新体制、新机制、新模式。

3. 项目运行节奏

国家"十四五"规划纲要提出把科技自立自强作为国家发展的战略支撑，提升企业技术创新能力，激发人才创新活力等。山东省《关于深化科技

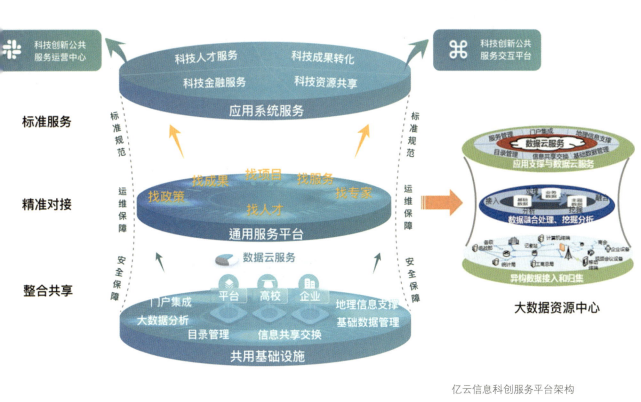

亿云信息科创服务平台架构

改革攻坚的若干措施》明确提出:"搭建省级科技创新公共服务平台,整合各类创新资源,为企业提供市场化的专业化、菜单式服务。"因此,亿云信息制定了如下区域科创服务平台建设目标,并逐步发展实现。

3.1 打造一个全球视野、全国一流的科创服务平台

亿云依托掌握的全球 1.3 亿专利、论文数据,通过自主研发的全球技术监测工具,打通项目、资讯、论文、专利多维度基础数据之间的关联关系,帮助政府机构获取全球最新最前沿科技发展信息,发现卡位技术。亿云实时监测人才、机构、成果和产学研的新增动态及历史趋势,进而评估区域创新能力,深度描绘产业画像(细分方向),分析优势和不足,生成发展和工作参考报告,帮助政府进行空间规划和产业规划,提供精确的引才和招商清单。亿云精准定位产业细分领域核心技术及人才、有效识别细分产业优质科创企

业,实现最大限度惠才利企。

3.2 打造一个开放创新、灵活扩展的高效迭代平台

亿云搭建业务中台和数据中台的"双中台"架构,支撑科技创新业务、数据资源的快速整合与业务数字化生态构建,一站式解决科技创新业务数智化改造,避免后续升级改造的重复投入,提升平台建设效益与效率,保持业务扩展灵活性和促进业务协同创新。

3.3 打造一个资源丰富、要素齐全的科创资源池

亿云整合科技人才、项目、成果、企业、仪器设备、科技文献、高校、科研院所、服务机构等多方数据资源,聚合研究开发、技术转移、检验检测、成果转化、创业孵化、知识产权、科技咨询、金融服务等多方服务资源,形成了一个分产业、分类别、分主题、标签化、目录式的科创要素资源池,支撑科创生态链用户精准搜索和智能匹配,实现创新链、产业链、人才链、政策链、资金链各要素融通。

3.4 打造一套线上线下、落地实效的运营服务体系

亿云通过 PC 端、手机端多端产品融合,充分利用移动互联网社交媒体优势,主动为用户进行服务推送,提升用户使用体验。其通过大数据构建企业画像、用户画像,从而实现个性化精准匹配服务;通过线上和线下服务环节打通,链接科创孵化载体,实现服务价值闭环;优化整合高校院所、服务机构、金融机构、政府资源,实现市场化资源配置,构建基于价值共享的科技服务运营体系,探索"政府引导、产业出题、科学论证、人才支撑、协同攻关、金融保障、市场验收"的创新创业新模式。

中原城市群综合科技服务平台首页

4. 市场应用及未来展望

亿云信息作为山东省主要的人才科创信息化建设单位，自2013年至今，在省级和十余个地市开展了人才科创信息化建设和运营工作，积累了丰富的业务经验和海量的科研数据资源。其自主研发的人才科创大数据平台，具备良好的数据汇聚、数据治理和模型构建能力，为中原城市群综合服务平台（国家重点研发计划项目）、人才山东公共服务信息平台、省科协综合门户提供大数据服务，支撑了各类省市智力对接活动。

未来，亿云信息将持续打造PB级人才科创数据资源池，打破国外科技情报行业垄断，打造一个科技兴鲁要素资源集结地，为全省科创生态链用户提供技术开发、知识产权、科技成果、行业图谱等一站式服务，推动科研院所、高校、企业、新型研发机构资源共享，将平台打造成以科技创新为引领的山东省新旧动能转换的"加速器"。

编委会点评

1. 社会效益

亿云信息基于人才科创大数据资源，专注于人才科创服务数字化方向，搭建省级科创服务平台，利用大数据、人工智能、区块链等前沿技术，汇聚科创资源、优化资源配置，助力科技成果转化、提高企业科创活力、服务人才发展，打造线上和线下科技创新服务生态，促进地方经济发展，提供了可供借鉴的科技创新服务新模式。

2. 创新价值

亿云信息的人才科创大数据服务平台在技术上做出一系列创新探索：

实现了对科技服务资源的精准推荐及智能匹配；建立了科创工作相关领域知识图谱，实现对科创资源数据的语义级分析、融合和智能服务；构建了企业多维画像，基于企业工商信息、股票信息、质监信息、社会形象和运营情况等要素抽象出标签化企业基础模型；建设了科创数据中台，实现数据资源的共享利用，形成科创数据资源池；建设了科创业务中台，实现共性业务能力的复用共享，支撑后续业务应用的快速创新和灵活扩展。

04

第四章

金融产业数字化助力实体经济

同创永益：
云原生灾备统一管理平台保障金融安全

摘要： 灾备防护与恢复是信息化建设的重要组成部分，是信息化时代防范灾难、降低损失的重要手段。北京同创永益科技发展有限公司（以下简称"同创永益"）是面向未来的组织韧性服务提供商，是专注于提供业务连续性、IT韧性和灾难恢复相关产品、解决方案及服务的高新技术企业。同创永益在业务连续性、灾难恢复、IT运营管理、IT容量韧性、风险与应急管理等专业领域为企业级客户提供完整的解决方案，成功地服务于金融、能源、制造、政府等行业的众多头部客户。

关键词： 灾备　业务连续性　云原生　DRaaS　组织韧性

1. 背景说明

1.1 行业发展：历经七十年进程，国际化标准逐渐形成

业务连续性与灾难恢复管理的概念诞生自计算机技术刚刚兴起的20世纪60年代，彼时的容灾管理只是意味着处理IT中断的方式，对单点故障采取冗余措施。至20世纪70年代末期，市场上真正出现了提供灾难恢复相关业务的服务商，为企业提供计算机运行中断后的灾难恢复专业外包服务。直到20世纪90年代，业务连续性管理的理念开始不仅仅局限于IT灾难恢复服务，而是进入更为广泛的企业业务连续性管理领域。

早在 1995 年，英国标准协会（BSI）就提出制定信息安全管理标准，并迅速于 1995 年 5 月制订完成，即 BS7799 标准。而后在英国商务部的推动下，BSI 将其发展成为 25999 业务连续性管理标准（2007 年发布）；伴随业务连续性在各行业和企业应用实践下的不断迭代与发展，BSI 推动 ISO（国际标准化组织）于 2012 年发布了 ISO22301 等系列标准（2019 年更新），目前该标准具有非常广泛的国际影响力。业务连续性国际标准的颁布为企业业务连续性体系建设提供了标准化的建议与参考，也逐步成为各行各业进行业务连续性和灾备建设的重要指导方针。

1.2 政策背景：政策监管强力推动，行业市场良性增长

与国际环境同步，在我国信息系统灾备备份已经被提高到国家信息化发展的战略高度，成为国家信息安全保障体系中的核心问题之一。近年针对业务连续性和灾备管理市场发展，我国政策一直在大力推动，如 2003 年中共中央办公厅、国务院办公厅颁布《国家信息化领导小组关于加强信息安全保障工作的意见》（中办发〔2003〕27 号），而后针对各个行业也出台了相应的指导文件，如国家标准《信息系统灾难恢复规范》（GB/T 20988-2007），中国人民银行正式发布和实施的《银行业信息系统灾难恢复管理规范》（JR/T 0044-2008），等等，持续推动着信息系统灾备市场规范发展、创新成长。

1.3 技术趋势：DRaaS 引领发展，降低行业替代成本

而伴随着数字经济时代的来临，在云化与智能化的双重趋势下，DRaaS（灾难恢复即服务）成了本行业发展的必然方向，运用云资源来保护应用程序和数据免受灾难造成的中断，为组织提供完整的系统备份，可在系统出现故障时实现业务连续性。较之传统的灾备数据中心模式，DRaaS 灵活度更高，可按需增加或减少资源配置，因此具备了更好的市场应用弹性空间。针对中

大型企业基于数据安全、数据敏感等原因，灾备产品替换难度高、迭代慢等问题，DRaaS 可提供有效的创新解决方案，从而降低了行业替代成本。随着行业云化落地成熟，该市场必将在未来迎来爆发期。

2. 创新描述

同创永益积极拥抱行业趋势，打造真正落地的统一管理 DRaaS 云灾备平台和云原生韧性服务。

2.1 技术创新：运用云原生技术构建企业数字韧性

数字经济伴随云端智能为我们勾勒出了未来世界的科技图景，而云原生技术是当中不可或缺的重要因素。它有利于各组织在公有云、私有云和混合云等新型动态环境中，构建和运行可弹性扩展的应用，同时构建容错性好、易于管理和便于观察的松耦合系统。结合可靠的自动化手段，云原生技术使工程师能够轻松地对系统作出频繁和可预测的重大变更。

同创永益致力于在云原生环境下保障企业的数字韧性，通过云原生业务韧性产品（CNBR），帮助企业部署在云原生环境下的业务系统应对各种不确定风险所带来的挑战，为业务系统提供持续运行和持续优化的能力。

云原生技术通过业务感知、业务保护以及主动优化三大维度，以及资源感知、拓扑感知、平台管理、容量管理、监控告警、业务备份/恢复、业务迁移、数据复制、业务沙盘、仿真演练、模拟攻防、故障复盘等等众多功能模块，帮助客户实现全方位 360° 的数字韧性保护。

2.2 产品创新：三位一体解决方案保障企业数字安全

在贯彻运用云原生技术的基础上，同创永益提出了业务连续性管理、

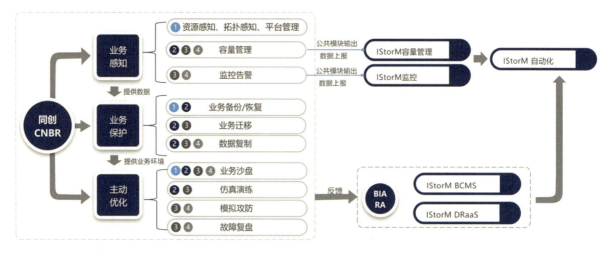

CNBR 业务架构

灾难恢复管理、智能运维管理三位一体的产品体系概念,帮助客户打造组织韧性闭环,形成了统一自动化、智能化管理,为企业业务稳定运行提供坚实保障。

业务连续性管理:其遵循国内外业务持续管理标准、规范和最佳实践,通过线上动态业务影响分析、风险分析实现业务连续性策略、计划及预案的体系化管理,敏捷构建应急响应机制,自动化实现事件应急处置,简化演练发起组织全过程,结合成熟的业务连续性咨询服务,秉承咨询指导、平台落地的理念,帮助客户构建业务连续性管理体系,提升业务连续性管理效率,实现组织赋能。

灾难恢复管理:灾备指挥管理平台通过提供场景管理、演练管理、灾难切换、应急指挥、流程管理、咨询建议规划等服务，实现数据中心应用级别容灾自动化切换、指挥决策和管理能力。

智能运维管理：管理系统覆盖的场景包括了自动化巡检、自动化部署、自动化发布、自动化批量作业、合规性检查，以及自动化应急等方面。在功能模块上也提供包括安装附属中心、日常维护中心、故障响应中心、报表中心以及实时跟踪。多维度全方位解决不同场景中遇到的问题，实现运维管理能力及效率的提升。

3. 项目运行节奏

以某大型金融央企客户为例，同创永益 DRaaS 云灾备平台和云原生韧性服务按以下三个阶段落地实施。

3.1 第一阶段：前期调研分析

某大型金融央企从 2007 年开始灾难恢复体系规划工作，多年陆续建成了以总部为核心的灾备中心，已经构建了满足业务连续性要求的两地三中心的数据中心架构。为更好地支持业务运行和持续发展，其提出了集团构建国内多地多中心的数据中心整体布局，并完成了云计算蓝图规划，将建立以云为基础技术架构的信息科技体系框架。

随着数据中心搬迁、虚拟化及云计算技术的使用、业务系统的整合与升级，对信息系统灾难恢复能力的要求也逐渐加强。企业也加强了信息化基础设施建设，6 个云数据中心也相继建成投产，而这些都给灾难恢复工作带来了新的挑战。

IT 现状调研。同创永益通过前期调研发现以下业务痛点：业务与应用系统处于分散的、标准不一的、随意的容灾资源内管理；资源无法实现按需弹性伸缩；集团内部无法实现调度、共享云计算资源；技术架构设计、资源配置、管理模式等无法统一优化和改进。

风险分析。同创永益通过电子化的技术手段，对业务系统基础环境进行风险分析，确定影响业务系统平稳运行所面临的潜在危险，识别可能造成场地及设施中断的灾难、具有负面影响的事件，以及其他的威胁因素，分析事件可能造成的损失，提出风险分析的结论、风险处置及减少损失影响的控制措施，为灾难恢复策略制定提供基础和依据。

业务影响分析。同创永益对关键性的业务功能进行调研和梳理，分析业务功能中断影响、业务之间的互相关系，识别支持业务功能运行的资源、确定关键业务功能和关键业务应用系统，确定系统中断不同时间对业务的损失和影响、业务系统的灾难恢复目标（RTO & RPO）和灾难恢复优先顺序，确定系统恢复的最小资源需求，等等。

项目必要性分析。随着《网络安全法》的颁布，对重要信息系统的容灾备份、应急预案和演练切换要求又上升到了新的高度。已有 GB/T 25070—2019《信息安全技术 网络安全等级保护安全设计技术要求》、GB/T 22239—2008《信息安全技术 信息系统安全等级保护基本要求》、GB/T 20988—2007《信息安全技术 信息系统灾难恢复规范》、GB/T 30285–2013《信息安全技术 灾难恢复中心建设与运维管理规范》、GB/T 34982–2017《云计算数据中心基本要求》等标准对信息安全和灾备体系建设提出明确要求。

3.2 第二阶段：整体规划建设

项目需求是将原来分散的、标准不一的业务系统以及容灾资源和管理功能统一纳入一套系统上管理，达到资源按需扩展弹性伸缩、用户按需使用、集团内调度共享并充分利用云计算资源的目的。容灾资源和流程统一管理后，将在灾备咨询、技术架构设计、资源配置、管理模式等方面进行优化和改进，达到统一的和智能化的云容灾服务。

同创永益根据前期调研和规划，进行了整体容灾方案设计，编制灾难恢复策略规划报告，并基于业务系统，进行灾难恢复系统技术路线选择和分析，制定灾难恢复系统总体技术指标和策略。

3.2.1 目标及实施范围

对集团云平台和容灾资源，同创永益增加 DRaaS 容灾管理门户、预案管理、应急响应及全局可视化指挥和自动化切换等主要功能，显著提升客户在业务连续性和容灾管理方面的能力，为集团各子公司和分支机构提供高质量的容灾服务，在更高的层次上满足合规要求，并提高容灾资源利用率。

业务目标： 灾难恢复服务平台（DRaaS）为业务以及云平台提供一体化容灾服务，满足业务连续性管理要求，显著地提升集团及分支机构的业务连续性管理能力和水平。

功能目标： 功能目标包括前述的容灾管理门户、线上风险评估、线上业务影响分析、预案管理、应急响应及全局可视化指挥、自动化切换等功能。

3.2.2 项目技术方案

本次建设分为三个大的组成部分，包括 DRaaS 平台门户建设、预案管理、应急响应及全局可视化指挥系统、自动化切换系统。

DRaaS 平台建设。 平台依托云计算资源和专业化的灾备技术服务，通过线上灾备咨询和能力评估系统，将原来外聘咨询顾问进行定期风险评估和业务影响分析的方式，改为线上评估。其可以提供全面的灾备咨询服务，为实现集团灾备业务类型由项目型到平台型的转变做铺垫。最终形成完善的灾备服务产品模型，"内部资源 + 基础服务 + 专业服务"模式。其中包括：线上风险评估、线上业务影响分析、灾难恢复能力评估、灾备预案管理功能。

预案管理、应急响应及全局可视化指挥系统。通过预案管理，实现预案的定期更新、维护、下发、宣贯，贯通灾备管理体系。在应急场景下，通过规范的决策流程和响应机制，实现灾难场景快速应对、响应和处理。切换过程中通过全局可视化指挥系统中的三级视图（决策视图、指挥视图、操作视图）展现切换全过程，确保应急指挥体系高效联动，包括线上灾备预案管理、应急响应、全局可视化指挥等功能。

自动化切换系统。实施自动化切换系统后，实现灾备测试、切换和演练多样化的场景编排，容灾审批流程的统一融合；根据一体化监控信息自动化配置灾备中心 IT 基础设施环境，自动对生产中心与灾备中心切换前环境和数据一致性进行检查；结合容灾场景，实现"一键式"全自动容灾业务切换。切换完成后，可以快速导出系统自动记录和生成演练总结报告，避免了烦琐的手工记录每个步骤操作时间，同时确保了 RTO 等关键指标。

3.3 第三阶段：实现深入服务

同创永益通过咨询规划、产品研发以及交付运营团队的通力协作，为该集团客户提供了云灾备咨询、需求分析、方案设计、开发测试、交付运营等一系列服务，将客户原来靠人工组织演练的过程彻底迁移到集团统一的 DRaaS 云灾备管理平台当中，彻底实现了业务系统的自动化演练与切换，为该集团客户数字化转型奠定了良好基础，也赢得了客户信任与长期深入的合作。

4. 市场应用与未来展望

4.1 市场应用：多行业前景可期，应用价值升级

灾备与业务连续性管理有着广泛的社会应用价值，企业和组织的灾备能力成熟度已经逐步上升到关乎国计民生的高度。目前，在国内众多行业例如能源、医疗卫生、交通运输、烟草、智能制造、财税等领域都已出台相关政策、法律法规明确了相关要求。

各行业应用场景

目前，同创永益已经成功服务于金融、能源、制造、电信等行业的众多头部客户，累计近百家全球及中国500强企业，其中包括国家电网、南方电网、中国移动、中石化、中国海油、万达集团、万华化学、中国银联、上海黄金交易所、江苏省农信、湖北省农信、武汉农村商业银行、南京银行、太平保险集团等。

4.2 未来展望：云边端一体化，普惠中小企业

多年来，同创永益作为业内领军企业，服务客户以超大型集团企业客户群体为主，如何将服务超大级别企业客户的技术和资源以产品和创新服务的手段去做下沉拓展，以使得更多中小微企业也可以享受到更好的品质服务，一直是同创永益在思考的企业战略发展方向。而"云、边、端"技术的成熟为这样的战略提供了落地的可能性。

按功能角色来看，边缘计算主要分为"云、边、端"三个部分：

"云"是传统云计算的中心节点，是边缘计算的管控端；

"边"是云计算的边缘侧，分为基础设施边缘（Infrastructure Edge）和设备边缘（Device Edge）；

"端"是终端设备，如手机、智能家电、各类传感器、摄像头等。

伴随云计算能力从中心下沉到边缘，边缘计算将推动形成"云、边、端"一体化的协同计算体系。可以说，边缘计算是云计算的延伸，两者各有其特点：云计算能够把握全局，处理大量数据并进行深入分析，在商业决策等非实时数据处理场景发挥着重要作用；边缘计算侧重于局部，能够更好地在小规模、实时的智能分析中发挥作用，如满足局部企业的实时需求。因此，在智能应用中，云计算更适合大规模数据的集中处理，而边缘计算可以用于小规模的智能分析和本地服务。

面对未来，同创永益将会上线更多适应云原生环境下的云端 SaaS 产品线，注重产品的易用与用户体验等要素，将业务连续性管理领域复杂管理组件转变为更适应云环境下的轻量级微服务。同创永益希望通过新产品的推广普及，让更多中小体量的企业级客户也能享受到更高品质的数字韧性服务。同创永益将会把加速轻量级产品应用作为企业重要发展策略，做到行业普惠与自身企业品牌拓展并举。

编委会点评

1. 社会效益

数据安全保障关乎国家安全、经济建设、社会生活等方方面面，其中灾备防护及恢复是守护数据安全的最后一道防线，为信息化建设过程中不可或缺的一环；同时，我国大数据产生量的爆炸式增长，数据价值的快速提升激发灾备行业的发展潜力。伴随云计算技术的发展，云灾备亦将成为行业未来趋势，在政府、军工、金融、交通、电信、能源等诸多领域具备市场价值。

2. 创新价值

同创永益在 DRaaS（灾难恢复即服务）领域通过垂直化产品实现了产品创新与市场落地，在业务连续性、灾难恢复、IT 运营管理、IT 容量韧性、3D 可视化、风险与应急管理等方面在云原生技术的支撑下实现了灾备管理自动化、智能化的转变，为以金融行业为代表的企业的数字化转型助力。在此基础上，同创永益积极布局行业生态，着力云环境条件下的轻量级微服务，为预期在中小企业数字安全领域的技术创新、产品创新、服务创新奠定基础。

南大通用：
分析型数据库领先银行大数据平台应用

摘要： 2013 年开始，国内大多数商业银行都已经建成了数据仓库平台；与此同时，国外多家数据库产品也已进入中国并在金融行业落地实施。天津南大通用数据技术股份有限公司（以下简称"南大通用"）GBase 8a MPP 大数据分析型数据库集群打破了国外基础软件在我国的垄断，成功中标中国农业银行数据仓库项目，在提升银行大数据技术水平、降低大数据平台建设成本、保证国家信息安全方面进行了有益探索。

关键词： 大数据　分析型数据库　银行数据仓库

1. 背景说明

1.1 政策背景：持续推动数据库市场快速发展

近年，国家高度重视网络安全和信息化创新应用发展，中央及各省市主管部门出台了一系列支持基础软件发展的政策措施，推动了基础软件的发展。尤其是在国家大力支持"新基建"的背景之下，以国产数据库软件为代表的基础软件产业将迎来难得的发展机会。工信部在 2020 年 3 月的发布会中也指出：在基础软硬件方面，将实施国家软件重大工程，集中力量解决关键软件的"卡脖子"问题，着力推动工业技术的软件化，加快推广软件定义网络的应用。

1.2 行业背景：平台软件市场中数据库需求增幅最大

随着政策利好以及信息技术应用创新的不断推进，中国平台软件市场将大幅增长，其中，数据库市场在未来两年销售额增长最快，预期 2022 年市场规模将达到 177.5 亿元。在未来三年，中国平台软件的各行业市场中，政府、制造、医疗卫生等将是增长最快的行业。政府部门近年来不断推进信息化建设，需求很大；制造业在物联网技术的推动下会为平台软件市场带来新的需求；受新冠肺炎疫情影响，医疗卫生行业的信息化建设势必会加速。金融、能源行业将维持稳定增长。物流、建筑等行业增长比较慢。[①]

1.3 技术发展：从事务型数据库向分析型数据库深入

数据库根据数据处理方式的不同，可以分为事务型数据库和分析型数据库，两者面向的目标不一样，目前大部分的数据库是事务型数据库。

近年来，随着大数据分析业务的流行，数据库企业逐步切入分析端，提供具备 OLAP（联机分析处理 On-Line Analytical Processing，即 OLAP）功能的数据分析产品，如数据仓库和大数据平台等。OLAP 是数据仓库系统的主要应用，支持复杂的分析操作，侧重决策支持，并且提供直观易懂的查询结果。

以南大通用运作实施的中国农业银行数据库项目为例，最初是基于 Sybase IQ 作为统计分析系统（Sybase IQ 是 Sybase 公司推出的 SMP 架构数据库）建设的，随着分析需求的增加，和对业务数据范围、周期需求的扩大，SMP 架构的数据库产品无法继续满足农行在统计分析领域的需求；同时，信息安全问题也逐渐提上日程，寻找新的、更先进的产品构建核心数据仓库成为迫在眉睫的任务。

---

① 参见郭旭晖：《2019—2020 年中国平台软件市场研究年度报告》，载赛迪网，2020 年 12 月 2 日，https://www.ccidgroup.com/info/1105/32014.htm，访问日期：2021 年 8 月 14 日。

2. 创新描述

在实施项目过程中，南大通用 GBase 8a MPP 数据库管理系统在性能、可用性、易用性、扩展性、可靠性、稳定性等方面均有明显创新优势。其实现了数据价值在业务应用中转变为生产力，构建数据价值利用的有效闭环，真正实现从数据支撑到数据运用的转变。

2.1 列式存储：提升数据效能

行存储架构和列存储架构的数据库分别适用于不同的应用，其中，列存储架构对查询、统计和分析类操作具备天然的优势。南大通用数据库产品采用列存储架构，并在市场应用领域具备较高的成熟度。

面对海量数据分析的难题，南大通用分析型数据库可有效减低 I/O（Input/Output，输入 / 输出）信息量，提升数据效能：

（1）通过高效透明压缩技术自动选择最优压缩算法，尽可能减少数据所占的存储空间。

（2）每个数据包在加载数据时自动建立智能索引，包含统计信息，在数据查询时不需要解包就能得到统计值，可进一步降低 I/O。

（3）针对数据加载、数据加工和数据查询实现了自动高效的并行处理技术。

（4）单节点数据计算引擎通过基于规则及基于代价的成本评估，自动选择最优的执行计划及算法。

2.2 联邦架构：大规模并行分析

随着数据集群的越来越大，其中一部分数据将承担管理职责。南大通用数据库产品采用联邦架构，使管理集群和数据集群逻辑分离，系统中的每一个节点都是相对独立的、自给的，整个系统中不存在单点瓶颈，具有非常强的扩展性。其避免管理节点间的信息同步复杂性,实现规模集群的大规模扩展协同。

2.3 逻辑数据仓库:随处运行、随处保存、随处使用、重关联、轻采集

南大通用数据库产品内设逻辑数据仓库,将传统数据仓库的优势与其他数据管理和访问策略相结合。不管是结构化还是非结构化数据,其都可以进行调用,允许IT组织通过查询工具和应用程序提供大量数据集以供分析,较之传统方式分析速度领先。

南大通用数据库产品通过关联自动发掘数据、透过机器自动意识识别数据中的价值、认定有价值的数据、分析数据、自动采用适合数据的安全措施、分享数据、优化数据。核心功能如下图:

逻辑数据仓库(LDW)核心技术——数据虚拟化、数据联邦

2.4 库内 AI：插件式数据挖掘和机器学习扩展库，深层次分析挖掘价值

南大通用数据库采取插件式数据挖掘和机器学习扩展库，可以对用户数据进行深层次的分析和挖掘，支持核心数据算法、用户自定义算法，分布式并行执行，将用户数据转化为用户价值，针对 AI 场景具有创新实用价值。

2.5 高可用机制：多副本、高保障、保证业务连续性

南大通用数据库产品采用高可用机制，其核心点为多副本机制在单节点故障下不影响业务连续性，支持双活集群部署容灾备份，减少系统不能提供服务的时间。同时，其提供备份恢复工具、功能，支持多种备份介质，支持全量和增量备份恢复。

3. 项目运作节奏

中国农业银行一直坚持"科技先行"的战略，早在 2003 年，该行营业部就开始建设覆盖客户分析、产品分析、绩效考核、资金财务分析、内部控管、决策支持的分析平台。在众多银行都引入数据仓库技术的背景下，农业银行需要在原有出现瓶颈的数据分析平台基础上建设农业银行数据仓库，以支撑大数据分析需要，提高市场竞争能力。

为了应对传统数据库计算能力不足、无法适应业务成长的问题，农行着手构建新型大数据平台时提出了"数据是基础、治理是保障、技术是支撑、分析是关键、应用是目标"的原则。南大通用帮助农业银行建设以 OLAP 应用为内核的分布式分析型数据库，分为以下三个阶段执行。

3.1 第一阶段：原型产品早期验证

农业银行原有分析支撑平台主要面临的问题有：随着接入系统增加，原

有分析系统已经无法在指定的时间窗口中完成统计；随着大数据的积累，原有系统无法满足 PB 级大规模数据处理；数据服务不成体系，碎片化严重；原有系统数据利用的层次低，大多是停留在浅层次数据统计，不能满足市场竞争发展的需要；数据挖掘及价值发现不足，大数据 +AI 智能服务不够。

2013 年 3 月，项目正式立项，确定架构，并于同年 11 月完成原型环境及资产负债、零售数据集市试运行，其后完成投产环境搭建及试运行，完成主库环境搭建。2014 年 11 月，数据仓库从"28+4"原型环境向"56+8"生产环境的迁移扩容与切换工作完成，迁移有效数据 103T。经过业务验证，具备数据服务能力，完成主库主备集群、部分集市。

在此过程中，南大通用在数据建模时，需扭转客户原已习惯的对传统架构数据库的认知，并在产品磨合中，解决早期运行中较多的计算漏洞。

3.2 第二阶段：业务驱动产品创新

南大通用数据库产品提供数据仓库核心平台，承接跨部门数据整合建模及数据服务提供，承担非结构化数据及流数据的处理。农行数据仓库最终完成如下架构：由数据来源层，数据处理层，模型指标层，数据集市层，分析展层以及应用门户层组成。

2016 年年初，数据仓库开始进行 ODS（Operational Data Store，多源数据系统）下沉、集市外迁及双活环境搭建等一系列架构优化升级工作，为满足用户需求实现了产品创新：实现了能够顺利整合复杂数据来源；能够存储并处理结构化和非结构化数据；为多场景分析提供统一数据服务；降低数据应用开发部署难度；适应大数据生态环境；合理的"投入产出比"；符合政府对自主可控的信息国产化的要求；具有一定技术先进性等要求。

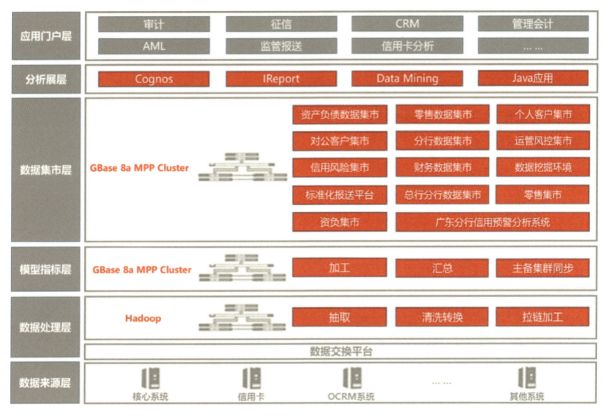

农行数据仓库架构图

3.3 第三阶段：产品大规模应用服务

南大通用不断丰富数据仓库应用范围，针对个人客户、对公客户、风险管理等多个集市投产上线，建成提数平台、监管报送、分析挖掘平台等应用，全面支撑外部监管、资产负债、业务管理以及风险管理等各项业务领域应用。其面向全行 8 大业务领域、33 个业务条线、120 多个业务场景，提供大数据深度分析及综合应用，为业务经营发展提供创新引擎。

截至目前，南大通用部署集群规模近 2 000 个节点，支撑总数据量大于

2 030PB，最大表超过 2.5 万亿行，每天批量作业超 7 万个，涉及源文件超 10 万，同时为银行内部 50 万员工提供全天候服务。①

该项目打破了国外软硬一体数据仓库产品垄断，为中国金融行业最大的数据仓库和大数据平台。2021 年 1 月，农业银行总行数据集群业务无损搬迁至数据中心机房。

4. 市场应用及未来展望

4.1 市场应用

南大通用分析型数据库和大数据平台产品，与国外主流的大数据厂商 EMC、HP、IBM 等在金融、电信等领域同台竞技，形成集群双活、大规模集群管理、虚拟集群等特有技术，实现部分特性国际领先优势，已在中国人民银行、银保监会、证监会、农总行、中行、招行、中移动、中联通、中电信、海关总署、国防某部等几十个行业数百家用户形成规模化应用，总计上线超过 3 万节点，管理数据超过 200PB。

在金融领域，南大通用是国产数据库厂商中极少的能够大批量进入金融行业核心业务系统并替代国外厂商相应产品的厂商，已经为 80 多家金融主管单位和银行提供大数据服务；为北京农商行、华夏银行、东莞银行等 19 家银行提供了事务型数据库产品。

在电信领域，南大通用从 2012 年就在电信市场上与 Oracle、IBM、微软、EMC、惠普等国外数据库巨头正面拼杀，目前已经全线进入了移动、电信、联通三大运营商总部和 65 个省分公司。

---

① 本案例中行业数据及项目数据解释权归南大通用所有。

案例成果一：中国移动

在中国移动集中化经营分析系统建设中，南大通用基于 GBase 8a 产品构建统一、集中运营的大数据平台，对内支撑发展、提升管理能力和服务效率，对外探索行业合作生态；其于 2019 年建成后实现北京、哈尔滨、呼和浩特三个数据中心的业务覆盖，总建设规模超过千个节点，满足业务长周期数据存储和跨域数据整合，实现海量数据的分析与挖掘。

案例成果二：人力资源和社会保障部

人社部统计分析大数据平台搭建以 GBase 8a MPP Cluster 为集群的数据分析平台。其充分利用 GBase8a 数据库快速稳定的查询功能特性，建立了跨业务数据分析和专项数据分析等工作机制，开展了信息中心数据分析、信息快速查询、信息比对等工作，及时和高效地为部里宏观决策、政策研究等工作提供支撑。

4.2 未来展望

南大通用预期未来在技术及产品方面将实现云上 SaaS 化服务，扩充行业算法库。同时为减少客户的成本投入，其要实现计算存储分离、实时数仓。

GBase 8a MPP 目前是国内部署节点最多的 OLAP 数据库之一，多次在金融、电信等有海量数据处理需求的行业顺利安装部署，有力证明了其在架构先进性、集群规模、高可用、可扩展性、安全性等方面的优势。未来在"新基建"背景下，南大通用也将持续推进数据库相关核心技术方面的研究和积累，以国产数据库这一核心优势为数字化时代中国数据资产的本质安全提供保障。

编委会点评

1. 社会效益

随着我国信息技术应用创新产业发展、金融监管及技术安全要求的升级，国内众多金融政企机构纷纷开展对原有IT基础设施的改造，其针对国产化数据库的要求日益强烈。同时，较之传统集中型数据库，国产化分布式数据库在可用性、扩展性上都有显著提升，在成本上具有优势，能够解决传统金融数据库通过"资源堆砌"实现能力升级的问题，助力金融行业"降本增效"、价值提升。

2. 创新价值

南大通用分布式数据库产品有别于传统数据库模式，满足线上化、高频、多维度、高并发的场景需求，帮助金融机构解决数据瓶颈，提供数据安全保障。数据仓库实现OLAP应用，提供AI能力，为业务提供智能化决策分析支持，将客户业务融合到数字化转型升级的过程中。在基础软件平台自主国产化的要求下，其同时具备一定的技术领先性、市场成熟度，在金融、电信等关键领域应用具备创新示范性。

维择科技：
无监督机器学习升级金融风控

摘要：随着社会经济的快速发展，各类犯罪与洗钱活动相互交织渗透，对人民财产安全的危害不断加剧。在国家监管政策日益趋严、金融机构风控水平亟需提升的背景下，北京维择科技有限公司（以下简称"维择科技"）运用无监督机器学习技术为银行搭建反洗钱及风控体系，提升可疑检测准确率及案件审查管理效率，基于对公账户的交易数据，结合关联账户信息和客户脱敏信息进行建模，使用四位一体的技术保护，提升平台反洗钱能力，主动击败复杂多变的现代欺诈攻击。

关键词：人工智能风控　传统金融数字化转型　无监督机器学习算法
　　　　　反洗钱解决方案

1. 背景说明

1.1 政策背景：反洗钱监管升级，金融机构面对高额罚单

洗钱指将非法资金放入合法经营过程或银行账户内，以掩盖其原始来源，使之合法化；即将各类毒品犯罪、黑社会性质的组织犯罪、恐怖活动犯罪、走私犯罪、贪污贿赂犯罪、破坏金融管理秩序犯罪、金融诈骗犯罪的所得及其产生的收益，通过金融机构以各种手段掩饰、隐瞒资金的来源和性质，其途径广泛涉及银行、保险、证券、房地产等各种领域。

近年来，我国相关部门出台了许多政策来规范反洗钱工作的高效开展。

2018年10月，中国人民银行、银保监会、证监会联合发布《互联网金融从业机构反洗钱和反恐怖融资管理办法（试行）》[①]；2019年1月，银保监会发布2019年的第1号令《银行业金融机构反洗钱和反恐怖融资管理办法》[②]；2020年年末，中国人民银行发布了关于《金融机构反洗钱和反恐怖融资监督管理办法（修订草案征求意见稿）》公开征求意见的通知，标志着反洗钱监管范围和强度的升级。

2021年3月，中国人民银行公布数据，中国人民银行于2020年对614家金融机构、支付机构等反洗钱义务机构开展了专项和综合执法检查，依法完成对537家义务机构的行政处罚，处罚金额高达5.26亿元[③]。

1.2 行业痛点：犯罪手法翻新，反洗钱体系搭建充满挑战

随着洗钱、恐怖融资等犯罪手段不断翻新，其隐蔽性、破坏性不断增强，洗钱团伙逐步形成了上中下游的完整洗钱链路，洗钱渠道和形式也更加多变。

早期，以银行为代表的传统金融机构反洗钱工作主要依赖于反洗钱专家经验规则。但随着交易量和可疑交易宗数逐年增长，且交易向线上转移，审核的效率要求逐渐提升，仅仅通过人工规则来识别可疑案件，难以形成长效机制，快速增加的交易量使案件成倍增加。

---

① 《互联网金融从业机构反洗钱和反恐怖融资管理办法（试行）》，旨在建立相关监管机制和监管规则，规范了互联网金融从业机构反洗钱和反恐怖融资工作的适用范围，规定了基本义务，确立了监管职责。
② 《银行业金融机构反洗钱和反恐怖融资管理办法》旨在预防洗钱和恐怖融资活动并指导银行业金融机构反洗钱和反恐怖融资工作。
③ 参见吴秋余：《去年央行反洗钱处罚金额超5亿元》，载《人民日报》2021年3月23日第7版。

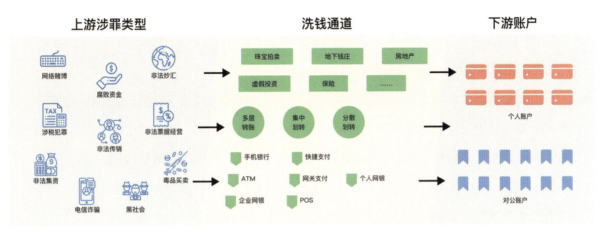

复杂多变的洗钱方式及跨机构的洗钱渠道给反洗钱工作带来巨大挑战

随着近年人工智能技术在行业应用中的不断突破，一些金融机构开始探索人工智能技术对于风控体系的有效帮助，基于历史事件构建具有预测能力的模型，即有监督机器学习算法来提升风控效率。而有监督机器学习算法也有瓶颈：随着金融业务创新力度加大，其面临更多新的业务场景，往往没有众多历史经验可供参考；若只是基于历史经验进行判断，只能是刻舟求剑，不能满足多变的需求。

因此，维择科技针对金融机构反洗钱解决方案率先引入拥有相关算法专利的无监督机器学习技术，将采集到的有限数据衍生出更高维度的细节特征，发现并捕捉到相关犯罪规律，实现超大规模的快速决策，提升反洗钱风控准确率和案调效率。自 2013 年至今，其为北美、欧洲、亚洲诸多金融机构、传统行业客户、互联网公司提供人工智能风控解决方案，让打击洗钱犯罪团伙更有依据，打击面更为广泛。

2. 创新描述

2.1 无监督机器学习识别新发危机

有监督机器学习风控解决方案在建立传统规则引擎以及机构自有黑白名单的基础上，可对已知风险快速进行规则配置并进行可疑识别，并针对已经发生的洗钱行为进行快速机器学习模型训练及模型更新。例如，网络赌博的场景有很强的规则特点，往往时间聚集、账户周转金额具有较高的共性，且近年来有效数据积累较多，运用传统规则结合有监督机器学习模型可迅速识别。但洗钱者也会不断刷新犯罪手法，例如开设地下钱庄绕开监管，此时有监督机器学习模型衰减较快，随着时间推移效用变差。

无监督机器学习面对弱特征、无样本或仅有少量样本的情况时，能够提前进行模型训练。无监督机器学习的无标签黑样本，从多维特征空间及子空间角度将不同群组聚集起来，实现群组形式输出，根据特征共性聚类，提供

关系越紧密的团伙在无监督的高维特征子空间呈现聚集
无监督可以从全局角度发现账户间的关联

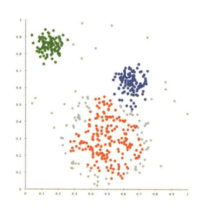

丰富的衍生特征支持，可超大规模的快速决策。例如，在个案、团案调查过程中，借助账户间的资金进出关联特征的强弱来刻画团伙的紧密程度，就能够进一步为确认洗钱团伙提供强有力的证据，实现真正的"查缺补漏"。

目前，市场上有部分解决方案是选择知识图谱或者类似的技术手段模拟无监督机器学习模型效果，但在实际风控场景的应用中不依托算法的图谱展示效果不佳。无监督机器学习算法具有较高的技术及经验壁垒，需要长时间持续研发投入。维择科技自2013年以来，通过优秀的算法工程师队伍建设及多年的宝贵经验积累，保护全球超过45亿账户的安全，同行业竞争者很难在短时间内实现弯道超车。

2.2 端到端方案满足客户定制化需求

维择科技以无监督机器学习算法为出发点进行上下延展，可提供端到端产品满足客户需求：

2.2.1 最底层数据采集平台

维择科技运用终端风控产品帮助客户采集最底层数据，从源头解决"数据误差"问题并丰富数据指标。例如手机的亮度、电量、型号等不侵犯用户隐私的关键指标，都是维择科技进行反欺诈的参考数据，从而加快反欺诈模型开发速度并提高精度。

2.2.2 中间层特征工程平台

维择科技的特征工程平台可识别复杂丰富的欺诈特征并实时优化，数据科学家通过全自动化方式自定义特征，提升模型性能。例如，输入某个IP地址可形成众多与该IP地址相关的衍生变量，从而形成了反欺诈关键特征并可作为模型里调用的参数。

以无监督和有监督机器学习建模为核心向下延展出特征计算平台、终端智能工具接上客户数据；向上延展出规则引擎、案调系统、图谱工具接上可操作的客户业务需求

2.2.3 应用层建模工具平台

维择科技提供集成专利算法的建模工具，使无论是客户自主可控的风控业务团队，还是维择科技的数据科学团队均可以在同一平台上高效便捷地查看结果、管理特征库、调整模型、提升性能并进行产品部署，并输出实时可用的规则。

2.2.4 案件管理层可视化功能提升效率

对于由衍生特征和机器学习模型自动化产出的规则，非IT人员可直接上手操作，只需要运用具有图谱功能的案件管理系统，可视化展现账户和账户、账户和事件、事件和事件之间关联，可疑行为一目了然，方便高效发现犯罪活动的源头，直接打击整个团伙。

以上端到端解决方案可满足金融机构多种个性化需求，并可实现数据科学家、反欺诈分析师和策略专家等风控流程中的相关参与者在同一平台上协作，简化工作流程，去除部门之间的沟通障碍，实现实时检测和极速响应，达到超高的敏捷度。

3. 项目运作节奏

3.1 第一阶段：反洗钱模型测试期——短时高效

目前，银行客户普遍对人工风控的依赖性更强，尽管希望通过应用新技术来提高风控效率，但也对无监督机器学习技术过于领先有所顾虑。针对较为传统、智能化程度不高的银行机构，维择科技会从基础的规则引擎引导客户入手，让客户在短时间内看到人工智能风控解决方案的效果，并逐步掌握新技术，最终实现智能化升级。

案例成果：

维择科技为某股份制银行提供智能反洗钱解决方案，基于对公账户的交易数据，结合相关账户信息和客户信息进行反洗钱建模，使用无监督机器学习算法提升反洗钱侦测效率。

该项目测试期选取了 15 天内超过 3 000 万笔跨行转账及支付数据作为样本，涉及对公账户总量近 200 万个，通过无监督机器学习模型衍生出共计 80 个变量类型，包含高额交易类、金额序列类、短时高频交易类、交易对手类等，自动指导后续特征建立、规则建立、实时抓取。

同时，结合来自账户信息表、对公客户信息表、对私客户信息表、卡信息表、跨行转账交易流水表、单笔及批量支付交易流水表等脱敏数据，以无监督机器学习算法为核心的反洗钱测试模型快速部署并上线，共检测出可疑交易账户数超 7 000 个，涉及欺诈群组数近 500 个。维择科技从风险群组中抽样了约 800 个对公账户进行人工审核后，确认高可疑账户近 300 个，准确率超过 30%。[①]

3.2 第二阶段：实时风控体系搭建——授之以渔

在反洗钱模型测试期获得相应效果后，维择科技为该银行客户提供自主可控、自主应用的解决方案，由"授人以鱼"模式转变成"授之以渔"模式，让客户业务人员和技术人员参与到自主建模过程，获得整体的能力提升。利用维择科技平台，客户可以根据场景进行内部应用，不需要维择科技参与，自行识别风险。

案例成果：

在快速部署并实现有效模型检测后，维择科技在第二阶段开启为该股份制银行构建端到端全流程的实时风控体系。

首先，其通过高效的风控运营工具让技术人员自主进行数据处理和模型搭建。在技术部门经过实时处理并分级分类，基于无监督机器学习的风控模型对风险事件进行了五级分级，其中四级、五级的高风险匹配结果中的高分值群组中绝大部分确认为洗钱账户。

分级分类后的风险案件及账户，成了可操作的风险案件，被无缝转交给业务部门进行标记、分析、审查。通过分析这些可疑群组和账户，业务部门发现了不同形态的欺诈模式，如利用跑分平台进行网络赌博、非法汇兑，及

---

① 本案例中行业数据及项目数据解释权归维泽科技所有。

非法结算的混合型地下钱庄。

维择科技从而端到端为银行搭建起全流程风控体系，优化了金融机构各部门工作者之间的协同，并实现预期工作的降本增效。

4. 市场应用及未来展望

4.1 技术在市场的其他落地应用

维择科技以无监督机器学习算法为核心的风控解决方案不仅成功应用于金融反洗钱领域，该解决方案也在包括金融交易场景、信用卡申请反套现等诸多场景中成功落地。此外，在互联网领域，无监督机器学习算法也能有效识别账户盗用（ATO）、薅羊毛、刷量等问题。

比如，维择科技为美国某大型银行提供风控体系优化服务，该银行旗下有多种金融业务，如信用卡、住房贷款、汽车贷款、支票和储蓄产品等。该银行苦于应对虚假身份、被盗身份等类型的申请欺诈，传统的申请欺诈应对方式（包括规则引擎和有监督建模方法）难以有效地捕捉现代数字化的欺诈攻击。维择科技通过基于无监督机器学习的金融风控解决方案补充了该银行现有的风控体系，高精度、大规模识别团伙欺诈申请。此外，基于无监督机器学习算法的解决方案可以不通过预设欺诈申请模式的方式进行识别，捕获新型攻击表现优异。在该案例中，维择科技实现了30%额外检测覆盖率，90%以上的准确度，并成功为该银行挽回约3 000万美元的年度损失。

此外，维择科技助力中国某头部股份制银行防范信用卡APP端的欺诈风险防控。该银行是信用卡领域发展最活跃的银行之一，累计发卡超8 000万张。维择科技帮助其检测信用卡APP中的异常行为，运用无监督机器学习技术防范账户盗用（ATO）和违规交易的风险。随着黑产外部攻击不断增加，网络攻击（如撞库、爬虫等）、用户欺诈（如羊毛党、盗刷）等恶意行为层出不穷，传统的风险监控仅基于异常事件的标签结果，在应对多样复杂的风险攻击手法时，识别难度颇大。维择科技将客户在注册、登录等不同事件的前端、后端的不同来源的数据统一整合，结合维择科技在反欺诈领域的丰富经验，衍生出超过 200 个特征变量，结合专利算法模型，将有欺诈行为的团伙进行聚类。其在用户登录节点时采用"实时 + 批量"的双引擎模式，有效提前制止损失，额外识别出 30% 的增量风险用户。此外，维择科技还提供了风险运营平台，内嵌友好的可视化展示，大幅提升审查和统计工作效率。

4.2 行业发展方向

当前，传统金融数字化转型成为历史必然，2020 年的新型冠状病毒疫情更加速了传统行业的业务向线上转移。线上业务的流畅客户体验是传统金融机构追求的目标，这就需要人工智能机器学习技术在应用的广度、深度和精度上都更进一步，人工智能和机器学习等转型技术将不再是奢侈品，而是必需品。

4.2.1 提升用户体验

机器学习已经在包括图像识别、语音识别、机器人客服等领域让用户们直接感知到了科技赋能金融业的体验升级，在更广泛的后端及大数据应用领域，机器学习也在逐步发挥着更大的作用，保护着用户数据和财产安全。

4.2.2 提高智能能力

目前，机器学习取代了较基础、简单和重复的工作，节约了相应的成本和时间。而更深度的人工智能应用，将解放部分需要大量智能决策的工作，比如风控决策环节，从依赖专家经验到智能决策的转型。

4.2.3 提升精准度和效率

机器学习帮助金融业风控更加精细化,实现千人千面,提升风险管理能力,优化整个运营体系。技术的精准应用,提升了智能决策能力,高效输出具有可解释性的结果,帮助业务人员提升风控精准度和效率。

维择科技认为未来传统金融风控是机器学习应用的增长点和重点领域,因为随着传统金融大数据的日趋完善,传统行业的欺诈单个损失要远高于互联网行业,传统金融行业正面临着巨大的风控挑战。维择科技致力于提供更细化、更适用于多行业的产品,瞄准传统金融的痛点包括数据隔离、技术与风控业务脱节、数据标签不够完善等进行专业化打击。

4.3 未来展望

维择科技目前聚焦在金融和互联网两大赛道,未来预期将无监督机器学习技术向新场景进行拓展。如沃尔玛等零售巨头,有较强的检测可疑线上交易和反洗钱的需求;电信运营商通过在线的 APP 或者网站开展营销活动,会存在被"薅羊毛"的风险;连锁餐饮行业,相关点餐软件可能会受到攻击。以上领域都将是维择科技无监督机器学习技术的重点应用方向。

编委会点评

1. 社会效益

提升风控能力并积极开展反欺诈业务，是金融体系主动履行社会责任、保护人民财产安全的关键所在。在国家强化金融科技监管、完善金融风险处置工作机制的顶层要求下，人工智能技术帮助金融机构提高风控体系效能，实现金融行业数字化、智能化转型升级，全面提升行业服务质量、市场价值、社会价值。

2. 创新价值

维择科技无监督机器学习风控解决方案的创新点，体现在对人工智能技术的深度应用。其结合传统规则引擎、有监督机器学习、行业知识图谱等技术方案，为以银行为代表的金融机构，构建更高精度、更多维度的风控体系；同时运用系统化、多层次、可独立应用的端到端风控产品，帮助金融机构实现技术层到业务层的风控流程体系的强化与融合。人工智能技术从监控风险、预测风险、解决风险方面支持金融机构智能化风控平台顺利运营。智能科学技术的深度应用与持续研发投入，以及对于金融科技、监管科技的深刻理解，将会是人工智能风控公司领先于行业的关键。

同盾科技：
中小微金融服务平台提升普惠金融效能

摘要：金融是现代经济的核心，特别是在受疫情全面影响的当下，不少企业在资金方面捉襟见肘，亟须有关各界推出一揽子举措，为企业"造血""输血"。对此，同盾科技有限公司（以下简称"同盾科技"）打造"中小微金融服务平台"，平台归集地方政府部门涉企信息资源，自动生成"企业画像"，同步采取"互联网＋政务＋金融＋智能风控"模型和"线上＋线下"相结合的金融服务模式和相配套的综合服务功能，疫情期间让企业需求和金融供给无缝对接，有效发挥数字化、线上化、智能化和非接触等优势。

关键词：人工智能　智能决策　中小微企业　金融服务

1. 背景描述

1.1 行业背景：融资难融资贵制约中小微企业发展

我国中小微企业数量约占全国企业总数的 90% 以上，创造就业岗位超过 80%，GDP 贡献超过 60%[①]。十八大以来，坚持以人民为中心的发展思想，各级政府对普惠金融提出了更高的质量发展的新要求。国有六大行纷纷成立普惠金融部，2020 年，央行更是下达硬性指标，要求大行普惠型小微企业贷款

---

① 参见国家工商总局 2014 年 3 月发布：《全国小型微型企业发展情况报告（摘要）》。

增速高于40%[①]。这项举措为过去这一不平凡的一年，为"六稳""六保"战略目标的达成，起到了重要作用。

但客观地说，我们不得不面对仍有数量巨大的小微信贷缺口的现实。数据显示，当前我国有近亿家小微经营户，贡献2.3亿个就业岗位，一年的营业额超过13万亿[②]。小微经营户占全国就业人口30%，其营业收入占全国的消费品零售总额1/3。然而，金融机构对小微企业的贷款支持力度与中小微企业的经济贡献之间，仍有很大差距。

1.2 行业痛点：传统风控体系难以评估小微贷款

小微企业融资的难点之一在于风险把控难。风控难体现在两个方面：一是风控效果难提高，小微企业因管理不完善、报表不规范，信用水平难以依靠其提供的信息进行很好的评估；二是传统风控成本高，传统评估通过纯人工的方式进行信息搜集、风险评估，投入成本较高。

对此，各级政府部门、金融机构、科技企业，正致力于推动解决中小微企业融资难、融资贵问题，利用云计算、区块链、人工智能等新兴技术，打造新一代金融基础设施，为中小微企业融资提供更优质的服务。

2. 创新描述

同盾科技"中小微金融服务平台"充分展示了科技赋能效应，通过"政府搭平台、科技公司建平台、中小企业上平台"的创新案例模式，发挥了科

---

① 参见中国人民银行、银保监会、发展改革委、工业和信息化部、财政部、市场监管总局、证监会、外汇局2020年5月发布：《关于进一步强化中小微企业金融服务的指导意见》。
② 参见北京大学国家发展研究院：《中国个体经营户研究系列报告之二：烟火重聚：中国个体经营户新冠疫情下的复苏》。

技在中小微企业金融服务中的创新价值。

2.1 一站式企业综合金融服务

同盾科技"中小微金融服务平台"以"让中小微企业融资最多跑1次"为服务宗旨，在政府牵头下，依托政府各部委和企业相关数据，汇集企业信用信息。其以信用为核心要素，运用大数据、智能风控等金融科技手段，打造一站式企业综合金融服务平台，缩短融资流程、提升风控效能，实现政府、金融机构、企业三方互利互惠，合作共赢。

一站式企业金融服务平台实现了如下核心技术目标：

（1）数据融合：包含数据采集、基础架构搭建、一体化计算、元数据管理、数据服务、数据安全、数据质量、运维监控等，可整合现有信息资源和应用系统，实现跨行业、跨部门、跨区域的综合应用和数据共享。

（2）模型算法：可提供模型的全生命周期管理，包括数据上传、模型构建、部署执行、模型监控等功能。模型平台能够基于用户自有数据和同盾大数据联合建模，支持多种模型，适用于多种场景，显著提升模型性能。

（3）决策引擎：提供相关业务策略的全生命周期的统一管理，包括可重用的简单规则、决策表、决策树和规则流等组件的编辑、部署、运行、监控等功能，为用户提供高效的决策管理服务。

（4）机器学习与人工智能：通过有监督、半监督、无监督、深度学习算法针对不同的金融场景进行 AI 建模，进行有效的风险预测，提供准确的贷款利率。

（5）结果输出：中小微企业综合金融服务平台可以输出数据、模型和评分，为金融机构补全所需的数据、信息、评分和模型，助力金融机构对客户进行全视角画像。

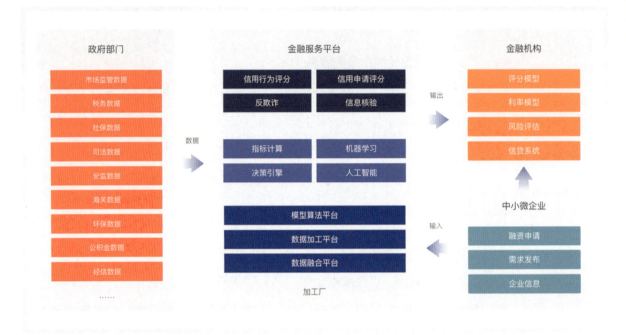

同盾中小微企业金融服务平台逻辑

2.2 知识联邦牢筑数据安全底座

"中小微金融服务平台"跨越结合了智慧金融和智慧政务场景，需要打通政务、税务、银行、企业及个人等安全和隐私要求差异较大的异构数据。对此，同盾科技融入了自主研发的知识联邦技术，采用知识联邦的方式对信息、流程进行安全串联。知识联邦首先将数据转化成信息、模型、认知或知识，满足隐私计算要求，确保数据"不可见"，再通过联邦的方式实现数据"可用"，打造更为安全的风控平台。

2.3 精准自动匹配创新风控流程

精准的自动匹配是"中小微金融服务平台"一大创新之举。企业与金融机构发布各自的需求后，平台运用大数据与人工智能，在后台为两者之间提供自动匹配，在所有匹配到的产品中会根据匹配度的高低对产品进行排序，企业可以查看产品的详情，有意向之后就可以点击申请。点击动作完成后，申请记录就连同企业资料开放授权给了银行。金融机构接收到平台导入的贷款申请后，通过同盾提供的企业信用模型构建的企业画像进行风险评估。

3. 项目运行节奏

一家企业在同盾科技中小微金融服务平台线上申请贷款整个过程如下：

3.1 资产端：企业意向申请自动匹配

资产端方面，企业登录平台企业端的界面，可以看到企业自身的信用

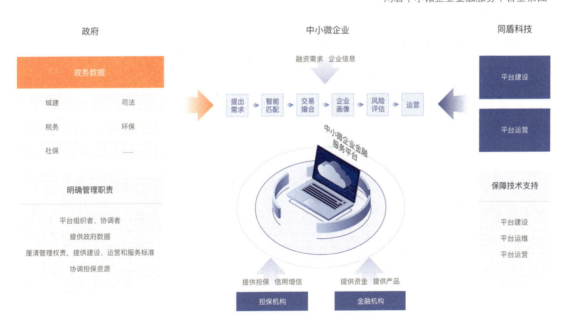

同盾中小微企业金融服务平台全景图

分，以及平台自动匹配的金融机构贷款产品，有意向之后就可以点击申请。点击动作完成后，申请记录就连同企业资料开放授权给了银行。

3.2 资金端：依据企业画像评估风险

资金端方面，金融机构接收到平台导入的贷款申请，进入金融机构的审批界面。平台会通过同盾科技提供的企业信用模型，为这家企业构建一个完整的企业画像，为金融机构清晰展示这家企业的信用全貌：包括企业的基本信息，雷达图展示的企业信用评分模型，资本实力、偿付能力、抵押担保、以及企业近3年的舆情动态等维度信息。

3.3 环节优化智能决策

在整个环节中，平台整合工商、税收、人社、司法等政府部门数据，结合同盾决策引擎、人工智能、机器学习等技术进行加工和建模，从企业及企业关系人两个维度，对中小企业进行反欺诈检测、信息核验、信用评分等，并将数据、评分、模型等输出给金融机构。金融机构使用这些数据、评分、模型，再结合金融机构自有的数据进行信用评分、评级等，最终在放款与否、贷款额度和利率的设定上做出智能决策。

4. 市场应用及展望

4.1 市场价值

同盾科技"中小微金融服务平台"的不断发展将有效地拓展供给侧、扩大需求侧、完善管理侧。平台不仅可以吸纳各行各业的中小微企业，还能将银行、股权投资机构等可为企业提供金融服务的持牌机构纳入，鼓励其通过创新金融产品、开展技术研究等方式，满足企业全生命周期的各种融资需求，更能帮助政府机关打造主动型服务模式，实现对中小企业应帮尽帮、因企施策、因需施策。

4.2 市场应用

同盾科技已与杭州、唐山等城市共建完成中小微企业综合金融服务平台，该平台为中小企业和金融机构高效撮合金融产品和贷款需求，构建了一个各方共赢的生态系统。

4.2.1 政府发挥引领作用，强化顶层设计

帮助中小企业解决发展中的实际困难，落实国家系列普惠政策，更加有利于发挥中国经济的韧劲和潜力，使得中小企业的创造活力充分迸发。但是，这项系统性工程涉及政府、银行、担保机构和小微企业等多方主体、多方利益、多维数据，而政府在项目中可以很好地协调好各方利益关系，在建设中发挥了主导作用。

4.2.2 银行聚焦金融本源，提高服务质效

在行动中，金融机构应用新技术，改进风控模式，积极推进流程、模式、授权体系改造，简化流程、优化授权、提高效率，将金融服务能力充分辐射到广大中小企业群体，并维持银行信贷供给的稳定性，从而全面提升服务中小企业融资的效率和效果。

4.2.3 科技企业深度赋能，推动数智发展

"中小微金融服务平台"在构建过程中遇到多方非结构化数据的收集和分析、公共机关沉睡数据的挖掘等显著问题。项目充分发挥同盾的技术优势，对多方数据进行融合、加工、挖掘、建模和关联性分析，有效解决过去融资过程中信用信息痛点。

4.2.4 多方合力破解难题,帮扶企业成长

中小企业融资问题事关经济转型升级和民生就业大局,是一项长期性和系统性工程。"中小微金融服务平台"把公共服务建立在信息技术基础上,发挥政府部门、金融机构、企业主体、科技企业等综合合力,为中小企业发展提供动力。

疫情期间,中小微金融服务平台有效发挥了数字化、线上化、智能化和非接触等优势,基于对企业的精准分析,通过适时创新和调整,使得多家企业在业务停滞期间,仍能顺利获得金融服务。申请、贷前信审、授信、贷后管理等全流程动作皆可在平台完成,全程电子化从而避免人员流动和交叉感染的可能。

针对特殊时期企业提出的诉求,杭州未来科技城联手同盾科技推出余杭区中小微企业金融服务平台"抗疫产品专版"与"股权投资专版",利用人工智能、大数据精准对接融资需求,无接触服务保障企业融资。平台于上线当晚就收到了50余家企业提交的融资需求申请,银行及投资机构也迅速作出响应。本来线下贷款要一到两周时间才能完成,通过平台,24小时内审批完成,48小时内就可以放款。不到48小时的时间,已经有3家企业获得了1 000万元的贷款。抗疫产品专版和股权投资专版的推出是一次有益尝试。在首批提交融资需求的120余家企业已全部与银行或股权投资机构实现对接,服务触达率100%。

不仅仅是在杭州,同盾科技联合唐山市政府、唐山银行打造的唐山小微企业综合金融服务平台在帮扶企业复工复产的"春雨行动"中也发挥了重大作用。疫情期间让企业需求和金融供给无缝对接,不断把春雨金服行动引向深入。截至2021年3月20日,金服平台入驻企业11 057家、金融机构62家,

发布各类金融产品 188 项，累计发布融资需求超过 564 亿元，成功撮合融资超过 379 亿元，直接搭建起银企沟通的桥梁。[①]唐山"春雨金服"行动还在"国务院第七次大督查发现的 43 项统筹疫情防控和经济社会发展典型经验"中获得通报表扬。

4.3 未来展望

同盾科技"中小微金融服务平台"将把握"金融服务实体经济"这一根本宗旨，把公共服务建立在信息技术基础上，发挥政府部门、金融机构、企业主体、科技企业等合力为中小企业发展提供动力。并在此基础上，其凭借技术实力和丰富的服务经验，把人工智能、联邦学习等先进技术与城市治理、产业发展等场景深度融合，围绕"计算、安全、运营"的数据全生命周期充分挖掘数据价值，提升复杂场景下的决策与服务能力，助力城市数字生态体系和产业体系建设。

---

① 本案例中行业数据及项目数据解释权归同盾科技所有。

编委会点评

1. 社会效益

十四五开局之年,构筑中小企业融通发展新生态、帮助中小企业优化经营环境,为进一步促进经济结构优化转型、实体经济健康发展的关键所在。金融为实体经济之血脉,面对中小微企业融资难、融资贵的长期性问题,尤其在新冠疫情冲击下,中小微企业经营危机叠加金融供需矛盾进一步锐化。因此,运用新兴技术帮助金融机构实现风控升级、顺畅融资流程,可实现长短结合、高效赋能,帮助中小微企业持续成长。

2. 创新价值

同盾科技在数据融合、智能匹配、智能决策技术实现的基础上,通过"中小微金融服务平台"为企业、金融机构、政府三方构建共赢生态,实现了企业有钱融、机构有据贷、政策有实效。同盾科技运用人工智能、大数据技术赋能融资流程、提升风控能力,可对企业进行精准画像,使金融机构依据信用模型决策批贷,打造了多维数据、双向交互的数字化创新服务体验,解决了金融机构与中小微企业信息不对称问题,延伸了金融服务、提升普惠效能。

中企云链：
产融互联网引领数字金融新变革

摘要： 中企云链（北京）金融信息服务有限公司（以下简称"中企云链"）拥有行业领先的金融科技创新能力，依托全面的行业伙伴资源以及丰富的业务服务经验，打造"N+N+N"的供应链金融平台模式，有效盘活大企业优质信用，助力产业链上企业清理三角债，解决中小企业融资难题，践行国家普惠金融政策，促进产业链实现降本增效。中企云链将充分发挥供应链金融平台的领军力量，高效链接产业端、金融端，助力建立优质信用标准化、流转化、价值化的商业信用体系，开启以产业为基础，以金融科技为动能的产融互联网大生态。

关键词： 供应链金融　金融科技　区块链

1. 背景说明

2015年，中企云链由中国中车联合多家央企、金融机构、地方国资、民营企业组建，为混合所有制企业，经国务院国资委批复成立。现已形成中国铁建、中国船舶、鞍钢集团、招商局、中国能建、中国铁物等7家央企，邮储银行、工商银行、农业银行、民生银行、中信建投等5家金融机构，北汽集团、上海久事、云天化、紫金矿业等4家地方国资，金蝶软件、智德盛、赛富基金、云顶资产、IDG资本、泛海投资5家民营企业的股东阵营。

供应链金融对于实体经济的作用受到了国家的高度重视,近几年,国家层面不断出台与供应链金融相关的政策,《关于积极推进供应链创新与应用的指导意见》①《关于开展供应链创新与应用试点的通知》②《中国银保监会办公厅关于推动供应链金融服务实体经济的指导意见》③等相继落地。

2020年4月,中央政治局会议强调加大"六稳"工作力度,特别提出要保产业链供应链稳定。9月,为深入贯彻落实党中央、国务院决策部署,做好金融支持稳企业保就业工作,精准服务供应链产业链完整稳定,促进经济良性循环和优化布局,央行等八部门出台《关于规范发展供应链金融支持供应链产业链稳定循环和优化升级的意见》④,明确了供应链金融的内涵与发展方向,规范了市场上以供应链金融名义开展的各类业务、各类平台,为供应链金融的规范、发展和创新奠定了政策框架和制度基础。

中企云链作为供应链金融行业的先行者,一直积极响应着国家政策要求,通过金融科技创新,提升产业链上中小企业融资效率,解决不同场景下企业的多样性融资需求,助力解决中小企业融资难题。2019年,中企云链创新模式作为"深化民营和小微企业金融服务"系列典型,被国家发改委作为典型案例"点赞",并号召各方面关注学习。同时,中企云链全国供应链金融助力各地发改委,落实国家政策要求,面向大中小企业,积极普及供应链金融知识,联手大企业带动链上中小企业共同发展,助力实体经济健康发展。

---

① 国务院办公厅2017年10月发布:《关于积极推进供应链创新与应用的指导意见》。
② 商务部等8部门2018年4月发布:《关于开展供应链创新与应用试点的通知》。
③ 中国银保监会2019年7月发布:《中国银保监会办公厅关于推动供应链金融服务实体经济的指导意见》。
④ 中国人民银行、工业和信息化部、司法部、商务部、国资委、市场监管总局、银保监会、外汇局2020年9月发布:《关于规范发展供应链金融 支持供应链产业链稳定循环和优化升级的意见》。

2. 创新描述

中企云链平台立足产业，充分利用互联网开放、合作和免费等特性，整合企业资源、金融资源、供应商资源，打造"N+N+N"的供应链金融模式。

2.1 创新企业债权确认模式，实现大中小企业融通发展

中企云链依靠金融科技，创新出一种可拆分、流转、融资的电子付款承诺函，中企云链平台称其为"云信"，其实质是基于企业间真实贸易的应收应付账款的债权确认凭证。

具体来看，大型企业集团可以凭借自身在银行等金融机构的优质信用，以真实贸易背景为基础同时基于企业间应付账款，在中企云链平台以电子确权凭证即"云信"进行确权，并将自己的授信额度分配给下属的核心企业。

产融生态圈示例图

核心企业可以使用"云信"向供应商清理账款，到期再以"云信"进行账务清理即可，从而有效降低大企业现金占用量。同时，其帮助供应商提前开展流转和融资，降低整个供应链融资成本。另外，大型企业集团可利用"云信"的拆分流转功能，不仅能够快速清理债务链上各企业间三角债，降低企业负债，还能帮助集团企业增强对整个产业供应链的"穿透"力，实现企业资金流向的管控、供应链关系的梳理和管控。

"云信"为产业链上广大企业提供了全新的经济往来的债务清理工具，有助于解决传统票据资金错配问题，提高结算效率，并能够在产业链中实现多级流转和精准融资，从而为中小企业提供了一个便捷、低成本融资的新通道，有效实现"引金融活水，润实体经济"，进而推动产业链良性发展，实现大企业、中小企业、资金方的多赢局面，打造一个可持续发展的产融生态圈。

2.2 引金融脱虚入实，促进大中小企业和银行协同发展

首先，对银行等金融机构来说，中企云链构建了一个供应链金融共享平台，通过这个平台，银行可以盘活大企业的闲置授信，在更安全有效解决中小企业融资难融资贵问题的同时，批量获取线上融资利润，同时，银行还可在平台上实现营销端、金融服务、综合资源、研发技术、后台支持等全方位的共享共通。

截至2021年6月，中企云链已与近40家银行实现系统直连，近100家银行达成总对总全面合作，成为银行践行普惠金融的重要伙伴。中企云链携手各大银行，在大企业以云信方式确权应付账款的基础上，安全便捷地将资金引导给产业链上的广大中小企业，将普惠金融政策要求落到了实处。

其次，对企业来说，中企云链平台带动大中小企业融通发展，满足供应链底层中小企业融资需求。截至2021年6月，平台已上线核心企业近2 000

家，业务覆盖建筑业、制造业、医疗服务、能源、市政等各行业，"云信"模式贯穿各央企、国企、民营企业。"云信"融资的方式使用的是大企业在银行的授信，因此各银行给予中小企业的应收账款融资利率也参考大企业融资利率定价，这就使得"云信"的融资利率低于市场上中小企业其他融资方式，并且"云信"大幅降低银行对中小企业放款风险，使得银行敢融资、愿融资，最大程度地解决中小企业融资难、融资贵难题。

通过互联技术，"云信"可以在平台上便捷地流转，优化应收账款融资业务流程，改进中小微企业应收账款融资风险评估机制，建立风险可控、利益共享、客户共享的长效合作，满足供应链各级次企业融资需求，促进实体经济发展。未来，其可基于各类企业交易业务形成的"云信"流转数据，通过大数据分析，建立企业动态信用评级体系，解决供应链中小企业信用评级难题，实现企业级互联网征信。

3. 项目运行节奏

金融科技创新，构建产融新生态

中企云链平台自 2015 年 10 月份正式上线至今（2021 年 6 月），已有注册企业用户超 100 000 家，核心企业实现"云信"确权近 3 500 亿元，通过"云信"流转累计免费清理供应链企业三角债超 10 422 亿元，为产业链中小企业提供应收账款保理融资近 2 200 亿元。其中单笔 100 万元以下的占 86%，单笔 50 万元以下的占 71%，通过将线下企业融资流程全面优化整合到互联网线上，实现中小企业当日申请、当日放款的高效融资。①

中企云链一直致力于金融科技创新，2020 年 4 月，中企云链首批接入上

---

① 本案例中行业数据及项目数据解释权归中企云链所有。

海票据交易所，面向全国企业大力推广"供应链票据"，助力实现企业融通发展，以实际行动促进实体经济提质增效。

同时，中企云链秉承共享共通的运营理念，依托先进的科技创新能力与市场运营能力，打造了企业确权产品、资本市场产品、金融科技产品、场景金融产品以及企业服务产品等 5 大板块、18 条产品线，实现了对企业全生命周期多维金融服务需求的全覆盖。2020 年，中企云链率先提出打破各个产业链条边界，从全产业链角度进行资源整合和价值链优化，降低社会生产运营成本，提高资金使用效率，实现社会资源的优化配置。中企云链将充分发挥供应链金融平台的领军力量，高效链接产业端、金融端，助力建立优质信用标准化、流转化、价值化的商业信用体系，开启以产业为基础、以金融科技为动能的产融互联网大生态。

4. 市场应用与未来展望

下一步，中企云链将加大在政府和大企业的推广力度，并在现有合作银行的基础上，引入更多的银行加入，为更多的大中小企业提供金融服务。同时，其通过 ABS/ABN 等创新产品，不断完善与券商、保险、基金等社会各类资本的合作，拓宽资金来源，并进一步引导中小企业积极加入中企云链平台，帮助中小企业解决融资难融资贵问题。

未来，中企云链将联合大企业大银行全面搭建面向大中小企业的一站式产融共享服务平台，发挥国有企业整体优势，打造互利互惠、协同发展的链属企业生态圈，增强中国企业竞争力。

编委会点评

1. 社会效益

中企云链从产业链角度进行资源整合和价值链优化，降低社会生产运营成本，提高资金使用效率，实现社会资源的优化配置。对核心企业来说，降低了现金占用，增强了对整个产业供应链的控制力，实现了对资金流向的管控；对中小企业来说，解决了融资难、融资贵问题；对银行来说，盘活了大企业的闲置授信，又批量获取了线上融资利润，更好地实现了普惠金融。其最后形成了核心企业、中小企业、银行的多赢局面，有效实现了"引金融活水，润实体经济"，推动了产业链的良性发展，打造了一个可持续发展的产融生态圈。

2. 创新价值

中企云链搭建了产业端和资金端高效链接的第三方供应链金融服务科技平台，用科技创新赋能实体经济。其通过核心产品"云信"的在线拆分、流转、融资，为产业链上广大企业提供了经济往来的债务清理工具，既有助于解决传统票据资金错配问题，提高结算效率，又能够在产业链中实现多级流转和精准融资，解决了传统供应链金融行业的核心企业确权难问题；通过将核心企业优质信用传导给产业链上中小微企业，解决了中小企业融资难、融资贵问题。

水滴公司：
智能化保险管理一站式服务用户

摘要： 随着我国金融体系及信息技术的不断进步，保险行业逐渐在丰富保险产品、优化理赔流程、运用精准营销技术等方面加大投入。北京健康之家科技有限公司（以下简称"水滴公司"或"水滴"）致力于为用户提供"保险保障＋医疗健康"一站式服务，持续推进人工智能、大数据、区块链等新兴技术在保险行业的应用，搭建水滴智能保险管理平台，实现业务流程自动化，推动保险产业核心业务持续发展。

关键词： 大数据　人工智能　智能保险

1. 背景说明

1.1 行业背景：保险数字化进入转型期

作为全球第二大保险市场，2020年，中国保险业保费收入4.5万亿元，而中国保险业信息科技资金投入也达到351亿元，同比增长27%。[①] 但从投入比例来看，保险业科技投入仅占保费收入的0.78%，与发达国家相比仍存在巨大的提升空间。

近几年，银保监会陆续发布多项政策，在鼓励和规范保险数字化转型进

---

① 参见郭树清：《2020年银保机构信息科技总投入近2 500亿元》，载财新网2021年3月2日，https://finace.caixin.com/2021-03-02/101669021.html，访问日期：2021年9月6日。

程的同时，对行业数字化水平提出更高要求[①]。尤其是 2020 年新冠疫情的暴发，进一步推动了相关产业数字化进程。保险机构迫切需要通过线上化、数字化、智能化实现成本结构优化，在传统业务持续升级的基础上提升效率。

1.2 行业痛点：传统核心系统亟须升级建设

保险核心系统是中国保险业进入信息化时代的标志之一，但受限于其发展模式及发展阶段，核心系统开发周期长且难以兼备用户需求，数据庞大、业务繁杂、烟囱式架构等弊端导致其信息交换和共享效率较低。随着互联网技术的全面成熟，以及人工智能等新兴技术的快速发展，传统保险核心系统亟需适应新的时代需求。

《中国保险科技发展白皮书（2019）》[②]指出："当前，中国保险科技已经进入场景化发展阶段，着重于产品创新与个性化定制；同时，大数据、人工智能、物联网等新技术开始在保险业务各环节逐步发挥作用。"保险行业的经营理念、管理能力均需要实现迭代发展，科技赋能将成为未来保险业发展的关键词。

水滴公司作为一家保险科技平台，通过大病筹款、健康服务等多元化业务形态为用户提供保险保障意识教育，同时在大数据、人工智能等技术方面持续投入、加强探索，运用智能技术赋能保险业务，构建智能化保险管理平台。

2. 创新描述

2.1 智能化业务中台赋能保险价值链

水滴公司自成立以来持续发力信息化、数据化、智能化建设，并通过多

---

① 参见银保监会 2020 年 12 月发布：《中国银行保险监督管理委员会令》。
② 《中国银行保险报》和中关村互联网金融研究院 2019 年 10 月发布：《中国保险科技发展白皮书（2019）》。

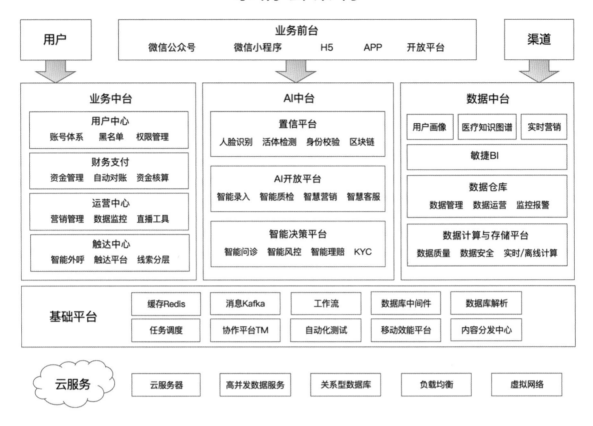

水滴公司云架构示意图

元化的业务形态积累了大量的真实业务数据；与此同时，其在监管合规的前提下与多家第三方公司开展深度合作，不断打造数据多元化体系，实现了涵盖"水滴大数据+数据中台+AI中台+业务中台"在内的立体科技架构。在底层数据、数据中台、AI中台的加持下，结合保险业务发展趋势，其形成了集智能营销、智能理赔、智能客服等多类智能化服务于一体的业务中台——智能保险管理平台。

智能保险管理平台基于保险业务全流程，赋能保险销售端、产品端，以及运营端价值链：在销售端，水滴主要通过相应的营销策略对用户进行分析，以用户画像及线索分层，为用户精准触达提供最优智能化方案；在产品端，水滴与各大保险公司合作，推出医疗健康相关保险，通过大数据、场景精算能力，以及搜索引擎等多方位技术，将更精确的产品提供给用户；在运营端，水滴完成理赔处理自动化执行，建立可靠同名的理赔机制，并结合反欺诈技术识别用户材料真实性，降低骗保欺诈概率。

2.2 营销、理赔、客服等多元智能服务于一体

2.2.1 智能营销

保险业一大特征是拥有庞大的代理人团队，截至2020年年底，全国共有个人保险代理人900万人[①]，保险中介机构从业人员300万人，且大部分集中在一、二线城市。如何更好地触达三线及以下城市、乡村用户，更精准地把握用户需求，提供更具性价比的保险产品，成为保险业近年来重点课题之一。

基于对用户需求的精准判断和数据积累，水滴智能营销系统致力于提高平台运营效率，主要围绕拉新、促活两个方面，以智能化的方式开展"寻客、触客、落客"。其基于包括交易行为、平台行为、部分资产征信等在内的底层数据，运用数据挖掘、云计算、知识图谱及机器学习技术对用户进行标签分类，从而进行用户画像、线索分层等用户定义。基于相对饱满的用户画像及分层，水滴使用决策引擎和规则引擎实现对相似或同类型用户的消费行为的分析对比，获得不同时期的客户对于不同产品的需求意愿，进而指导营销预测和决策，并且对话用户，针对特定客群进行个性化产品定制，选择更合适的媒体、渠道、时间、方式等营销策略，从而达到精准获客的目的。

与此同时，以上技术也不断帮助保险产品供给侧实现创新。如2019年，

---

① 参见《中国银保监会有关部门负责人就加强保险销售人员和保险专业中介机构从业人员管理有关政策答记者问》，载中国银行保险监督管理委员会官网2020年5月19日，www.cbirc.gov.cn/cn/view/pages/ltemDetail.html?docId=904811&itemId=9168&generaltype=0，访问日期：2021年10月29日。

智能营销策略——保险产品的供给侧改革

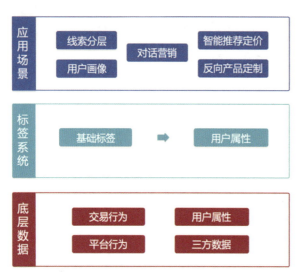

水滴公司智慧营销示意图

水滴联合安心保险推出国内首款专门针对 60 周岁以上老年人的"百万医疗险",该产品填补了近 2.5 亿老年人该险种的空白,成为行业内的现象级产品。

得益于水滴智能化营销策略模型,自 2017 年至 2020 年,水滴平台累计年化新单保费突破 200 亿元。

2.2.2 智能理赔

水滴智能理赔围绕案件及主体风险,底层运用 OCR、NLP 等机器学习技术,通过身份验证、风控系统、审核规则等相关技术的巧妙融合,将用户上传的图片信息输出为结构化文本,并对模糊、有损图片进行处理,依据积累的大量历史数据综合判断案件及主体风险;同时,水滴通过持续积累的海量医学词典和医保知识库建立严密的钩稽规则,快速将理赔案件进行分类处

水滴公司智能理赔系统示意图

理,自动化输出审批结论,从而实现自动控费,减少结案时长。

目前模型结果准确率已达到99.7%,案例处理时效改善44.5%,节省录入成本50%,[①]大幅度地提升了用户的理赔体验以及理赔的处理效率。

2.2.3 智能客服

水滴运用语音识别、语义理解和对话能力搭建综合人机协同智能客服机器人,提供包含智能质检、智能外呼和智能服务在内的一站式解决方案。该机器人在多场景如在线咨询、坐席辅助、营销推广、内部管理等方面均可替代人力,智能化解决业务咨询与办理相关事务。

---

① 本案例中行业数据及项目数据解释权归水滴公司所有。

水滴基于"知识图谱+检索模型匹配"搭建意图识别模块以及问答匹配模块,从而实现智能客服功能。其中,意图识别模块主要是用来识别用户语言的真实意图,将意图进行分类并进行意图属性抽取,结合上下文数据模型与领域数据模型,不断对意图进行明确和推理,实现对用户意图的理解;问答匹配模块主要用来实现对问题的匹配识别及生成答案。

下图为水滴智能客服——智能坐席助手示例:在18分钟的通话过程中,智能客服全程监听转译,跟进任务进度及关键节点并实时分析;在通话结束后,智能客服根据监听结果,输出本次沟通画像,并进行客户解读以及智能评级,在充分保障用户体验的前提下,大大降低了人力成本的投入,提升保险服务的效率。

智能客服——打造专业服务智能工具

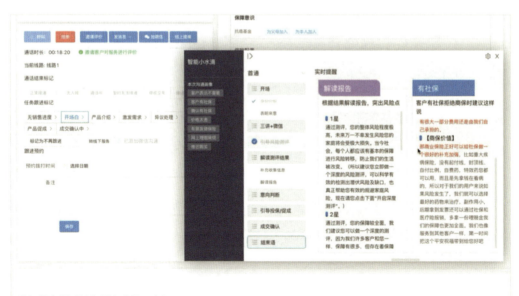

水滴智能客服系统与用户沟通示意图

3. 项目运作节奏

水滴智能保险管理平台以水滴保项目为基础，以人工智能、大数据、区块链等新兴科技赋能保险业务为目标并逐步实现。

3.1 建设数据团队，实施水滴大数据基建

基于保险价值链的业务痛点及需求，水滴制定数据驱动战略，将数据分析挖掘内化为公司或业务决策流程关键部分，并采用矩阵模式组建水滴公司大数据团队，更好地贴近业务开展数据建设。

在此过程中，存在如下挑战：首先，最大的挑战来自数据采集及整合，"数据孤岛"现象普遍存在，医疗数据在不同医疗机构甚至相同医院的不同系统中都是独立存储、独立维护的，彼此之间相互孤立导致海量数据难以统筹；其次，数据隐私问题应运而生，数据便于共享、传播、挖掘的特性结合医疗行业特殊性，使得用户对隐私保护更为敏感，这也是当下医疗大数据所面临的共性挑战。

面对挑战，水滴采取了以下有效措施：首先，与多家第三方公司开展深度合作，在数据合理使用和保障用户隐私的前提下，获取和积累相对脱敏的数据并进行模型匹配训练，从而有效加强水滴医疗数据体系的建设；其次，在医疗机构数据之外，结合上下游产业的相关信息多方投入，从而实现多维度的大数据建设。

案例成果：

水滴数据库建设主要分为三个方面：用户健康数据、保险数据、医疗数据。水滴医疗数据覆盖全国26个省，覆盖诊疗疾病库（ICD10）5万+，手术库1.7万+，药品库20万+，医疗机构库40万+，医保三目库3 000万+，等等。

水滴保险医疗数据库

用户健康数据	保险数据	医疗数据
DRGS收费库300+组	药品库20万+	医疗器械库17万+
单病种收费库9个省1000+病种	临床法医鉴定机构库3000+	诊疗库9万+
保险政策法规库100条+	手术库（ICD-9-3CM）1.7万+	医疗机构库40万+
诊断疾病库（ICD10）5万+	重疾外ICD关联库（保险产品）	医保三目库（药品、诊疗（服务设施）耗材）3000万+

水滴公司保险医疗数据库

3.2 构建水滴医疗知识图谱

水滴公司保险保障业务累积了大量的病历和诊断信息、理赔数据等。基于此，水滴利用 OCR 和 NLP 技术将理赔、病例等数据结构化提取，再通过学习标注样本各类实体和关系，构建水滴医疗知识图谱。水滴再借助技术优势将市面上近万种医疗险产品理算规则进行高度提炼，形成近百条核心规则引擎模型，支持各种产品自动理算，确保了理赔金额的准确性。

案例成果：

水滴医疗知识图谱现阶段集成了数十万个实体节点，实体关系数量超过 100 万，覆盖了 99% 诊断库、医疗保障目录库和全国 95% 以上各类医院及鉴定机构；与此同时，水滴公司针对各业务场景内经常出现的疾病和药品也做了名称归一化处理，覆盖 1 万多种疾病名称，集成了 1 千多条规则。目前已

水滴医疗知识图谱架构

经实现了知识图谱全生命周期管理,为水滴公司保险科技新基建提供了基础性、核心性的科技支撑。

3.3 保险智能理赔场景落地

理赔是健康险业务最重要的环节:对于保险公司而言,理赔环节是否流畅,关系到公司资金运转的健康程度以及用户对品牌的信任度。

通过保险科技对理赔环节的智能化升级,帮助更多的业务流程实现自动化。以数据驱动产业流程创新及业务发展,从而为降本增效、解决价值链痛点提供更多可行路径。水滴所搭建的智能理赔体系,通过医疗大数据、人工智能等科技能力为理赔环节赋能,帮助保险公司解决人工投入大、效率低、理赔欺诈严重、经验迭代过慢等问题。

理赔最为关键的两个环节为智能审核和智能理算，判断用户是否可以赔付以及赔付金额。传统保险公司的理赔判断主要依赖于人工，而这些会带来两个问题：第一，审核人员需要把用户提交的几十页的材料全部看一遍，根据审核规则逐条判断，效率非常低，这给用户带来的感受就是时间长，不能及时地获得理赔金；第二，只要有人工参与的地方不可避免地会出现一些差错，判断错误则用户体验不佳。同时，据行业统计，每年涉嫌保险诈骗金额约占20%～30%，新型互联网欺诈、带病投保等案例屡见不鲜，也给保险公司理赔系统带来很大的压力。

为了解决时效及质量问题，水滴已标记风控标签500+，建立机器学习模型因子50+，根据历史大量的赔付数据，从复杂业务规则中抽象出重要特征，基于LightGBM和逻辑回归等机器学习算法进行模型测算，由系统自动给出赔付结论。从模型开始计算，到最终出具赔付结论在毫秒级别就能完成。

在这最关键的一环，水滴理赔核心算法模型不仅能够极大地缩短赔付时间，更能解决人工误差问题。其通过智能保险管理平台，可以通过分析用户行为信息进行准入判断，根据用户病历信息、医疗数据进行模型打分，来完成自动赔付、自动拒赔、返回人工审核等步骤。

案例成果：

2020年11月，四川遂宁的小志因胸椎12节压缩性骨折不幸住院。小志此前曾在水滴保买了一份保障额度为600万元的百万医疗险。随后，小志在线上小程序提交理赔申请，等待了不到10分钟后即收到水滴保的确认赔付短信通知，很快便收到5 500多元理赔金。如此快速获得理赔金，得益于水滴最新上线的"007"智能理赔系统，其通过全流程智能化作业远程快速理算核赔，为用户带来智能化理赔新体验。目前，水滴理赔案件平均处理时效在0.8

天左右，最快赔付速度仅为 13 秒，将理赔速度从之前的按天计算，提速至按小时甚至按分钟计。

4. 市场应用与未来展望

科技拓展保险产业链外延——保险保障＋医疗健康

水滴公司持续致力于用户保险保障意识教育，同时积极布局医疗健康服务形成生态闭环，为用户提供"保险保障＋医疗健康"一站式服务。在健康生态的布局上，水滴公司以用户为中心，以保险保障为基础，向健康服务与医疗科技创新递进，从而提升健康生态的风控能力与运营效率。

未来三年，水滴公司将投入超过 20 亿元用于保险科技新基建，通过开放平台为合作伙伴提供营销、运营、数据、服务等全方位支持。其通过持续不断地探索与研究，更广泛、更深入地助力传统企业升级，打造聚集行业的一体化解决方案。

编委会点评

1. 社会效益

"深化保险业改革,提升保险保障和服务功能,更大激发市场主体活力"为我国保险业投身重点领域改革的核心要求。在新形势下,保险业推动"保障+服务"能力的提升,将打造行业新的核心竞争力,从而延长价值链并与被保障对象实现良性互动。保险业通过运用新兴技术融合保险业务实现数字化转型,并结合消费者多元化多层次需求进行服务整合,将更好地助推现代保险体系发展,为民生福祉提供基础保障支撑。

2. 创新价值

伴随大数据、人工智能等技术的发展和迭代,水滴公司智能化保险管理平台借助新技术升级原有业务流程,从原有的优势业务累计数据、整合数据、挖掘数据并运用数据,实现精准服务、精准营销、智能理赔等相关服务,在合规风控的基础上与众多保险企业建立合作生态,并以用户价值为中心建设服务体系、配置有效资源,提供智能化多样化服务组合,实现了保险业务创新力、服务力的进一步提升。

05

第五章

面向智能时代，创想未来生活

讯飞幻境：
5G+XR 塑造互联智慧教育新境界

摘要：5G 网络新基建与 XR 视觉技术为传统产业带来数字化革命。讯飞幻境（北京）科技有限公司（以下简称"讯飞幻境"）以产业互联网的发展模式，在教育教学信息化和增强现实与虚拟现实技术应用、人才培养、科学研究、资源共享等方面深入探索。其通过人工智能与增强现实技术双轮驱动的模式，致力于构建安全、普惠、高效的互联智慧教育平台。

关键词：智慧教育　AR/VR　5G　信息化产业升级

1. 背景说明

1.1 行业背景：实验教学纳入教育质量评测体系

2019 年 11 月，教育部发布《关于加强和改进中小学实验教学的意见》（以下简称"《意见》"），强调要努力构建与课程标准要求相统一的实验教学体系，组织开展拓展性实验、创新实验教学方式、强化实验安全管理。

该指导意见明确了"把实验教学情况纳入教育质量评价监测体系，强化对学校实验室建设与管理、实验教学开展情况和实验教学质量等方面的评价。把学生实验操作情况和能力表现纳入综合素质评价；2023 年前要将实验操作纳入初中学业水平考试，考试成绩纳入高中阶段学校招生录取依据；在普通高中学业水平考试中，有条件的地区可将理化生实验操作纳入省级统一考试"。

"促进传统实验教学与现代新兴科技有机融合,切实增强实验教学的趣味性和吸引力,提高实验教学质量和效果。"对于因受时空限制而在现实世界中无法观察和控制的事物和现象、变化太快或太慢的过程,以及有危险性、破坏性和对环境有危害的实验,《意见》明确表示,"可用增强现实、虚拟现实等技术手段呈现"。

在该《意见》指导下,运用 5G、虚拟现实、增强现实、人工智能等新一代基础技术框架建设创新实验教学体系,将有效利用技术优势升级教学成果,同时可在安全环境下为广大师生提供全新的教学体验。

正是基于对以上政策引领下的行业发展趋势的深刻理解,讯飞幻境深耕 5G、人工智能、大数据、AR/VR 等新技术融合发展在教育场景的应用,构建安全、普惠、高效的互联智慧教育平台,切实服务教育教学过程,打造更加生动有趣、远超传统教学效果的学习场景。

1.2 政策背景:智慧教育加速发展

2018 年,国家教育部发布《教育信息化 2.0 行动计划》,是我国教育信息化从 1.0 时代迈入 2.0 时代的开端。教育信息化 2.0 的目标是到 2022 年基本实现"三全两高一大"的方针,"即教学应用覆盖全体教师、学习应用覆盖全体适龄学生、数字校园建设覆盖全体学校,信息化应用水平和师生信息素养普遍提高,建成'互联网+教育'大平台。"

在教育信息化"2.0 时代",校园现代化的核心内容是通过物联网、大数据、云计算和人工智能等技术,使得信息技术和教育教学实现深度有效的融合,构建环境全面感知、网络无缝互通、海量数据支撑、开放式学习环境和个性服务的教育教学空间。

在这样有利的宏观政策环境下，智慧教育产业发展迎来高速增长期，到 2022 年我国智慧教育市场规模预期将有望突破万亿元大关。

1.3 行业发展：细分市场规模将达数千亿

传统的实验教室建设，一般是三个教室只能服务一个学科，总建设成本较高，而智慧实验教室可实现多学科共用，教材教具通过 AR/VR 教卡轻松更换，因此具有较好的市场替代性。

根据我国 2020 年 5 月份教育部数据，全国小学约为 16 万所，初中 5 万余所。以每一所学校仅建设两间智慧实验教室来计算，则每一个初中平均投入 75 万元，小学平均投入 50 万元，总规模将超 3 000 亿元人民币，另结合后期教学内容升级及教辅复购，市场容量将达 4 500 亿元以上。[①]

目前，讯飞幻境已建设了 600 多个示范点，共计 297 间教室，在国内，以人工智能和增强现实驱动模式的教室服务商中占有率较高。预期在政策利好下，未来两到三年行业增长速度较快。

2. 创新描述

讯飞幻境以"AR+IOT"为引擎，推出了 AR/VR 优质教育内容体系、智能硬件、软件平台及整体解决方案。

目前，讯飞幻境布局的以素质教育为主线、应试教育为辅助的双轮驱动的产业互联 IOT 业务线核心产品体系包括：AR 智能课桌、轻沉浸 VR 一体机、全沉浸 VR 一体机、AI 黑板、AI 智屏等，并在内容开发及其使用场景方面形成了丰富的产品体系。不断丰富的内容资源及产品线让以硬件为载体，

---

① 本案例中行业数据和项目数据解释权归讯飞幻境所有。

内容为核心实现可视化数字教育需求得到新的满足。

通过以讯飞幻境 AR 智能课桌为主体的智慧教室建设，教师可以随时带领孩子们体验有趣的科学课、实验课内容，解决资源缺乏的现状；能够实现以课本知识为基础的实时小组互动，老师们还能结合大数据后台看到每个小组的操作数据，了解实操过程中的薄弱点，进行个性化、精准化的指导教学；用心的课程设计，也提高了课堂的趣味性和互动性，成为老师备课、授课的好帮手，课堂内外互动的好工具，真正将体验式教学带入日常。

2.1 教学模式创新：解决实验教室少、师资少、开课率不高的难题

传统实验课基于备课时间长、师资水平不一、教室建设昂贵等问题，总体开课率不高。而讯飞幻境在教学模式上实现了创新，通过 AR 智能课桌打造"云平台 + 内容"的高效学习模式，将上百套实验课程与人工智能交互桌面融为一体，通过增强现实技术将实物卡牌与虚拟情景进行数字化的叠加，从而打破传统素质教育或实训过程中成本高、打不开、难再现的现状，进而实现知识内容的全场景展示与交互，可有效取代传统实验教室功能。当前，一间讯飞幻境智慧教室，可容纳 8 个学科体系化教学建设，并与实物功能一致，单间成本较之传统教室节约 40%～50%。

讯飞幻境的产品解决了许多地方，尤其是三、四线城市学校实验室从 0 到 1 的问题，老师基于标准化课件可快速开课、高效筹备，学生既可以快速掌握知识要点，也可实际增强动手能力，同时大大加强了实验安全性。

2.2 教学内容创新：升级教学质量，教学体验大幅提高

讯飞幻境内容研发创新集成了视觉人工智能技术、语音人工智能技术，打造了互动强、沉浸深的产品体验。其针对不同的场景研发了不同的 AR/VR

引擎技术，如桌面 AR 引擎、移动端 AR 引擎的打磨和 WEBAR、WEBGL 的深入跟踪和应用。

基于以上新技术结合教学内容，可大幅提升教学质量。以叶绿素提取实验为例，学生在实验过程中用虚拟化实验器材可高倍放大看清过程，实验效果更容易理解。再以风力发电模拟器实验为例，学生可在过程中直接用模拟器操控 1 到 12 级的风力，把触感和视觉的冲击力结合起来，学生的实验兴趣也大大增强。

2.3 教学管理创新：解决教学评测及内容管理难题

实验教学管理是核心问题，包含如下痛点：教学过程评测难，以及教学质量反思管理难。

讯飞幻境产品教学准备时间短、人工智能自动评分，平均开课率可达传统模式的三倍。目前，教师开课的准备时间为五至六分钟，课程结束人工智能自动评分后，可马上恢复、继续之后的课程安排。

讯飞幻境"幻境云 + 管理平台"模式，针对教学内容管理及对教师、学生 ID 权限管理，可实现快速课程上线、实验参与者评测，对于实验条件差地区，还可以实现多个学校公用分 ID 管理；同时，讯飞幻境还提供移动端管理 APP，便于老师、学生、家长参与教学管理全流程，进一步提升教学质量。

3. 项目运行节奏

3.1 第一阶段：布局 AI+AR/VR 智慧教育应用体系

在此阶段，讯飞幻境完成了如下建设工作：

（1）技术体系建设：基于学校均采用 Windows 操作系统，在 AR/VR 教学产品上率先运用 Windows 系统，实现创新突破，夯实技术底座。

（2）内容体系建设：完成了内容平台建设，实现了教学内容体系化。

（3）聚焦重点赛道：针对智慧实验领域做深做厚，聚焦到实验和实践两大环节。

讯飞幻境于 2016 年之后正式发布基于分布式算法的重沉浸"VR 教室"，推出人工智能双语全息 VR 教师系统，以及基于 VR 教学一体机的 36 套全英文版 VR 教材，VR Bingo Class 全沉浸多人联网教学平台，达成教育产业真正互联。

讯飞幻境通过多年的人工智能 + 虚拟现实技术研发，已建立起被广泛应用于智慧教育领域的 BINGO PRO 全沉浸 VR 套装、魔方 AR 智能课桌、BINGO 系列课堂管理系统等多个系列 VR/AR 教育产品。

2020 年，讯飞幻境以 8 张 AR 智能课桌组合为智慧教育应用，搭配一套幻境轻沉浸 VR 一体机，让"科技馆""实验室"走进了安徽扶贫攻坚重点县——金寨县白塔畈实验学校，从而开启了这里信息化 2.0 时代素质教育实践互动的全新教学模式。

讯飞幻境扎根重庆，与凉亭子教育集团的深度合作打造重庆合川区凉亭子小学、花果小学、中南小学智慧教育项目，教育产品覆盖教室数量 81 个，助力教师 240 余人，受益师生 4 500 余人。

讯飞幻境新疆乌什中小学 AVR 人工智能教室建设项目，是通过 2019 年示范校在阿克苏地区树立了良好的口碑后，在 2020 年落地 7 间教室，在阿克苏支持并举办了创新实验大赛，解决了本地科学课实验课开不齐、开不足的情况，提升区域实验教育教学水平。

2020年4月，Bingo APP上线，标志着讯飞幻境自此入局2C家庭教育市场。

2020年7月，幻境素质教育云服务BingoCloud完成整合上线。

在此阶段，讯飞幻境深耕智慧教育市场，实现了短期内在21个省市应用落地的良好开局并获一致认可，使人工智能+教育信息技术走在了教育信息化发展的前列。

3.2 第二阶段：结合5G+多地区多产业共同发力

讯飞幻境未来将聚焦"一大三重"策略，"一大"指把教育产业做大做强，"三重"指三个重点行业：农业、医疗及文旅。

讯飞幻境围绕教育产业延展服务，例如医疗行业，开拓青少年人工智能健康管理；例如农业行业，讯飞幻境预期通过教育的方式帮助农民提升现代农业能力，如快速掌握现代无人机、无人拖拉机等使用技能；同时，针对预期发展，讯飞幻境也在积极建立新的资源池，以"技术+专家+解决方案"开拓新的业务路径。

讯飞幻境与重庆市合川区人民政府签订《AR/VR+人工智能项目合作协议》。2020年7月，讯飞幻境（重庆）人工智能科技有限公司成立，5GXR+人工智能创新中心落户重庆合川信息安全产业城。

除国内业务外，讯飞幻境国际业务接洽签约东南亚、澳大利亚、新西兰、俄罗斯、韩国、中东、东欧、西欧、北非、拉美、印巴等数十家国际代理，为后续扩张海外渠道运营市场铺路布局。2020年疫情期间，讯飞幻境召开全国各区域线上招商会十余场，应邀参与人数1 000+，签约合作160+；至今签约全国渠道合作伙伴超过300家，新建全国平台公司5家，产业发展战略布局辐射西南、西北、华东、华南、华中等全国各个地区。

4. 市场应用及未来展望

4.1 市场应用

讯飞幻境的市场发展以智慧教育产业为基础，以 AR/VR、人工智能实验及实践课程技术应用为核心，以产业互联网的发展模式，在教学内容、技术应用、人才培养、科学研究、资源共享等方面的合作交流进一步深化。除教育领域以外，讯飞幻境还通过产业互联网的形式将标准化培训赋能农业、医疗和文旅领域。

4.2 未来展望

未来，讯飞幻境将全面致力于深入智慧硬件与教育内容应用，成为新一代互联网技术 5G 互联的教育平台。其以学生为中心，以学校、家庭为两个核心场景，构建以互联网为基础的新形式的学习体系，帮助家长更方便、更安全、更便宜地实现家庭启蒙教育和动手实践教育。讯飞幻境帮助家长和孩子培养新的认知习惯和认知方式，创新立体化、互动化、可视化学习。其更将以 AR/VR 领域在政企、家校等应用场景为切入点，建立以 5G 应用为基础的内容平台，围绕人工智能技术在社会各个产业场景的应用做进一步开发及业务拓展。

编委会点评

1. 社会效益

教育信息化是衡量我国教育发展水平的重要标志，同时，也是打破教育水平不均衡，让教育更具普惠性的有效方式。以智慧教室为代表的新兴技术集成应用，可加速推进教育产业转型，提升教育基础设施建设水平、教学管理水平、教学教评质量，尤其是针对我国教育尚欠发达地区普遍存在的师资力量薄弱和实验教学欠缺的问题，可提供标准化、可快速复制的解决方案，让教育公平实现"看得见""摸得着"，为我国教育均衡发展带来新契机。

2. 创新价值

讯飞幻境深耕智慧教育产品及内容体系建设，基于对智慧实验教学的深刻理解，围绕广泛、丰富的合作生态，运用5G、虚拟现实、增强现实、人工智能等新一代基础技术创新实验教学体系，在光学系统、多人实操交互系统、多点识别技术、学生行为分析系统等方面实现了技术专利应用，并在市场化过程中不断迭代升级，在内容管理、教学管理、教学评测等方面推陈出新，在智慧教学模式上具备可推广、可复制的行业价值。

高灯科技：
交易鉴证实现人企商业协作合规高速发展

摘要： 近年，我国互联网技术快速发展，小微经济体活跃加速。在人企商业协作互联场景中，交易主体的多元化使得还原交易真实性、进行交易数据鉴证留存等合规工作的关键性日益凸显。在企业合规成本高的行业背景下，深圳高灯计算机科技有限公司（以下简称"高灯科技"）以 AI、区块链等技术手段深入探索"交易鉴证解决方案"，提供取证、鉴证、存证一体化的交易鉴证服务，实现包括人企商业协作互联场景下的交易合规高速发展。

关键词： 交易鉴证　人企商业协作互联　人力资源　灵活用工

1. 背景说明

1.1 行业背景

数字经济浪潮，在政策趋势、用工结构变化、新技术涌现三方面推动下，催生着人企商业协作的变革与重构。

从政策趋势看，社保税征和信息管税出台，监管力度加强，同时为帮助中小企业发展，财政部税务总局实施小微企业普惠性税收减免政策，自 2021 年 4 月起至 2022 年年底，对月销售额 15 万元以下小规模纳税人免征增值税，小微企业组织成本优势显现；在用工结构变化方面，人口红利消失，劳动力供给减少，人们的劳动观念也在发生转变，企业与个人的关系重构，组织力量和个人力量并行，企业从营销端到服务端都开始分解，变成更小微的个体和组织；同时，技术的发展比如交易要素数字化、监管数字化、行业数字化，进一步推进了变革。

1.2 行业痛点

基于以上人企商业协作的变革与重构，企业合规需求愈加凸显，如何缩短用工企业到末梢劳动者中间漫长的服务链条，如何实现资质、资金、合约的信息穿透，让有合规意愿的企业有能力合规，是亟待解决的行业痛点。同时，对于人力资源服务商而言，也迫切需要解决人员的流转效率低、资金的使用效率低等关键问题。

2019 年，在不断探索业务生态的过程中，高灯科技致力于解决参与主体多元化场景下的交易鉴证问题，推出了人企商业协作的交易鉴证解决方案，为企业提供订单交易、时间交易等多种交易类型的平台支持和担保服务。

2. 创新描述

高灯科技在数字化技术赋能的基础上，通过交易鉴证技术，将交易主体信息及交易过程数据沉淀在交易鉴证中心，实现交易的合规性、真实性、有效性，解决人企商业协作过程中的效率和合规问题。

2.1 全链路用工提效

高灯科技平台上活跃着 4 000+ 企业和 180 万 + 自由职业者，基于服务交易过程的数据沉淀，高灯科技构建起庞大的数据标签体系，通过"知识图谱""机器学习"等算法和技术，整体提升了企业和自由职业者匹配的精准

高灯交易鉴证中心解决人企商业协作过程中的效率和合规问题

度,并在算法优化的同时,不断提升产品功能的使用体验。

一方面,在 C 端,高灯科技通过智能解析履历,对自由职业者的能力、动机、心理等进行测试,识别出企业所需用户;另一方面,在企业用户端,高灯科技利用算法模型优化任务描述的文本,增强任务需求的描述多元化和精准性,让要求更加可识别和可标准化评估,系统自动筛选、推荐合适的自由职业者或者企业,实现快速、便捷的人企互联。

2.2 交易鉴证核心技术

高灯科技基于和腾讯共研财税底层通用技术,从取证、存证、鉴证三个维度入手,通过识别用工双方身份,客观记录用工过程进行纳税人身份管理、用工合规性管理与过程真实性管理,输出如涉税行为分析、纳税人身份认定、异常纳税风控识别、底层发票数字化的工具和手段等各项能力。高灯科技并通过将交易过程中的身份、合约、支付,以及票据四项关键数据进行数字化上链,为交易双方提供便捷的交易合规服务。其穿透人力资源供应链的末梢，为核心企业和监管机构提供合规赋能，帮助企业用工合规、交易合规，降低经营风险。

2.3 人力金融供应链

交易鉴证提升了人力资源公司的资金使用效率、建立数字信任资产，将用工关系合规、供应链合规、财税合规变成优质服务的代名词。高灯科技为金融机构、轻资产的用工企业以及人力资源公司，提供了一整套互联网化的人力金融解决方案，打通了银行、保险、保理公司等诸多金融资源，可以为人力输出的应收账款提供金融对接服务。在赋能人力金融供应链的基础上，人力资源公司有条件快速获取大额订单，在差异化竞争中获得发展优势；轻资产的用工企业也能通过融资垫付实现跨越式增长。

3. 项目发展阶段

3.1 第一阶段：帮助企业实现私域和公域的人企协作

随着VUCA1[①]时代到来，企业一方面会将降本增效作为核心经营目标，另一方面需要避免高速扩张以应对不确定性环境。在此背景下，高灯科技率先为合作企业和自由职业者搭建私域流量池，使合作企业和自由职业者基于自有合作资源建立一对一合作关系。入驻企业商户基于高灯科技工作任务管理引擎的PaaS层搭建个性化的任务分发、考核、结算私域管理平台，实现任务管理数字化。

随着自由职业者的群体在不断扩大，越来越多白领甚至金领也开始以副业等形式参与灵活性就业，实现收入的多元化。高灯科技在人企商业协作

---

① VUCA，指的是易变不稳定（volatile）、不确定（uncertain）、复杂（complex）、模糊（ambiguous）。

的数字化底层上升级打造公域流量池服务平台,提供开放的人员招募、任务撮合匹配、任务数字化管理考核、福利保障生态等服务,实现保信任、保质量、保过程、保交付和保合规五大服务保障。

3.2 第二阶段:实现行业合规、快速发展创新路径

在数字时代,人力资源管理需要服务、科技、交易鉴证、金融的结合发展,进行自我突破创新;高灯科技从数字化提效、交易鉴证、人力金融供应链三个核心角度出发,致力于实现行业合规、快速发展的创新路径。高灯科技,在数字化提效方面,通过服务标准化、过程数字化、交付智能化的全流程管理,提升交付效率和质量;在交易鉴证方面,通过取证、存证、鉴证的技术,实现服务链条合规性、真实性、有效性;在金融方面,助力以数据资

高灯科技人企商业协作官网

产、信用评估、信任互联为基础的人力金融供应链的建设工作。

4. 市场应用与未来愿景

4.1 市场应用

在人企商业协作互联的交易鉴证平台核心架构和具体应用层面,高灯科技对商业组件进行深度分析并作为底层支撑,其中,商业组件包括企业、交易、个人三端的关键要素,并以物流、制造、零售等行业为鉴证模型引擎示范行业,通过客观准确记录人资供应链、撮合过程、用工过程、服务结算全流程的交易数据,向核心企业、人力资源服务商、劳动者、提供合规赋能。

目前,高灯科技通过提供面向人力资源服务行业的交易鉴证解决方案已在全国50多个城市开放了超过2 000个就业岗位,成功助力180万自由职业者和超过4 000家企业实现合规发展。[①]

4.2 未来展望

自成立以来,高灯科技深入财税科技领域,在数字经济的大背景下,通过交易鉴证服务,提供合规、降本、增值的平台,还原交易的真实性,助力交易合规高效。

高灯科技将进一步完善交易鉴证解决方案,持续助力人力资源产业与各领域及场景相结合,以交易鉴证为核心,满足核心企业用工合规需求;同时,其将帮助人力资源服务行业优化成本支出,积累数字信用资产,给予风控有力信任,加速业务发展。

---

① 本案例中行业数据及项目数据解释权归高灯科技所有。

编委会点评

1. 社会效益

数字经济催生基于时代发展需求的就业及人力服务新形态。在此过程中，传统企业的组织变革迎来挑战，人力管理模型发生改变，社会化协同重要性逐渐显现。一方面，如何基于社会资源实现效率升级、成本可控、合规运行、智能管理成为千行百业未来保障发展、提升核心竞争力的重点工作；另一方面，随着社会化组织的发展，自由职业者如何在新经济条件下保护自身权益、实现价值成长也是关系到民生稳定的关键命题。因此，突破既有组织边界，运用新兴技术动态链接并智能管理，采用高效、合规的协作方式开展生产经营预期成为创造市场增加值的新趋势。

2. 创新价值

高灯科技从服务鉴证切入，为企业的交付标准、验收流程、双端交易动作等构建一个合规且充满"信任感"的开放平台。其运用新兴技术实现企业与自由职业者之间的人企商业协作服务，将智能匹配、流程管理、供应链服务、合规交易等服务模块双向赋能企业与个人，在社会劳动资源配置、灵活就业、吸纳就业方面做出了创新贡献。"交易鉴证"服务解决了交易合规管理的痛点，智能升级实现合规保障，有利于企业与个人可持续发展、双边权益维护。

北京燃气能源：
分布式智慧云平台协同能源智能耦合

摘要：在"云大物移智"的信息化变革时代背景下，借助"互联网+"，以分布式能源为研究对象，北京燃气能源发展有限公司（以下简称"能源公司"）对智慧云平台的总体方案开展设计、搭建平台架构并部署方案，依据能源行业业务及数据特点深入分析，通过各类信息智能化的处理，实现"多能协同、智能耦合"的综合能源管理目标，为能源互联网的建设发展提供参考价值。

关键词：互联网+ 分布式能源 智能调度 智慧云平台

1. 背景说明

1.1 政策背景：加快推动数字产业化，参与构建"绿色经济"

我国十四五规划纲要明确提出"打造数字经济新优势""大力发展绿色经济"[①]，其中就要求加快推动数字产业化，壮大节能环保、清洁生产、清洁能源、生态环境、基础设施绿色升级、绿色服务等产业。

在政策大背景以及"云大物移智"的能源变革时代下，北控集团提出现代城市综合运营服务商发展理念，致力于建设国内领先、国际一流的一体化

---

① 十三届全国人大四次会议通过《中华人民共和国国民经济和社会发展第十四个五年规划和2035年远景目标纲要》。

清洁能源运营商，其下属企业北京燃气能源发展有限公司将在此顶层设计下面向技术领先、区域领先、清洁能源方向加强投入、进行业务开拓。

北京燃气能源发展有限公司大力推进信息化，加强信息共享、智能分析、动态监控和在线服务，深入建设"分布式能源智慧云平台"，既是落实国家数字经济、绿色经济发展战略，也是实施企业发展战略的客观要求。

1.2 行业背景：优化能源结构耦合互补，清洁能源占据优势

分布式能源系统是指分布在用户端的能源综合利用系统，以天然气冷热电三联供为主要供能系统，耦合地源热泵系统、蓄能系统等满足用户端的冷、热、电的负荷，有效提升能源利用效率，从传统火电系统的30%提高到70%左右。分布式能源系统将大大减少输配系统的成本费用，有效提高能源利用率。

国家发改委发布的《加快推进天然气利用的意见》中提出：大力发展天然气分布式能源，建立天然气分布式能源示范项目。燃气冷热电三联供项目由于处在我国油气和电力体制改革机遇期，且能与生物质、风能、太阳能、地热能、余压余热余气等能源形式耦合互补，在未来必将得到迅速发展，成为能源利用重要组成部分。

根据《天然气发展"十三五"规划》[①]，到2020年，我国天然气分布式发电装机规模将达到4 000万 kW。另外，根据《关于发展天然气分布式能源的指导意见》[②]，我国将建设约1 000个燃气分布式能源项目，拟建设约10个各类典型特征的分布式能源示范区。

---

① 国家发展改革委2016年12月发布：《国家发展改革委关于印发石油天然气发展"十三五"规划的通知》。
② 国家发展改革委2011年10月发布：《关于发展天然气分布式能源的指导意见》。

现阶段，能源环保问题在我国重要性凸显，碳排放也进入总量控制阶段，这促使能源消费结构优化变得尤为紧迫。天然气作为清洁高效的低碳能源，其快速发展可有效改善环境、减少 CO_2 排放、优化能源结构，尤其是燃气冷热电三联供可实现能源梯级利用，具有输配电损耗低、能效利用高、供能安全可靠、节能环保及个性化强等优点，成为现阶段能源发展的一大热点。

1.3 行业现状：赶超国际成熟市场，国内企业突飞猛进

燃气冷热电三联供在国外已有 30 多年发展历史，在美国、日本等国家得到大力发展和推广。当前，几乎所有的欧盟国家正在建立适合自身特点的天然气分布式能源系统以及与之相配套的能源计划。美、日等国家均出台了促进燃气冷热电三联供发展的优惠和补贴政策。某些国家燃气冷热电三联供单位造价和我国相近；但由于政府给予的补贴和支持力度较大，得到较好发展。

就国内而言，燃气冷热电三联供研究起步较晚，近年在煤电、水电等平稳发展的情况下，燃气发电装机容量却呈现大幅增长。

2015 年以来，天然气分布式能源在我国已经进入实质性开发阶段，据统计，截至 2015 年年底，我国天然气分布式能源已建和在建项目约 288 个，装机规模约 1 112 万 kW。从区域分布来看，长三角、川渝地区、京津冀鲁、珠三角装机容量占全国总装机容量的 75.9%。从用户分布来看，主要用户为工业园区、生态园区、综合商业体、数据中心、学校、交通枢纽、办公楼等，其中，工业园区装机规模占比达到 76.3%。[1]

当前，国内能源企业也已相继成立了针对燃气冷热电三联供的专业化服务公司，如华电集团国家能源分布式能源技术研发（实验）中心、中广核节

---

[1] 参见韩高岩、吕洪坤、蔡洁聪、童家麟、李剑：《燃气冷热电三联供发展现状及前景展望》，载《浙江电力》，2019 年第 1 期。

能产业发展有限公司、南方电网综合能源有限公司、华能新能源股份有限公司等。

值此行业发展机遇期，北京燃气能源发展有限公司打造"智慧云平台"，以天然气为基础的能源保障，对电、热、冷等多种能源的生产、输送、消费等各类信息进行智能调度，优化区域能源供应模式，搭建能效机房的建设体系，从而达到"多能协同，智能耦合"的综合能源管理目标。能源公司通过全面感知、集中赋能、云端处理，创建了技术、管理、服务三大创新模式，实现了分布式能源管理、交易、服务、交流"四心同步"，有效保障区域"低碳、高效、低成本、可持续"发展。

2. 创新描述

北京燃气能源发展有限公司构建了让系统"苏醒"，使数据"说话"，建设能源站、区域、集团"三位一体"的智慧能源管理体系。其可对多个区域性能源站进行有效和可靠的数据监控、分析、管理优化，为智慧运营提供有力保障，在确保用户舒适与满意的前提下，提高综合能效、降低运维成本，提高分布式能源智能化运营、管理水平。

智慧云平台为了大幅度减少带宽和资源的浪费，减轻数据及计算的负载，通过集约化部署，设计了三层平台的架构模式：第一层现场自控系统、第二层网络智慧管控中心、第三层云端智慧能源平台，使各系统安全、稳定地运行，在区域内实现多能、多站协调优化调度。

智慧能源管控体系部署方案示意图

2.1 多能协同、智能耦合能源模式，技术路线因地制宜节能低碳

能源公司聚焦清洁能源，在指定区域开展能源统筹规划，采用规划、设计、投资、建设、运营一体化的商务模式，集成多种新能源技术、最大化地利用可再生能源为用户提供供冷、供热、供电服务。能源公司打造以燃气综合利用为核心、多能源耦合的综合能源系统，利用智慧云平台管理系统，实现区域能源的统一调度管理，保障区域"低碳、高效、低成本、可持续"发展。

能源公司通过分布式、组团式能源开发及供应，组建区域能源冷、热、电一体化供应的微能网和实现能源的双向互动。其涵盖清洁能源供能多种形式，包括光伏、热泵、冰蓄冷、水蓄冷、燃气冷热电三联供、分布式、燃气耦合、燃气供热等。

其中，该方案在北京副中心6#站实施，提供地源热泵耦合三联供等多能源技术，可再生能源利用率高达40%。其在北京环球影城，提供冰蓄冷、自然冷却耦合三联供等多能源技术，保持4℃稳定低温供能，保障大负荷快速响应。

副中心的能源站示意图

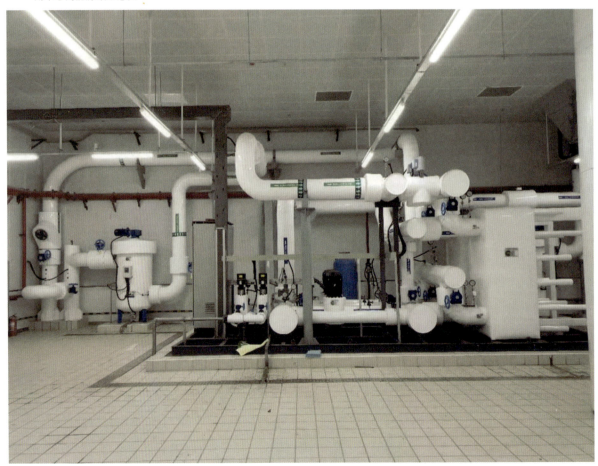

2.2 根据多维指标智能化运营，综合决策实现无人值守按需供能

分布式能源智慧云平台终端自控平台主要进行三联供系统、光伏系统、地源热泵系统、储能系统、电制冷系统等设备的顺启顺停、参数监控、自动控制，最终实现能源站无人值守。

网络智慧管控平台首先基于"供需平衡""满足用户需求"的原则，通过负荷预测，确保用户端实现按需供能。其结合仿真平台的建立，搭建工艺系统与自控逻辑的桥梁，打造数字双胞胎系统 Digital Twins System，提供最佳的运行策略。最后其在区域内实现多能，多站协调优化调度，"多能协同、智能耦合"。

云端智慧能源平台以云计算为基础，采用模块化的设计，根据不同部门的应用需求，开发能源管理、项目管理、决策支持、移动 APP。

分布式能源智慧云平台通过三层架构模式达成如下效果：

（1）认清自己：通过核心数据全搜集、全对比，充分了解运营状况、经营情况。

（2）智能运营：看数据、比数据、管数据，通过建立能耗指标，驱动项目班组自主节能和提高运维质量；提供诊断服务，寻找节能突破口，落实节能优化措施。

（3）利润挖掘：细化项目的利润和成本结构，总体把控运营成本，挖掘利润点，为企业创造更多的价值。

（4）项目管理：对于公司多区域、多业态、多项目实行统一科学的管理，确保核心数据实时性、准确性、统一性。

（5）移动预判：业务部与运营管理部互相了解运营指标，通过内置功能，业务部能实现方案的移动预判（掌上专家）。

（6）信息共享：打造"能储地图""低碳能脉"，对接智慧城市，调动资源，实现绿色低碳能源信息社会化共享。

3. 项目运作节奏

3.1 第一阶段：建立核心数据指标体系，一期优化上线

2019年5月20日北京燃气能源有限公司首个集能源站、区域、集团"三级一体"的北燃能源智慧云中心BGSCC正式上线。

在此阶段，由于公司项目种类多、业态多样、数据指标多，需要庞大的数据库才能支持分布式能源智慧云平台运行。且项目上点位多、数据采集困难，要将数据进行分类汇总也相对繁复。

2019年年初，能源公司开始进行已运行项目各项数据的调研、核实工作。其先后共调研项目30次，自控问题排查33次，出具数据纠偏解决方案56版，项目现场自控点位239个，其中OPC传输161个、APP传输46个，基础数据上线1 800余个，基础数据总共12 000余个。

针对项目种类多、业态多样、工作量大的特点，项目组最终决定进行"个性定制"，结合单一项目和业态的特点进行设计开发，经过与设计公司20余次的功能需求对接，完善150余条功能，完成了不同项目和业态的"数字字典"，实现了数据库的统一管理，成功搭建智慧云平台数据核心指标体系。

项目组首先将核心指标体系应用于清河医院项目，实现了该项目实时供能量、实时能耗及关键指标的收集、计算和存储。

2019年，能源公司依托分布式能源智慧云平台的开发建设先后在《智能城市》《建筑学研究前沿》等期刊发表论文2篇，获得软件著作权3个；同年

12月20日，该平台（一期）全部开发建设完成，实现了北七家等4个运营项目全部功能和数据上线，一、二、三级平台实时通讯，25个运营项目APP日报及平台上线，9个项目57块燃气表数据通信。

3.2 第二阶段：功能模块持续完善，二期升级运营

在一期成功上线后，分布式能源智慧云平台继续在如下功能模块持续完善：

（1）建立项目经营专家系统，实现项目能源、能效、质量、环保、经济五位一体的指标评价体系。

（2）建立地理信息（GIS）系统——外管网、用户末端监测系统，实现智慧云平台源网荷储全产业链条的融合体系。

（3）建立无人值守全监测系统，实现能源公司智慧应用试点项目。

目前分布式能源智慧云平台正在二期建设进程中。

4. 市场应用及未来展望

4.1 市场应用

未来，基于"互联网+"分布式能源，以燃气为基础能源保障，结合地热能、太阳能、蓄能、储能技术，构建的能源管理云平台系统，可为分布式能源项目的建设提供很好的技术支撑与示范，同时以智能化的调度平台有效保障区域能源供应，有效地促进能源互联网的发展建设，为整个行业提供借鉴。

北京燃气能源发展有限公司将以京外示范项目为依托，放眼全国，积极抢占具有气源优势、价格优势、投资环境好、节能减排压力大的外埠市场，在当地建立项目公司，逐步拓展业务范围。

4.2 未来展望

分布式能源智慧云平台将在近期实现如下功能目标：

数据中台化：打造能源公司数据资产平台，对能源公司的能源、能效、质量、环保、经济等海量数据进行采集、计算、存储、加工，同时统一标准和口径。数据中台把数据统一之后，会形成标准数据，再进行存储，形成大数据资产层，进而提供高效服务。

业务场景化：打造能源公司业务场景化应用体系。以能源站内运行的数据中台为依托，深度挖掘核心业务，支撑智慧运营评价体系；通过业务场景查找数据，通过问题找数据；通过数据找问题，通过数据找业务；丰富和创造各种业务场景，通过建立不同的模型，实现不同业务场景的落地，如：利润的提升模式、经营成本的降低模式、智慧运营模式、人员调度优化模式。

功能可视化：通过简洁明了、通俗易懂的方式，提取有效的能源数据，发掘出潜在的数据价值。如一"屏"了然，通过一面大屏，全方位监控能源站内运行状况，多维度、无死角地展示各类信息，方便全流程的管理。

编委会点评

1. 社会效益

当前,国际能源格局发生重大调整、能源供需关系深刻变化,国际竞争环境日益复杂,围绕能源市场和创新变革的国际竞争仍然激烈,我国能源发展及安全面临新形势、新挑战。分布式智慧能源的技术应用与平台创新,有益于我国传统能源结构化升级、能源发展多元化突破,提升使用效率、优化能源供给,成为能源强国战略实施的有力保障。

2. 创新价值

北京燃气能源发展有限公司"分布式能源智慧云平台"运用新技术赋能传统行业,提升行业效能的同时也升级服务质量。平台的建设为能源数据未来发展奠定了基础,在此基础上,其通过数据的采集、分析、挖掘、应用,将进一步促进能源效能升级、解决供需矛盾,未来成为能源数字资产价值增长的有利依据,实现区域能源绿色、安全的发展目标。

银河航天：
航天互联基因突破商业卫星应用

摘要： 我国政策"鼓励引导民间资本参与航天科研生产，大力发展商业航天和卫星商业化应用"。在此政策背景下，银河航天（北京）科技有限公司（以下简称"银河航天"）深度融合航天与互联网基因，致力于通过敏捷开发、快速迭代模式，规模化研制低成本、高性能的低轨宽带通信卫星。

关键词： 商业航天　卫星互联网　低轨宽带通信卫星

1. 背景说明

1.1 政策背景：市场导向商业航天发展新模式

2016 年，国务院发布了《"十三五"国家战略性新兴产业发展规划》[①]和《2016 中国的航天》白皮书[②]，相继提出了"鼓励引导民间资本参与航天科研生产，大力发展商业航天和卫星商业化应用"等内容。

此外，2016 年，国防科工局、发展改革委还发布了《关于加快推进"一带一路"空间信息走廊建设与应用的指导意见》（以下简称"《意见》"）[③]，《意见》中提到：积极推动商业卫星系统发展。支持以企业为主体、市场为导向

---

① 国务院 2016 年 11 月发布：《国务院关于印发"十三五"国家战略性新兴产业发展规划的通知》。
② 国务院新闻办公室 2016 年 12 月发布《2016 中国的航天》白皮书。
③ 国防科工局、发展改革委 2016 年 10 月发布：《关于加快推进"一带一路"空间信息走廊建设与应用的指导意见》。

的商业航天发展新模式，通过政府和社会资本合作模式等多种模式，鼓励社会和国际商业投资建设商业卫星和技术试验卫星，完善空间信息走廊。鼓励商业化公司为各国政府和大众提供市场化服务。

1.2 行业背景：卫星通信产业拉动经济增长新引擎

当前，卫星通信产业正在成为拉动全球经济增长的新引擎。赛迪智库无线电管理研究所发布的《中国卫星通信产业发展白皮书》显示，2018年，全球航天产业规模达到约4 000亿美元，其中，卫星产业规模约3 000亿美元，卫星通信产业规模约1 200亿美元。①

事实上，除了助力解决全球用网难题之外，卫星互联网产业还涉及卫星制造、卫星发射、地面设备及卫星运营等多个环节，以低轨宽带卫星星座为代表的"卫星互联网"不仅将有望成为5G乃至6G时代实现全球卫星通信网络覆盖的重要解决方案，还有望成为航天、通信、互联网产业融合发展的重要趋势和战略制高点。②

到2022年，我国卫星互联网初具雏形，开始有相应的市场。到2028年，整个市场规模将达到500亿美元的量级。③

基于对趋势、行业和政策的判断，银河航天于2018年诞生。航天产业的发展，本质上要解决的是航天到底能提供什么价值的服务的问题。发展航天科技，真正地服务人类社会，为社会提供航天科技的价值，这是银河航天创

---

① 参见夏宾：《中国多地将卫星互联网纳入新基建或成经济增长新抓手》，载百度网2020年6月23日，https://baijiahao.baidu.com/s?id=1670291248145530025&wfr=spider&for=pc，访问时间：2021年11月2日。
② 参见《银河航天通信技术专家王鹏：卫星互联网和5G可互补，实现星地融合的网络》，载腾讯网2021年2月4日，https://tech.qq.com/a/20210204/008716.htm，访问日期：2021年11月2日。
③ 参见张世杰：《卫星互联网的现状、机遇及若干问题》，载微信公众号：卫星互联网百人会（ID：Satellite_Internet）

银河航天北京信关站

办的初衷。①

2. 创新描述

2.1 突破卫星商业应用技术

目前 Ku/Ka 频段资源已经趋于饱和，随着频率协调的难度日益增大，国际商业通信卫星在继续使用传统 C、Ku 频段的基础上，已经逐步向频率更高频段发展。作为创业公司，银河航天也在通过不断创新，寻求突破的机会。

---

① 参见张虹蕾：《专访银河航天创始人徐鸣：卫星互联网是一场科创革命 商业落地不是拼速度》，载每经网 2020 年 12 月 11 日，www.nbd.com.cn/articles/2020-12-11/1570121.html，访问日期：2021 年 5 月 4 日。

银河航天敢为人先决策在首发星中使用技术难度很高的 QV/Ka 等频段并实现了对标国际先进水平的 48Gbps 通信能力。[1]

更高的 QV/Ka 等频段作为毫米波频段中最适合开展卫星通信业务的频段，拥有的带宽更宽。如果把利用毫米波传输的信息理解为路上的车流，那么利用 QV/Ka 等频段的带宽，就意味着车更快、路更宽，车流量更大，当然也需要更高超的修路技术。

众所周知，要想让道路通过更多的车，修建高架桥，让桥上、桥下同时通车是一个更好的方案。为了实现 48Gbps 通信速率的目标，银河航天创新修建了"高架桥"，采用了频段双极化技术实现通信速率翻倍。在这个过程中，技术团队在馈电部件的传输通道设计上进行了较大的创新，采用了双重特殊函数，并进行了电气与结构的联合迭代设计，最大程度上从设计角度消除了装配等人为因素的影响。[2]

此外，为提高系统灵活性，银河首发星还在用户发射段采用多端口放大器（MPA）技术，可以实现多个波束间容量的动态分配。这也是我国首个宽带 Ka 频段 MPA 在轨应用，并且所有元器件均实现了国产化。

在卫星技术方面，2020 年 1 月 16 日，中国首颗通信能力达 48Gbps 的低轨宽带通信卫星——银河航天首发星发射成功。银河航天首发星不仅是中国通信能力最强的低轨宽带通信卫星，也是我国首颗低轨道高频毫米波卫星。[3]

---

[1] 参见徐鸣：《银河解密——卫星的本质是一台大型计算机》，载搜狐网 2019 年 9 月 9 日，https://www.sohu.com/a/339707833_116132，访问日期：2021 年 4 月 5 日。
[2] 参见王轶辰：《银河航天"第一星"升空 太空互联网加速推进》，载百度网 2020 年 1 月 20 日，https://baijiahao.baidu.com/s?id=1656242858199996045&wfr=spider&for=pc，访问日期：2021年8月20日。
[3] 参见王轶辰：《银河航天首发星完成 3 分钟视频通话测试——卫星互联网来了》，载百度网 2020 年 6 月 13 日，https://baijiahao.baidu.com/s?id=1669336069827592531&wfr=spider&for=pc，访问日期：2021 年 8 月 20 日。

2020年1月16日,银河航天首发星发射现场

在轨近一年的时间里，银河航天首发星陆续完成了 Q/V 馈电建链、通信速率、时延、波束切换等关键能力与技术指标测试，2G/4G/WiFi 等多类型基站接入、5G 信号体制测试、5G 基站回传等天地融合试验，视频通话、5G+MEC 视频推送、对公众开放的卫星互联网内测体验活动等卫星互联网应用演示。[①]

银河航天首发卫星在轨运行稳定，表现良好，有效验证了低轨卫星互联网技术途径。体检显示卫星平台各分系统运行稳定。[②]

2.2 攻克低成本量产技术

在低成本方面，银河航天在首发星的研制过程中，进行了大量的低成本和批产化尝试。如模块化设计、定制化接口芯片、工业化生产加工，大大降低了研制成本、缩短了研制周期，在一些元器件中创新使用了工业级或汽车级产品，在实现相同功能的前提下，相比于传统航天成本大幅降低。[③]

银河航天在首发星的制造中创新应用了 3D 打印技术来压缩空间。具体说来，就是在微波载荷的研发生产中，通过 3D 打印技术实现高频微距波导的加工（波导是实现微波传输的介质，载荷单机之间的互联元件），将载荷波导互联的空间压缩到传统波导占用空间的 1/3，从而大幅降低卫星体积。[④]

量产能力方面，2020 年 9 月 28 日，银河航天在南通开发区投资建设卫星

[①] 参见徐鸣：《卫星互联网的中国机遇》，载百度网 2020 年 8 月 10 日，https://baijiahao.baidu.com/s?id=1674624735876242170&wfr=spider&for=pc，访问日期：2021 年 8 月 20 日。
[②] 参见樊俊卿：《银河航天首发星在轨满月 5G 低轨宽带通信卫星测试成功》，载新浪网 2020 年 2 月 19 日，http://k.sina.com.cn/article_1686546714_6486a91a02000z67f.html，访问日期：2021 年 8 月 20 日。
[③] 参见王轶辰：《银河航天"第一星"升空 太空互联网加速推进》，载百度网 2020 年 1 月 20 日，https://baijiahao.baidu.com/s?id=1656242858199996045&wfr=spider&for=pc，访问日期：2021 年 8 月 20 日。
[④] 参见赵鹏：《5G 迈出"太空通信"征程》，载中国网 2020 年 1 月 19 日，http://digital.china.com.cn/2020-01/19/content_41039608.htm，访问日期：2021 年 8 月 20 日。

银河航天技术研发人员

互联网产业示范项目,重点打造新一代卫星研发及智能制造基地,银河航天卫星智能超级工厂将向年产能 300—500 颗卫星迈进。①

在西安,银河航天西安载荷 AIT 研发示范线首套载荷的下线意味着银河航天在自研宽带通信载荷方面迈出坚实一步,目前满足年产 10 套载荷以上的能力,后期主要用于卫星天线和卫星载荷的装配、集成、测试,以及此类产品的智能化生产模块及系统的研发与应用。②

---

① 参见张静:《银河航天卫星工厂正式落地江苏南通,最大年产能目标 500 颗》,载澎湃 APP 2020 年 9 月 29 日,https://m.thepaper.cn/newsDetail_forward_9399015,访问日期:2021 年 8 月 20 日。
② 参见西安航天基地:《西安航天基地商业航天又晒新成绩》,载陕西网 2020 年 9 月 21 日,http://xcaib.xa.gov.cn/xwdt/mtgz/5f69557865cbd82d5b9c7796.html,访问日期:2021 年 8 月 20 日。

银河航天首发星太阳翼展开状态

位于成都市高新西区的银河航天微组装车间,于当年3月正式投入运营,主要生产满足银河航天微波模块的装配和调测。银河航天微组装车间具有完整的微组装生产工艺和质量控制体系,当下产能可满足年产两套卫星载荷的装配与调测,后续载荷年产量可达10套左右。

此外,银河航天采用自己投资研发和对外投资其他供应商"两条腿"走路的模式,继而构建起整个供应链的生态体系,保证供应链的稳定、可靠并尽可能降低成本。① 而卫星制作及批产能力需要足够的人才及团队管理制度支持。

---

① 参见徐鸣:《卫星互联网的中国机遇》,载百度网2020年8月10日,https://baijiahao.baidu.com/s?id=1674624735876242170&wfr=spider&for=pc,访问日期:2021年8月20日。

2.3 跨界人才创新基因

在银河航天队伍中同时存在着互联网人与航天人，这种跨界人才结构助力了银河的技术发展。

在过去两年时间里，来自传统航天领域的人才完全换了一种工作方式，开始尝试互联网式的"小步快跑""快速迭代"；对于此前从事互联网科技的人才来说，这相当于进入一个新领域，将晦涩难懂的航天科技转化为"简易输出"，赋予其新的活力。让不同人才从不同角度看待同样的问题，这是银河航天成功创新的内在基因。[①]

3. 项目运行节奏

3.1 首发星发射成功

2020年1月16日，我国在酒泉卫星发射中心成功将我国首颗通信能力达到48Gbps的低轨宽带通信卫星——银河航天首发星发射升空。卫星顺利进入预定轨道，任务获得圆满成功。[②]

3.2 实现双向通信

2020年2月16日，中国首颗通信能力48Gbps的银河航天首发星完成了——首次双向通信能力测试！在国内第一次验证低轨Q/V通信，银河航天的一小步意味着新一代通信网络——"卫星互联网"在中国迈开了一大步！

[①] 参见王轶辰：《银河航天首发星完成3分钟视频通话测试——卫星互联网来了》，载百度网2020年6月13日，https://baijiahao.baidu.com/s?id=1669336069827592531&wfr=spider&for=pc，访问日期：2021年8月20日。

[②] 参见《我国首颗支持5G通信的低轨宽带通信卫星发射成功》，载百度网2020年1月16日，https://baijiahao.baidu.com/s?id=1655854565878053254&wfr=spider&for=pc，访问日期：2021年8月20日。

4月23日，银河航天首发星首次实现3分钟以上的（端到端天地）通信应用试验。工作人员使用手机连接银河卫星终端提供的"WiFi"热点，通过这颗低轨宽带通信卫星实现了3分钟视频通话，后续优化至8分钟通话时长。[①]

这次通话注定将在中国商业航天史上留下浓墨重彩的一笔，它验证了中国商业公司自主研发的首颗低轨宽带通信卫星真的靠谱了。

3.3 5G 上星

2020年6月，银河航天就与运营商合作进行了卫星互联网与地面5G网络的融合测试。我国首颗通信能力达48吉比特每秒（Gbps）的低轨宽带通信卫星与联通公网中的5G基站及传输网络实现直连，成功完成了5G基站开通和5G用户业务测试。测试过程中，用户端5G手机实测下载速率382Mbps，上传速率91Mbps，这也是全球首次通过低轨卫星互联网链路完成运营商公网中5G基站的开通和测试。[②]

3.4 关键测试：北川县桃龙藏族乡、曹妃甸

2020年7月14日，我国通信能力最强的低轨宽带通信卫星——银河航天首发星在四川省绵阳市北川羌族自治县桃龙藏族乡，成功实现了国内首次低轨宽带通信卫星的山区实地应用测试。这次测试，银河航天首发星依托成都信关站，利用自主研制的卫星终端将在北川县桃龙藏族乡用户接入互联网，该地距离成都信关站约200千米。测试信号的顺利联通有效验证了低轨宽带

---

① 参见王轶辰：《银河航天首发星完成3分钟视频通话测试——卫星互联网来了》，载百度网2020年6月13日，https://baijiahao.baidu.com/s?id=1669336069827592531&wfr=spider&for=pc，访问日期：2021年8月20日。

② 参见夏宾：《太空经济潜力巨大，卫星互联网与地面5G如何"打交道"？》，载中国新闻网2020年11月2日，http://www.chinanews.com/cj/2020/11-02/9328502.shtml，访问日期：2021年8月20日。

银河航天首发星在轨模拟图

通信卫星在数百公里范围的广域通信服务能力。

北川县地处龙门山地震断裂带中北段,地震、山洪泥石流等地质灾害频发,对于 2008 年 5 月 12 日那场地震,当地乡亲们至今心有余悸。地震发生后,交通中断,桃龙乡里的电力和对外通信网络更是一度中断,给救灾工作带来巨大挑战。

卫星互联网不受地面环境影响,在地面通信基础设施被破坏时,将为灾区提供快速及时的应急网络接入服务,保障人民群众生命安全。①

2020 年 9 月 11 日 23:26,我国通信能力最强的低轨宽带通信卫星——银河航天首发星在河北省唐山市曹妃甸区,成功完成其在高湿度环境下通信能

---

① 参见郭超凯:《银河航天首发星完成低轨宽带通信卫星山区实地应用测试》,载中国新闻网 2020 年 8 月 10 日,http://www.chinanews.com/it/2020/08-10/9261191.shtml,访问日期:2021 年 8 月 20 日。

力的测试。

河北省唐山市曹妃甸区地处渤海湾，测试当晚遭遇暴雨，空气湿度极高。测试将用户终端部署在海滨城市，用来观测与评估海面水汽环境对卫星通信信号的衰减作用，测试过程中实现视频通信达 6 分钟以上，测试结果有效验证了低轨 Q/V/Ka 等频段在典型滨海地区气象条件下的通信适应能力。

这次测试也是银河航天首次在京津冀地区进行异地凝视测试。通俗来说，凝视就是卫星对用户行注目礼，在经过用户终端的时候，控制卫星波束跟踪用户终端，利用卫星姿态机动能力延长单星状态下卫星波束的持续服务时间，进而增强特定区域的通信服务能力。

测试信号的顺利联通，有效验证了低轨宽带通信卫星在数百千米范围的广域通信服务能力，为后续系统迭代优化提供更多测试数据支撑，积累更多经验，助力我国卫星互联网建设。[1]

3.5 二发星转运出厂

2020 年 9 月 17 日，银河航天已经完成二发星载荷研制，计划于 9 月 18 日进行载荷舱转运。

这是自 2020 年年初正式开始二发星型号研制以来，银河航天首次在西安载荷 AIT 研发示范线上进行载荷研制工作，是示范线上研制的首个宽带通信卫星载荷，也是具有国际先进性的 Q/V/Ka 频段低轨宽带通信卫星载荷。

银河航天初步探索完成低轨互联网卫星的初级量产级配套生产，并在西安载荷 AIT 研发示范线上分阶段分工序地部署部分自动化探索项目，为以后

---

[1] 参见夏宾：《专家谈低轨宽带通信卫星异地"凝视"测试顺利》，载中国新闻网 2020 年 9 月 14 日，http://www.chinanews.com/gn/2020/09-14/9290746.shtml，访问日期：2021 年 8 月 20 日。

的批量生产模式摸索积累宝贵的生产经验。

西安载荷示范线是银河航天迈出卫星批量生产的第一步，该载荷示范线不仅能在现阶段满足新产品研发的配套生产任务，今后还将不断探索如何将天线、载荷系统的总装与各项测试、联试环节从原有的传统生产模式向以后的自动化生产模式转型。①

4. 市场应用与未来展望

4.1 市场应用

银河航天充分发挥互联网的优势，用时不到一年，建成了首个成熟独立的商业航天测运控系统。银河航天利用互联网的优势，使用了全新的合作方式，建成一套开放的测运控中心软件系统作为数据和控制中心。其通过异地备份数据同步建立可靠的通信网络，利用大数据及 AI 算法对卫星健康状态和卫星运控规划进行优化管理，并且正在向全自动无人监管系统的研制方向努力；当前的运控系统在支持多星多站方面已经稳定运行，并且安全可靠，通过不断探索和积累，银河测运控系统在今后的卫星巨型网络星座建设中将发挥重要的作用。②

与此同时，银河航天充分利用全球先进的低轨宽带通信卫星高低轨通信与人工智能技术，聚焦项目当地应急管理需求，打造专项应急通信应用示范系统，为当地提供高质量的 5G 宽带卫星应急通信服务，提高城市应急救援水

---

① 参见樊俊卿：《中国商业航天再迈一步：银河航天二发星完成载荷研制》，载百度网 2020 年 9 月 17 日，https://baijiahao.baidu.com/s?id=1678042966758840272&wfr=spider&for=pc，访问日期：2021 年 8 月 20 日。

② 参见林志佳：《银河航天宣布完成 B1 轮融资，投后估值超十亿美金》，载百度网 2020 年 11 月 7 日，https://baijiahao.baidu.com/s?id=1683586490332846636&wfr=spider&for=pc，访问日期：2021 年 8 月 20 日。

平和科学施救能力。

4.2 未来展望

未来,银河航天将致力于提供全覆盖的 5G 服务。基于 5G 标准的低轨宽带通信星座,银河航天将可提供覆盖全球的天基互联网服务,可与地面 5G 网络透明连接,让用户无感切换天地 5G 网络,亦可为地面 5G 基站提供数据回传等服务。

银河航天构建的卫星互联网将在智慧交通互联领域,为汽车、飞机、航海运输、陆上偏远地区交通工具提供低延迟的低轨宽带通信卫星网络基础和连接服务,无论何时,去往哪里,人们都可以通过安装小型、智能化的低成本卫星用户终端,快速连入卫星移动网络;这将有助于企业政府专网建设,为企业和政府所有的营业网点、研发基地、生产施工厂区、机关单位、观测站等数据上传需求量大的设施场所,提供稳定、安全、快速的专属卫星通信网络;将应用于应急动态通信,为应对区域性灾害与临时性通信需求,提供快速及时的网络或长期接入解决方案,此外,银河航天为全球范围内物联网状态信息提供实时、无缝的安全获取、监控、传输与共享服务。[1]

银河航天致力于通过规模化研制低成本、高性能的低轨宽带通信卫星,解决全球 5G 网络覆盖和接入的难题,为 5G 产业的发展、我国卫星互联网建设和数字鸿沟的弥合贡献出力量。[2]

---

[1] 参见石亚琼:《"银河航天"完成 A+ 轮融资,估值超 30 亿元,或为国内民营卫星赛道最高》,载36氪2018年11月22日,https://36kr.com/p/1722990788609,访问日期:2021年8月20日。
[2] 本案例中行业数据及项目数据解释权归银河航天所有。

编委会点评

1. 社会效益

近年来,随着政策支持力度不断加大,纳入"新基建"范畴的卫星互联网迎来市场发展、产业链成长的重要机遇。目前,卫星互联网产业发展尚在初期阶段,未来应用领域和应用价值亟待发掘,作为通信网络基础设施的有机组成之一,卫星互联网对促进天地网络融合应用,推动我国产业结构数字转型、智能升级、融合创新将起到积极正向作用。

2. 创新价值

低轨卫星星座较为适合构建大规模卫星组网,是卫星互联网发展的重要趋势。银河航天综合卫星与互联网创新基因,专注于低轨宽带通信卫星研发与市场化应用,在卫星设计、制造过程中,通过卫星部件的模块化接口设计形成通用制造标准,为规模化制造奠定了必备基础,并通过3D打印技术实现高频微距波导的加工,有望进一步加速卫星成本和迭代周期的降低。其基于技术创新的卫星星座建设的快速发展,将推动低成本小卫星市场迎来高速增长,为行业价值提升做出重要贡献。

智行者：
用无人驾驶大脑构建智慧生活圈

摘要：无人驾驶预期产业化应用前景十分广阔，其中，人工智能技术的发展是无人驾驶落地实践的关键。北京智行者科技有限公司（以下简称"智行者"）聚焦无人驾驶汽车的"大脑"研发，目前已自主研发出不同通用场景下多种的 L4 整体解决方案，具备赋能多行业移动交通设备的能力，自主研发了无人驾驶乘用车、无人配送物流车、无人驾驶环卫车、特种作业车等产品，目前在低速车、特种车、智慧交通领域均实现了不同产品的商业化落地。

关键词：无人驾驶　人工智能　智慧生活

1. 背景说明

1.1 行业背景：无人驾驶逐渐加速，市场探索各有所长

无人驾驶的研究开始于 20 世纪 70 年代，如今单项和集成技术已基本成熟。世界经济论坛预计，汽车行业的数字化变革将创造 6 700 亿美元的价值，带来 3.1 万亿美元的社会效益，其中包括无人车的改进、乘客互联及整个交通行业生态系统的完善。[①]

在国内无人驾驶领域有多家市场参与者，包括踏歌智行（矿山领域）、图森未来（干线物流领域）、主线科技（港口领域），以及低速领域的新石

---

① 参见《世界经济论坛白皮书行业数字化转型：与埃森哲联合呈现 汽车行业（2016）》。

器，高速领域的小马智行、文远知行等企业，其均处在不同市场场景的探索期，布局各有所长。

基于对无人驾驶市场的认知和行业前景的认可，由清华大学车辆与运载学院多名毕业生联合发起组建的智行者，聚焦无人驾驶汽车的"大脑"研发，致力于打造世界一流的智能汽车技术，用无人驾驶大脑赋能各行业，构建智慧生活圈。

1.2 行业需求：降低高危作业风险，提升繁复工作质量

当前在无人驾驶应用领域，有两类需求已经具备较好的批量化落地的市场前景：

第一，是要解决人类在高危行业中作业的风险，保障人民生命安全。

如消防类场景：在深山遇到突发的自然山火，消防员负重几十公斤在山道中来回巡逻，非常辛苦也具有很大的作业风险。无人车可以深入山林，协助消防员进行灭火，减轻负重。无人车还可具备消杀、循迹、识别火点感知判断等功能，配备大规模的水箱和消防员的补给，在减轻消防人员作业的危险、降低难度的同时也保证了消防员生命安全。

如医护类场景：2020 年新冠肺炎疫情期间，无人车能够直接进入火神山医院，辅助武警部队进行消杀。此外，还可在封闭医院投放无人配送车，车辆可以将餐食直接送入医院，规避了人工运输接触感染的风险。

第二，在生活服务方面要解决人类劳动繁重问题，把人类的双手从简单的重复性劳动中解放出来。

如环卫类场景：环卫工人本身老龄化比较严重，同时工作环境非常的艰苦。在这样的条件下，环卫行业投放无人交通设备有助于解决环卫工作环境

问题并提升工作质量。

依据持续的行业研究与产品研发，智行者在以上场景中以核心的无人驾驶大脑为底层，实现了优异的场景适配、产品整合、工程落地等一体化能力。在保证人身安全领域、生活服务领域、特种应用领域等，其以稳健的产品路线获得持续稳定的收入，保证了健康发展的商业形态。目前，累计测试里程已超过 300 万千米，已申请专利数超过 400 个。

2. 创新描述

智行者依托已有的无人驾驶技术实力，开发复杂限定环境下的无人驾驶系统核心技术，并将相关技术应用到物流、环卫、特种车、智慧交通等领域中，以期推动无人驾驶产品的技术进步和产业化应用。

2.1 无人驾驶大脑赋能多产品组合，软硬件平台结合实现纯粹感知定位

智行者研发了软硬件结合的无人驾驶大脑，为产品适配多样化拓展能力提供了技术保障。无人驾驶大脑可快速赋能各行业产品及满足不同元件结合要求，这是智行者核心亮点所在。

智行者开发的 AVOS 软件系统兼具普适性和定制化开发能力，便于客户多场景快速应用。AVOS 基于人—车—路闭环的自动驾驶操作系统，能够满足复杂的结构和非结构混合场景下 L3/L4 级别自动驾驶。AVOS 系统具备高内聚、低耦合的特点：集成了感知、认知、决策、控制等自动驾驶必备模块，形成了闭环操作系统；算法核心层和接口层分离，系统具有良好的扩展及伸缩性，能够快速地在高速、城市和机场等场景下充分应对物流、出行等多种业务。

智行者自主研发的 AVCU 硬件平台可满足自动驾驶对不同模块的执行要

求。AVCU 包含多域控制器的硬件架构，可确保自动驾驶各模块精准高效执行。AVCU 包括综合感知／认知单元、智能决策单元和高精控制单元三部分。在综合感知／认知单元，使用 FPGA 实现微秒级时间同步、厘米级空间标定、Gbps 级大数据处理以及微秒级感知延迟，保证环境感知／认知的准确性和实时性。此外，AVCU 具备能耗小的优点，仅需 50W 即可支持作业，且已通过了 AEC-Q 全车规级和 ISO 26262 功能安全认证。

2.2 数据回流形成完整闭环，打造无人驾驶核心竞争力

无人驾驶企业乃至于人工智能企业，未来能否拉开差距的核心点就在于数据的获取量、效能以及成本。智行者通过无人驾驶大脑的统一平台赋能多行业，从而可以实现多行业数据回流到数据平台，形成一个完整的闭环。

智行者无人驾驶车辆目前分为特种车、生活服务类、智慧交通三大领域。其产品分装到不同的城市车辆上，在每天的工作过程中"看"到各种场景并进行学习，回流丰富多样的数据。智行者的数据包含了结构化道路和非结构化道路的各类场景。

智行者将各类产品散落在社会各界进行运营，但由统一的中枢控制平台进行管理，数据回流到技术底层后，研发人员会将数据融入平台进行再次开发，实现无人驾驶大脑的不断学习，由此形成正向循环。

有别于无人驾驶领域传统的规定道路、结构化道路行驶所生成的低质量数据，智行者无人驾驶数据回流体系保证了高质量数据的不断生成，这一循环搭建是智行者核心竞争力所在，从而保障了智行者在多种商业化场景中的创新，实现了市场价值的成长。

第五章 | 智行者：用无人驾驶大脑构建智慧生活圈

智行者科技无人驾驶物流车"蜗必达"在清华大学协助两个图书馆之间的书籍运输

智行者科技 Robotaxi 车队在武汉落地运营

3. 项目运行节奏

3.1 第一阶段：完成核心关键技术突破，整车开发成熟化

2016 年至 2020 年，为智行者所定义的第一个"五年计划"期间。

在此阶段，智行者完成了基于深度学习的多模态多维度融合感知技术、基于多源信息融合的高精度定位定姿技术、融合道路模型和目标意图的行为预测技术、基于强化学习及规则约束的混合决策技术等核心关键技术研发工作。

同时，其完成了无人配送物流车和无人驾驶清扫车等多车型产品化的设计和模具开发，形成完整、成熟、稳定的整车开发方案；推出了包括低速无人驾驶物流车"蜗必达"、低速无人驾驶清扫车"蜗小白"等车型；完成了 Robotaxi 及 Robobus 的方案开发；实现了复杂行驶工况下环境轨迹跟踪平均误差 ≤ 10cm；完成了产品化所需的全面软硬件测试和性能试验。

其中，2016 年到 2018 年，智行者用无人驾驶大脑赋能环卫行业，完成技术层架构，聚焦于打造无人驾驶大脑底层和搭建智能环卫赛道业务。2019 年起，智行者开拓生活服务、智慧交通板块，形成统一平台赋能低中高三个领域产品的商业模式，实现了无人驾驶大脑全面赋能，成功搭建数据回流商业模式。

智行者曾在 2019 年武汉军运会及 2020 年北京服贸会上展示自动驾驶服务。值得一提的是，在疫情期间，智行者的清扫消毒车、无人配送车在火神山医院、首都医科大学北京潞河医院、上海质子重离子医院等地进行服务。截至此阶段，项目已申请无人驾驶行业专利 500 余件。以多产品、多车型，初步形成智慧生活圈的雏形。

3.2 第二阶段：建设智慧生活圈无人驾驶核心功能，智能网联示范化

智行者将专注于最先进的无人驾驶大脑的开发和应用，以多场景的商业化落地数据反哺无人驾驶大脑的开发，并将进一步夯实并提升利用数据迭代算法的能力，将商业化优势转化为技术优势，进而形成更高壁垒。

智行者预期将建设覆盖全国主要省会城市的销售网络和渠道，完成全国范围的运营数据收集和统计，包括工作时间、故障率、经济效益、客户满意度等，并以更低成本、更快速度获取更丰富的数据，为下一代产品开发积累经验。

在此阶段，智行者将开展 Robotaxi 及 Robobus 试运营，让无人车与日常生活更亲近，也让人们体会到无人驾驶带来的生活乐趣、生活便利，为服务城市建设和社会管理、改善民生出行环境等方面起到作用。

2021年，智行者将与多个政府部门及企业合作共同打造智慧生活圈，其中包括但不限于智能网联示范区、智慧交通应用及智慧机场等。

2021年，智行者参与东风自动驾驶领航项目，将与自动驾驶头部企业一起，致力于在武汉建立全国范围最大、车辆最多、场景最丰富的自动驾驶示范运营车队和自动驾驶运营示范区。

智行者在首钢冬奥园区予以示范运营，为接下来两蜗产品——蜗必达无人驾驶物流车、蜗小白无人驾驶清扫车能够顺利进驻2022年科技冬奥会场馆奠定了基础。

智行者将以成熟的多种无人驾驶产品为载体，打造面向未来的智能网联汽车商业应用示范集群，围绕智慧交通、智慧清扫、智慧安防、智慧物流、智慧新消费等方向，构建可成长、可拓展的智能网联应用场景，共建无人驾

驶智慧生活圈，推动无人驾驶深入生活的方方面面。

4. 市场应用及未来展望

当前，智行者已经成功进入无人驾驶行业需求愿景中的首要层级并实现商业化：

第一，在保障人类生命安全的基础需求领域，用无人驾驶技术赋能国防、应急救援及核生化等特种领域；第二，满足人们的生活需求，为企业客户降本增效，将人从重复、枯燥、繁重的工作中解放出来；第三，在人类消费娱乐需求日益提升的背景下，不断创造基于移动交通设备并提供全新商业体验的新物种。

与此同时，智行者全面展开了对无人驾驶更高愿景即"智慧生活圈"层级的探索：

预期将实现智慧用无人驾驶技术赋能智慧交通，提升人类生活品质；未来的智能驾驶汽车将不仅仅是一个交通和运输工具，而是承载诸多生活功能的服务平台，与丰富的生活场景形成有效互联；搭建基于无人驾驶大脑的、与人类生活息息相关的、在多个生活场景落地的智慧化平台；最终实现，用无人驾驶大脑赋能各行业，构建智慧生活圈。

编委会点评

1. 社会效益

至 2035 年，中国智能交通产业将以智能汽车的发展为代表，交通科技创新体系基本建成，打造智能网联汽车与智能交通深度融合的新模式，建成最具活力的自动驾驶创新生态体系和"安全、高效、绿色、文明"智能网联汽车社会。在此过程中，无人驾驶技术在基础领域、关键领域的成熟应用将促进上述目标的达成。汽车不再仅作为交通出行工具，而是成为智能化的移动应用终端和人员的载体，把人、车、路、场紧紧联合在一起，创造新的社会价值。

2. 创新价值

智行者以无人驾驶核心关键技术为底层，面向全面的"智慧生活"场景为方向开拓市场。以软硬件一体化的"无人驾驶大脑"应用于多层次、多场景，并实现了统一平台、数据回流，以不断地高质量数据反哺"无人驾驶大脑"的进一步升级与迭代，实现了无人驾驶领域发展的正向循环。智行者在物流、环卫、特种车、整体解决方案等角度的成功商业化，将进一步促进其未来在智慧交通、智慧生活建设过程中发挥创新作用，为智能出行提供更加安全、便利、高效的服务。

特斯联:
飞越智能时代的下一代 AI CITY

摘要: 特斯联科技集团有限公司(以下简称"特斯联")是光大集团"三大一新"战略中新科技板块的代表企业,自 2015 年成立以来,深耕城市数字化与物联网领域,经过多次战略调整和坚持不懈的实践探索,结合自身在技术、产业、生态等各方面的优势,利用 AIoT(人工智能物联网)服务赋能传统城市场景,并孵化出以 AI CITY 为主旨的城市一体化智能产品,积极助力城市智能化转型,为政府、企业提供城市管理、建筑能源管理、环境与基础设施运营管理等一站式解决方案。

关键词: AI CITY AIoT 智能化

1. 背景说明

1.1 行业背景:基础设施和技术驱动的智能化时代到来

来自市场研究公司 Machina Research 的最新数据显示,全球物联网连接数量及物联网收入在 2015—2025 年之间将增长三倍。2015 年,全球物联网连接数量为 60 亿个,根据预期推算,到 2025 年这一数字将增至 270 亿个;同期,物联网收入将从 7 500 亿美元增至 3 万亿美元,其中,总收入中的 1.3 万亿美元将通过设备、连接和应用收入直接来自终端用户。剩余部分则将来自上下游资源，包括应用开发、系统集成、托管和数据货币化。[1]

2015年，"互联网+"这一概念正式被国家认可并被纳入政府工作报告。在传统行业与"互联网+"进一步深度融合的同时，已有人开始思考"互联网+"的下一站，中国数字化转型的道路该走向何方。

2019年的《政府工作报告》首次提出了"智能+"，要求"深化大数据、人工智能等研发应用，壮大数字经济"。"智能+"是科技发展和应用的新阶段和新维度，更是中国经济社会各领域数字化转型的新方向和新未来。据工信部数据，截至2020年5月末，中国蜂窝物联网用户达10.97亿，同比增长44%，比上年年末净增6 886万户，其中，应用于智能制造、智能交通、智能公共事业的终端用户增长均达30%。[2]根据GSMA（全球移动通信系统协会）和中国信息通信研究院共同预测，中国目前已是全球最大的M2M（Machine to Machine，机器对机器通信的泛称）市场，2020年，中国移动蜂窝M2M连接数有望超过3.5亿，全球链接份额37%。[3]

1.2 行业发展：中国城市数字化转型发展概况

中国的城市数字化经历了几个大的发展阶段：

第一阶段：政府信息化阶段，又被称为"前智慧化"阶段，以政府信息电子化为主要内容。

第二阶段：智慧城市阶段。国内的智慧城市在2013年大规模推进，主要驱动力是住建部公布的三批全国性的智慧城市试点，行动方是各级城市政

---

[1] 参见《Machina Research：预期到2025年全球物联网连接数量达270亿个》，载中文互联网数据资讯网2016年8月9日，http://www.199it.com/archives/505556.html，访问日期2021年3月2日。
[2] 参见工信部运行监测协调局2020年6月发布：《2020年1—5月通信业经济运行情况》。
[3] 参见中国信息通信研究院、GSMA Intelligence2016年6月发布：《移动运营商：数字化转型的机遇》。

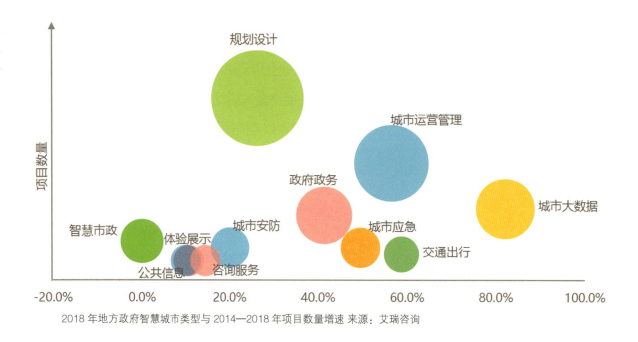

2018年地方政府智慧城市类型与2014—2018年项目数量增速　来源：艾瑞咨询

府。这一轮智慧城市建设集中在智慧城市顶层设计、数据中心、传统城市智慧化平台、城市展览馆等内容。因为缺乏资源整合和应用落地，这期间建设的大批数据中心、城市平台在建成后的使用效果并不理想，虽然在建设之初具有试点示范效果，但由于缺乏持续可运营性，因此更多承担了试水和探路的作用。

第三阶段：垂直场景化阶段。试点型的智慧城市建设出现了诸多问题。从2017年开始，各类政府主导的智慧化平台"性价比"较低，并没有给市民带来可感知的效果，因此政府主导的智慧城市的总体规划建设进入了一个"冷静期"，政府转向以落地为前提的细分应用，如教育信息化、医疗信息化、安防（由于AI在视觉领域的进展而突然快速爆发）。但从城市总体角度来看，这些领域并不被认为是典型的城市场景，而被看作是行业场景。

2. 创新描述

2.1 引领行业：全维度智慧场景服务商

2017 年 11 月，特斯联主办智慧城市展望为主题的峰会，首次提出 AIoT（即 AI+IoT，人工智能物联网）概念及业务架构。在随后的几年中，包括华为、阿里、小米、百度等国内主要科技公司纷纷提出自己的 AIoT 战略。

依托于 AIoT 领域的先发优势，特斯联积极拓展产业链上下游市场机会。

在业务层面，特斯联连续攻克了社区、能源、建筑、办公、停车等一系列场景。在产品研发方面，特斯联抓住具有跨场景价值的抓手级产品，如边缘计算产品，结合通行和控制的人脸识别 Pad 等。特斯联把边缘产品做到了业内领先水平，能实现跨云的协同能力和跨场景的应用落地，就是因为边缘计算是人工智能物联网应用最重要的硬件组件。

2019 年，特斯联的业务已经拓展到园区、商业、校园、文旅等各种场景，逐渐建构起了从终端硬件、边缘设备到平台解决方案的"云—边—端"产品体系。

2.2 率先突破：人工智能城市 AI CITY

2020 年 9 月 23 日，特斯联发布了全新一代的 AI CITY 产品。特斯联 AI CITY 是数字化环境缔造者并为新物种而生的城市智慧生命体。特斯联 AI CITY 从总线到硬件、从物联空间到存储及运算分步等等都是全新的，进而能更好地服务机器人、无人业态、智能操作系统、新一代先锋消费者等。

AI CITY 具备未来科技感、弹性可延展、机器人友好的基础设施为其构筑起互联互通的硬件物理承载；统一调度、智能响应、可 OTA 远程升级、千人

创新源动力
——北大创新评论产业研究案例库（2021）

特斯联人工智能城市 AI CITY 效果图

千面的城市操作系统是确保 AI CITY 可进化的底层软件支撑；丰富的城市组件、高适配度的场景，打通产业链上下游及不同行业合作伙伴的开放共生平台为 AI CITY 提供长期可持续的运营生态。"硬件 + 软件 + 生态"三原色渲染出特斯联 AI CITY 与众不同的魅力。

3. 项目运行节奏

3.1 第一阶段：城市级移动物联网

2015 年，特斯联成立之初，为一家智能硬件生产商。2016 年年初，特斯联进行了业务全面升级，致力于搭建城市级的移动物联网平台公司。此后，特斯联以智慧社区为突破口，逐步拓展场景。

到 2016 年下半年，特斯联已经成为社区领域的头部玩家。全国二三百亿平方米的社区物业面积中，特斯联覆盖了 3 亿多平方米，约占 1%～2%，成为了彼时市场占有率最大的公司。在社区建设最领先的城市上海，特斯联的社区覆盖率超过 25%，处于绝对的市场领先地位。

3.2 第二阶段：智慧场景服务

2017 年，智慧城市概念开始普及，各类智慧城市试点的数量已经超过 500 个，由城市政府自上而下地设计、规划和建设的各类智慧城市平台层出不穷。特斯联将公司的战略定位，由之前的"城市级移动物联网平台公司"调整成了"城市级智能物联网平台公司"。从"移动"到"智能"的转变，是特斯联从自身业务和市场需求出发进行的战略调整，也是特斯联作为一家科技公司的技术愿景。从此，人工智能物联网（AIoT）成了特斯联的核心技术主线。

特斯联 AIoT 1.0–4.0 发展路径　　来源：特斯联

2019 年，特斯联的业务已经拓展到园区、商业、校园、文旅等各种场景，逐渐建构起了从终端硬件、边缘设备到平台解决方案的"云—边—端"产品体系。"城市级物联网"已经难以涵盖公司的业务范畴，于是特斯联把公司的定位升级为"全球领先的智慧场景服务商"。

特斯联从发展之初就以场景智能化为发展目标，因此选择了自下而上的发展路径，从最初落地的物联网和场景做起，逐步实现全场景积累和持续运营。

3.3 第三阶段：城市智能化

基于业务和经验的积累，特斯联将城市智能化发展划分为 4 个阶段：

1.0 阶段：是以智能硬件单品为主要产品，这个阶段的数字化基础设施尚不完善、物联网节点分散而缺乏联通、数据极度破碎，使用者只能感受到某个节点的便捷。

2.0 阶段：具有关联性的终端节点通过平台实现连接配合，形成智慧社区、智慧家居、智慧建筑等垂直领域的解决方案，这也是目前行业中大多数厂商提供的产品。在这个阶段，终端节点和数据在单一垂直场景中实现了有限的连接，能够实现一定程度的协同服务。

3.0 阶段：城市中的数个场景在基础设施、物联网终端、数据与平台功能等层面得到，实现一体化产品和解决方案矩阵——这就是特斯联最新发布的 AI CITY。特斯联希望将几年来所有积累的场景和产品都融合到 AI CITY 中，结合应用生态，实现城市级的智能物联网运营。

未来，特斯联还希望把 AI CITY 连接起来，打造 4.0 阶段的城市网络，实现城市与城市，甚至国家与国家之间的互动。

截至目前，特斯联人工智能城市正在包括重庆、迪拜、武汉、德阳等中心城市持续推进中。

4. 市场应用及展望

4.1 市场应用

从 2019 年第一个 AI CITY 样板落地重庆开始，短短一年时间，AI CITY 在沈阳、武汉、德阳等城市先后落地。

地方政府从 AI CITY 中看到了激发地方经济活力、促进城市智能新基建、进入智能经济深水区的可能。以重庆样本为例，这个名为 "CLOUD VALLEY 云谷" 的片区将为重庆高新区带来包括基础设施、商业服务以及园区管理在内的多项智能化升级，全面提升科学城的营商环境和服务能力。目前，特斯联的入驻已经带领超过 100 家特斯联所在产业上下游的科技创新企业入驻。

4.2 未来展望

目前,城市智能化转型已成为全球共识。新加坡自 2014 年提出"智慧国"概念以来,已投入超过 17 亿美元进行 ICT 基础设施建设,2019—2022 年仍将投入 10 亿美元推进国家智能化转型[1]。2017 年,沙特阿拉伯发布"NEOM"计划,计划斥资 5 000 亿美元,在红海沿岸打造面积达 2.65 万平方公里的未来新城[2]。2019 年 4 月,欧盟推出"数字欧洲计划"(Digital Europe Programme),总预算达 92 亿欧元[3]。2019 年 6 月,G20 Global Smart Cities Alliance 成立,致力于共同制定智慧城市技术准则。2020 年 1 月,欧委会通过《2020 年工作计划》,提出未来五年将重点推动欧盟经济社会向智能化转型。

而中国是城市智能化建设市场规模最大的国家,占据全球在建智慧城市数量近 50%[4],泛城市智能化市场规模突破万亿元。

从互联网时代到智能时代,中国云数据中心资源总体供给规模平稳增长,近年来,复合增长率在 30% 以上。全球 500 强超级计算机的计算能力中有 32% 来自中国,仅次于美国的 37%[5]。北京、上海、广州、武汉、重庆五大标识解析国家顶级节点[6]已建成运行,42 个二级节点上线运营。在工业互联网领域,全国具有一定区域和行业影响力的平台超过 70 个,跨行业跨领域平

---

[1] CIO, IDG Communications, Singapore to Spend US$1 Billion in Smart City Initiative during 2019, 2019.2.11.

[2] 路透社, Saudi prince pushes on with $500 billion megacity as U.S. points the finger over Khashoggi killing, 2021.3.4。

[3] European Commission, New digital Europe Programme brings €9.2 billion investment between 2021-2027.

[4] 参见德勤全球发布:《超级智能城市 2.0——人工智能引领新风向》。

[5] 参见辛勇飞:《加快新型基础设施建设,推动经济社会数字化转型》,载中国工信产业网 2020 年 3 月 10 日, http://www.cnii.com.cn/ztzl/xjjzjt/202003/t20200310_160639.html, 访问日期:2021 年 5 月 6 日。

[6] 标识解析国家顶级节点,是一个国家或者地区内部最顶级的标识解析服务节点,能够面向全国范围提供顶级标识编码注册和标识解析服务,以及具备标识备案、标识认证等管理能力。

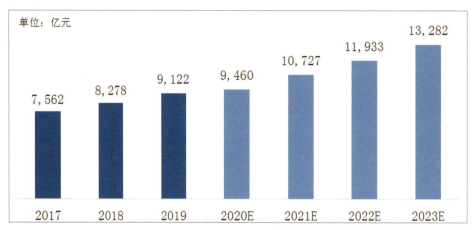

中国泛城市智能化市场规模 来源：根据德勤咨询、IDC、艾瑞等公开资料整理测算

2016年—2018年中国数字经济发展情况 来源：中国信息通信研究院

台平均工业设备连接数已达到 65 万，平均注册用户数突破 50 万[①]。

数字经济无疑已经成为经济社会发展的新动能。2018 年，我国数字经济总量达到 31.3 万亿元，占 GDP 比重超过三分之一，达到 34.8%，占比同比提升 1.9 个百分点。数字经济的发展对 GDP 增长的贡献率达到 67.9%，成为带

---

① 参见李颖：《开创工业互联网平台发展新格局》，载百度网 2019 年 11 月 8 日，https://baijiahao.baidu.com/s?id=1649610655194002246&wfr=spider&for=pc，访问日期：2021 年 5 月 6 日。

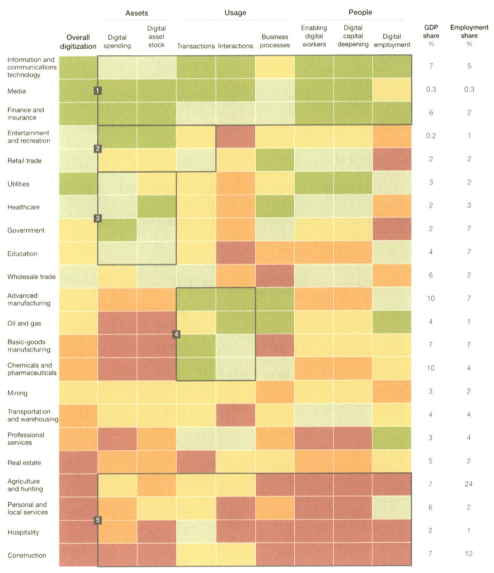

中国各行业信息化程度情况 来源：麦肯锡全球研究院

动我国国民经济发展的核心关键力量[①]。

中国几乎所有行业领域都在经历数字基础设施建设的渗透。据麦肯锡全球研究院的产业数字化研究，目前在中国的各个行业中，数字化程度最高的包括信息和通信技术、媒体、金融；部分数字化的领域包括文娱、零售、健康、基础设施、政府管理、教育；制造、交通、服务、地产等多个领域处于数字化程度较低的状态[②]。

十九大报告中提出"建设数字中国、智慧社会"，这一理念开启了中国数字化转型的新时代，数字科技和新经济行业也站上了国家新旧动能转换的主舞台。城市作为融合应用人工智能、物联网等诸多先进技术和理念的入口级综合场景，成为数字化时代市场关注的焦点。数字化的下一阶段是智能化，在新一轮科技和产业变革浪潮中，各行各业的数字化转型将带来全新的智能化机会。

特斯联处于 AIoT 的大赛道下，涉及潜在数千亿的市场机会。特斯联相信，每个时代的决定性转型均伴随巨头产生。如果说互联网改变了人与信息的连接，让人们获取信息的方式发生了变革；移动互联网改变了人与人的连接，让沟通突破了时间和空间的限制；那么，这次智能化转型浪潮将催生各领域万亿市值巨头，特斯联将以此为方向深耕城市智能化，引领时代的发展。

---

① 参见中国信息通信研究院 2019 年 4 月发布：《中国数字经济发展与就业白皮书（2019 年）》。
② McKinsey & Company, Digital China: Powering the economy to global competitiveness.

编委会点评

1. 社会效益

推动城市向全面智能化发展是我国一直致力的方向。我国幅员辽阔，各地发展程度不一，在城市智能化建设的过程中，根据地方实际的资源分配情况、居民收入水平、产业发展基础等各个因素需因地制宜，截至 2019 年，我国已成为世界上智慧城市数量最多的国家；与此同时，城市智能化的进阶发展对我国城镇化建设、产业培育起到了积极的促进作用，提高城市科学化、精细化、智能化管理水平，是落实新型城镇化的重点之一，也带动了智能科技产业在区域的创新发展并落地千行百业，重大科技创新正在不断重塑城市形态，创造划时代的社会价值。

2. 创新价值

特斯联基于新一代 ICT 技术发展基础上的智能化解决方案及产品，在城市建设与运营理念和技术架构下，做到"城市"内万物互通互联，构建以 5G、IoT、人工智能、云计算为底层架构的智能化场景，实现了从顶层设计到智能场景落地乃至云、边、端等技术的协同发展，提升了城市的综合信息处理能力，进而完成全维度的智能决策、智能管理、智能运营。智能新基建与新型城镇化将产生不可估量的叠加效应、乘数效应，形成智能化平台的有机体系，特斯联 AI CITY 在此方向上创新了产业的发展并实现标志性突破。